KB267995

周易이 계시하는

處世訓

周易이 계시하는 處世訓

초판 1쇄 인쇄 2012년 07월 03일
초판 1쇄 발행 2012년 07월 10일

편역자 | 권 장 영(權長榮)   공역자 | 김 경 열(金敬烈)
펴낸이 | 손 형 국
펴낸곳 | (주)에세이퍼블리싱
출판등록 | 2004. 12. 1(제2011-77호)
주소 | 서울시 금천구 가산동 371-28 우림라이온스밸리 C동 101호
홈페이지 | www.book.co.kr
전화번호 | (02)2026-5777
팩스 | (02)2026-5747

ISBN 978-89-6023-921-0   03320

周易이 계시하는

處世訓

편역자 권장영(權長榮)
공역자 김경열(金敬烈)

교룡(蛟龍) 삼일우(三日雨)
길익길(吉益吉) 흉전복(凶轉福) 天下先見之明

제왕의 길을 걷고자 하는자
군자의 길을 걷고자 하는자
기업가의 길을 걷고자 하는자
교육자의 길을 걷고자 하는자
운명의 길을 선택하고자 하는자
처세훈이 당신의 길을 알려드립니다.

ESSAY

주역이 계시하는 處世訓을 편리상 處世周易 또는 周易 으로 약칭하는 바이다. 본 處世訓은 길흉화복을 점치는 책이 아니고 周易을 총설(叢說) 집약하여 좋은 일은 더 좋게 나쁜 일은 복되게, 즉 吉益吉 凶轉福 으로 다스리는 인생의 모든 경우에 있어서 대처할 마음의 자세를 배우며 卦象을 예지하여 그 文字를 處世訓으로 하는 책이다. 공자는 주역의 초절한 내용에 감동하여 소가죽으로 맨 책 끈이 세 번이나 끊어지도록 지극히 애독하였다. 그래서 위편삼절(韋編三絶)이란 용어가 생겨나기도 했다.

최근 현대인들은 조금 어렵고 까다롭기만 하면 아무리 좋은 내용이라도 기피하는 경향이 많다. 물질문명의 고도성장에 비해서 비물질의 정신실체는 점점 무디어져 퇴색되고 있다. 물질만능이 팽배되면 될수록 쉬운 것만을 선호하고 신경 쓰는 정신적인 면이 약화되고 있다. 또 주역을 기록하고 있는 정신적사상(精神的事象)과 추상적사물(抽象的事物)을 표현하는 난해한 漢文의 어휘를 아주 골치 아프게 생각하고 있다.

우리말의 문자는 表音文字와 表意文字가 있으므로 심오한 意味를 취할시는 漢文(우리말토)을, 소리(음)를 취할때는 한글을, 국·한문 혼용에 용이한 문자대국 답게 주역을 옮기는 편저 방법도 다양하게 독자취향에 적극적인 접근이 부족하지 않았나 생각된다.

정신문화의 우월성을 한마디로 축약한다면 사람의 정신이 육체를 지배하여야 살아있는 사람이 되지 만약 육체가 정신을 지배하게 되면 사람이 살아 있어도 식물인간에 불과한 것이다. 문화측면으로 보아 우리는 동도서기(東道西器)의 양극시대에 살고 있다. 지식정보 또한 어느 한쪽의 편식보다 균형을 이루는 것이 바람직 하다고 본다.

오늘날의 물질 이기주의 의식은 과히 고민이 되는 부분이다. 쉽고 편리한 것만을 선호하는 것 또한 이기와 편식의 의식이다. 심지어 웃어른을 배알 할 일에도 전화기에서 휴대폰으로, 휴대폰에서 화상폰으로, 버튼 하나를 눌러서 글을 쓰는 것이 공경하는 예절과 문장의 운치를 제대로 나타내며, 고결한 정서가 전달될 수 있겠는가? 눈에 보이지 않는 문명의 공해, 소위 지식의 인스턴트를 경계 하여야 할 때이다. 결과만이 소중한 것이 아니라 그 과정에서 고귀한 가치관을 찾는 마음의 여유를 가지는 것 또한 소중하다.

處世周易의 논리는 씨앗과 싹과 열매가 同時에 존재 할 수는 없다는 것이다. 또 어느 개인이나 특정한 그릇을 이야기 하는 것이 아니라 적어도 우주관의 그릇 속에 담겨있는 天心을 헤아려서, 대처하는 君主나 君子의 슬기와 리더십을 배우는 인생사 필연코 필요한 지식을 넓이는 64개 文字를 서술한 책이다.

필자는 處世周易의 테마에 충실하고자 나름대로 노력했으나 오역(誤譯)과 과오의 대목이 많아 두려움이 앞선다. 특히 외람됨을 무릅쓰고 과감히 용장(冗長)된 연역(演繹)을 배제하고 약간의 읽어두기를 대신하여 게재하기도 했다. 반드시 어렵고 복잡한 내용의 나열이 마치 권위 있는 지성인냥 과시하는 구태 발상은 버려야 한다.

열린 시대를 외치면서도 물질만능의 벽에 막혀 사람과 사람의 마음이 통하지 않는 메마른 인정이 걱정된다. 단 한조각의 책장 속에서라도 커뮤니케이션이 넘쳐흐르는 살맛나는 인생을 원하는 바이다.

주역이 복잡하고 어렵다는 선입견부터 버려야 한다. 너무 간편하고 흥미 있는 지식영양제의 處世周易이다. 즉 건(乾), 태(兌), 이(離), 진(震), 손(巽), 감(坎), 간(艮), 곤(坤) 8괘가 제각기 짝이 되어 무궁무진한 삶의 해법을 주는 곧 8×8 = 64 文字와 괘상일 뿐이다. 그 작용법칙의 변하는 논리역시 "극(極) 하면 변하고, 변하면 통한다." 곧 이것이 處世周易의 모두인 것이다. 그러나 이것은 필자의 창작은 아니다. 原典의 괘사(卦辭), 효사(爻辭) 와 사계대가(斯界大家)들의 문헌(文獻)에서 따온 것으로 권위 있는 것이라고 믿는다. 思想이나 學說을 전달하는데는 用語와 표현방법이 매끄럽지 못한 점 있으나 그 내용이나 객관성의 평가는 오직 독자제위의 몫이 아닐까 한다.

處世周易이 강조하는 열 가지 의미에 ○ 표를 붙여본다면
　○ 부귀할 때 교만하지 말며 빈곤할 때 비굴하지 말라고 했다.
　○ 태평한 세상에서 벼슬길을, 어지러운 세상에는 자중한다.
　○ 지도자, 피지도자, 모든 인간관계는 화합과 인화로 풀어라
　○ 하늘은 높은곳, 땅은 낮은곳, 그래서 上下의 질서윤리가 있다.
　○ 사회는 정의가 있고 인간에게는 양심이 있는 것이다.
　○ 다수의 사람들은 항상 정의와 양심의 편에 서 있다.
　○ 모든 것은 고정이나 정체를 거부하는 대원칙이 변화이다.

○ 시종일관 논리와 체계 있는 서술로 인간의 경우를 언급한다.
○ 인생은 운명이나 숙명이 아니고 인간자신의 마음 자세에 있다.
○ 주역에는 "절대"란 것은 없다. 모두 한때의 현상에 불과하다는
  것이다.

반드시 인생의 處世訓으로 신선한 충격이 될 것으로 믿는 바이다.
독자 여러분은 많은 소유의 개념보다 날카로운 정신의 소유자가 될
것이다. 더 사랑 받는 處世周易을 위해서 생산적인 비판을 기대 하
는 바이다.

2004. 9. 12 초가을 낮   편역자

碧波 權 長 榮, 근백

周易이 계시하는 處世訓을 共著하면서.....

　젊은 20대에 읽었던 「주역」은 단지 漢字를 공부하고 占을 한번 쳐 볼 수 있는 호기심의 책이었습니다. 방안에 앉아 「주역」을 아무리 자세히 읽어도 난해한 漢文을 이해하기에는 너무 어린 청년 이였고, 주역의 의미를 붙잡고 생각하기에는 다른 할 일이 참 많았던 20대였습니다. 언제나 여러번 「주역」을 읽다가 책을 덮었던 기억이 있습니다.

　30대에 다시 책을 펼치고 읽었던 「주역」은 조금은 익숙한 책이 되어 돌아와서 읽기도 약간은 편해졌고 「주역」을 읽으며 고개를 끄덕이던 글귀들도 많아 졌지만 역시나 「주역」의 깊은 內面속을 들여다 보기에는 너무나 역부족인 상태로 중간에 책을 덮어버리곤 했습니다.

　이제는 40대 끝에서 다시 한 번 「주역」의 책을 열었습니다. 그리고는 64卦의 마지막 부분을 보면서 〈周易 處世訓〉의 책 속에 자신만의 생각을 조금이나마 담을 수 있게 되었습니다. 무엇인가 밝은 눈을 가진 道人이 되거나 거창한 仙人이 되는 것은 아니지만 캄캄한 밤 한가운데 길을 밝혀주는 초롱불의 빛을 보는 즐거움을 느끼게 되었습니다.

　권장영 선생님을 처음 만난 것은 '부천국궁장' 이었습니다. 아버지와 같은 연배이시며, 우연히도 아버지와 같은 뇌졸중으로 병마를 이기시고 계신 분이셨습니다. 두 번이나 수술하신 후, 불편한 다리를 이끌고, 국궁의 활을 당기며 활을 내시는 모습을 모면서 돌아가신 아버지를 많이 생각나게 하신 분이셨습니다. 1990년 최초한자급수 창안자시며, 깊이 있는 한문의 학식에 존경의 선생님이며, 〈周易이 계시하는 處世訓〉의 가르침을 주시고, 「주역」에 대한 나름대로의 생각을 책속에 스며들게 허락해 주신 것에 두손 모아 크게 감사를 드립니다.

책이 나오기까지 주역과 영어 그리스 로마 신화에 관하여 아낌없이 도움을 주신 김연순 교수님과, 물심양면(物心兩面)으로 큰 도움을 주신 (주)대호기업 김후기 대표이사님, 국보에너지(주) 송동주 대표이사님께 진심으로 감사를 드리며, 왕성한 성서강좌에 온 힘을 기울이시는 연신내 성당 강재홍 요셉 주임신부님께 개인적으로 주님의 은총이 항상 가득하기를 기도드립니다.

앞으로 50대에 책장에서 꺼내어 다시 읽을 「주역」의 책은 과연 어떤 의미로 다가올까 하는 기대감을 갖으며, 옛 先人들이 읽고 느꼈던 정취를 같이 한번 감응(感應)하며, 교룡(蛟龍)이 삼일우(三日雨)를 만나듯이 많으신 독자 분들에게 즐거움을 주는 〈周易이 계시하는 處世訓〉이 되기를 두 손 모아 간절히 기도합니다.

2011. 10. 26. 새벽

金 敬 熱

01 사상팔괘도(四象八卦圖)

사상: 일월성신총칭 (음양의 네 가지 상징: 태양,소양,태음,소음)

팔괘: 상고시대 복희씨가 지었다는 여덟 가지 문자 괘

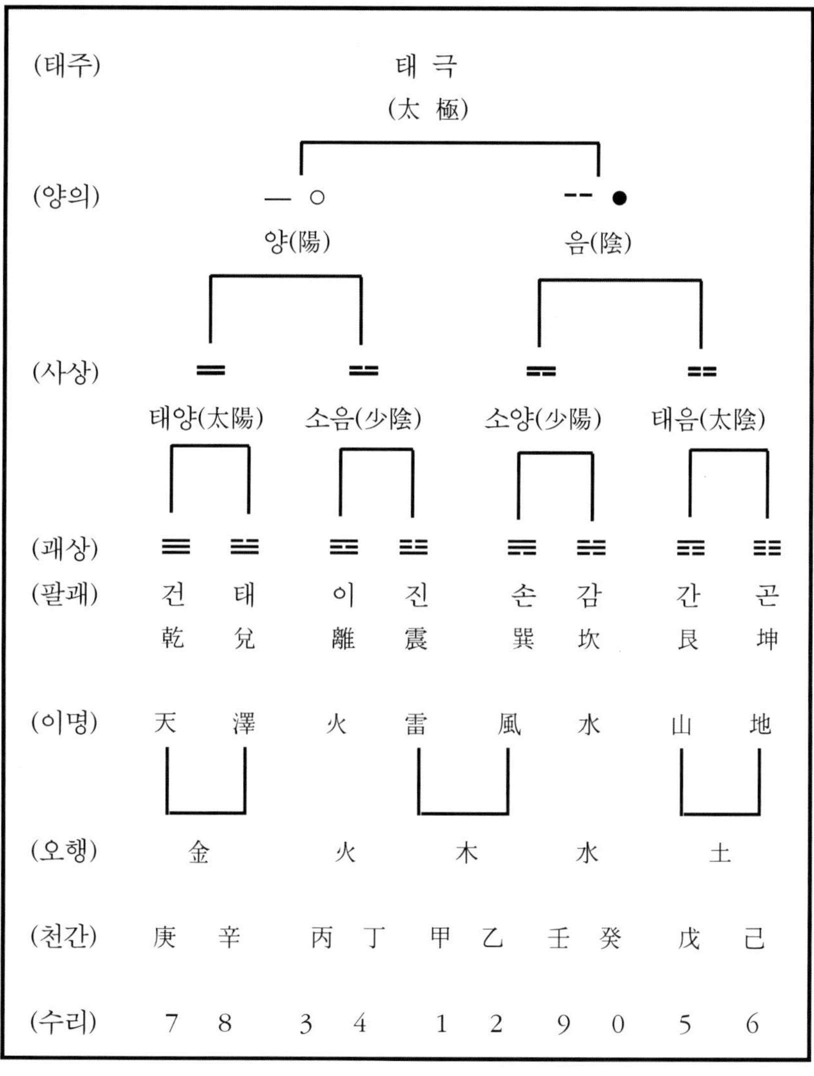

O2 팔괘의 의미(팔괘의 넋)

괘명 넋구분	건 乾	태 兌	이 離	진 震	손 巽	감 坎	간 艮	곤 坤
괘형	☰	☱	☲	☳	☴	☵	☶	☷
음양	○○○	●○○	○●○	●●○	○○●	●○●	○●●	●●●
다른 이름	천 天	택 澤	화 火	뢰 雷	풍 風	수 水	산 山	지 地
자연	하늘	못	불	천둥	바람	물	산	땅
성질	진실	기쁨	태양	성공 결단	출입 냄새	지혜 정착	근면 완고	순종 겸양
특성	강건	즐거움	붙음	움직임	들어감	빠짐	정지	유순
인간	부	소녀	중녀	장남	장녀 맏딸	중남	소남	모
방위	서북	서	남	동	동남	북	동북	서남
시각	9–11	하오 9시	정오	오전 5시	오전 7–9	자정	오전 1–2	오후 11:30~ 4:30
신체	머리	입	눈	발	다리	귀	손	배
동물	말	양	꿩	용	닭	돼지	개	소
계절	가을 초겨울	가을	여름	봄	초여름 초가을	겨울	늦겨울 초봄	늦여름 초가을
색	백색	황색 백색	자색 적색	녹색	청색	흑색	황색	황색
일기	맑고 고온	흐림	맑음	강풍	맑음	비 눈	흐림	흐리고 가랑비
사물형태	내천 금속	골짜기	편지 부뚜막	나무 전화	초목 종자	독 얼음	거리 소굴	옷감 시골
인간 관계	남자 노인	젊은 여자	미녀 여성	아들 형	여성 부인	교활	청년	친척 안내

O3 괘명(卦名) 文字의 넋

상＼하	건乾 ☰	태兌 ☱	이離 ☲	진震 ☳	손巽 ☴	감坎 ☵	간艮 ☶	곤坤 ☷
건乾 ☰	1 건괘 ⓔ乾	2 이괘 履	3 동인 同人	4 무망 无妄	5 구괘 姤	6 송괘 訟	7 둔괘 遯	8 비괘 否
태兌 ☱	9 쾌괘 夬	10 태괘 ⓔ兌	11 혁괘 革	12 수괘 隨	13 대과 大過	14 곤괘 困	15 함괘 咸	16 췌괘 萃
이離 ☲	17 대유 大有	18 규괘 睽	19 이괘 ⓔ離	20 서합 噬嗑	21 정괘 鼎	22 미제 未濟	23 여괘 旅	24 진괘 晋
진震 ☳	25 대장 大壯	26 귀매 歸妹	27 풍괘 豊	28 진괘 ⓔ震	29 항괘 恒	30 해괘 解	31 소과 小過	32 예괘 豫
손巽 ☴	33 소축 小畜	34 중부 中孚	35 가인 家人	36 익괘 益	37 손괘 ⓔ巽	38 환괘 渙	39 점괘 漸	40 관괘 觀
감坎 ☵	41 수괘 需	42 절괘 節	43 기제 旣濟	44 둔괘 屯	45 정괘 井	46 감괘 ⓔ坎	47 건괘 蹇	48 비괘 比
간艮 ☶	49 대축 大畜	50 손괘 損	51 비괘 賁	52 이괘 頤	53 고괘 蠱	54 몽괘 蒙	55 간괘 ⓔ艮	56 박괘 剝
곤坤 ☷	57 태괘 泰	58 림괘 臨	59 명이 明夷	60 복괘 復	61 승괘 升	62 사괘 師	63 겸괘 謙	64 곤괘 ⓔ坤

○ 표안괘는 같은 8괘가 上下로 포개진 괘명음

04 다른이름(異名文字의 넋)

상 \ 하		건乾 ☰	태兌 ☱	이離 ☲	진震 ☳	손巽 ☴	감坎 ☵	간艮 ☶	곤坤 ☷
건乾 ☰		1 건위천(天)	2 천택리	3 천화동인	4 천뢰무망	5 천풍구	6 천수송	7 천산둔	8 천지비
태兌 ☱		9 택천쾌	10 태위택(택)	11 택화혁	12 택뢰수	13 택풍대과	14 택수곤	15 택산함	16 택지췌
이離 ☲		17 화천대유	18 화택규	19 이위화(화)	20 화뢰서합	21 화풍정	22 화수미제	23 화산려	24 화지진
진震 ☳		25 뇌천대장	26 뇌택귀매	27 뇌화풍	28 진위뢰(뢰)	29 뇌풍항	30 뇌수해	31 뇌산소과	32 뇌지예
손巽 ☴		33 풍천소축	34 풍택중부	35 풍화가인	36 풍뢰익	37 손위풍(풍)	38 풍수환	39 풍산점	40 풍지관
감坎 ☵		41 수천수	42 수택절	43 수화기제	44 수뢰둔	45 수풍정	46 감위수(수)	47 수산건	48 수지비
간艮 ☶		49 산천대축	50 산택손	51 산화비	52 산뢰이	53 산풍고	54 산수몽	55 간위산(산)	56 산지박
곤坤 ☷		57 지천태	58 지택림	59 지화명이	60 지뢰복	61 지풍승	62 지수사	63 지산결	64 곤위지(지)

○ 표안괘는 上下卦가 포개진 다른 명칭의 괘명임

O5 본문법례

2. 이괘(履卦)

2   : 괘상 문자 넋 번호

이괘(履卦): 2괘상 문자넋

천택리(天澤履)   :

2괘상문자, 다른이름

태하건상(兌下乾上) :

건괘는 위에 위치함

태괘는 아래 위치함

천 택 리(天澤履)
태하건상(兌下乾上)

(맨아래로부터 1효~6효를 정함)
(초효가 양이면 초양, 음이면 음(초양~상양)

상양효(上陽爻)

상괘
(上卦)
(外卦)

5양효 (五陽爻): 王者의 지위

4양효 (四陽爻)

3음효 (三陰爻)

하괘
(下卦)
(內卦)

2양효 (二陽爻): 遇數의 위치

초양효(初陽爻)

| 상괘 | 乾 | ○○○ | 양, 양, 양 | ○표양, ●표음 |
| 하괘 | 兌 | ●○○ | 음, 양, 양 | |

대상

大象

역괘(소성괘 : 小成卦) :   8괘모양, 괘형(卦形)
소성괘가 짝을 이루면, 대성괘 또는 大象이됨

괘사

卦辭

점괘(소성괘 + 대성괘) : 처세훈을 풀어놓은글
대상(大象)을 설명한글

06 『주역』 구성과 연혁

주역(周易) : 본이름은 역(易)

세가지易　 : 간역(簡易), 변역(變易), 불역(不易)

간역(簡易) : 간단하고 평이하다는 뜻,　쉽게 바뀌는(평이변화)

변역(變易) : 변하고 바뀐다는 뜻,　자리를 옮겨바꿈(천전변화)

불역(不易) : 작용의법칙이 불변한뜻, 항구 불면의법칙(법칙변화)

三易 :

　연산역 : 황제의 별칭으로 신농씨(神農氏)시대의 역

　귀장역 : 귀장씨는 황제의 별칭, 황제시대의 역

　주　역 : 주역은 주나라 문왕때의 역 (지금은 주역만 사용됨)

소성괘(小成卦) : 세개의 효(爻)로된 괘

대성괘(大成卦) : 여섯개의 효 로 된 괘(8괘는 64괘로 됨)

주역을 만든 사람의 학설,　하나라의 우왕(손성의 주장)

신농씨학설(정현등의 주장), 주나라의 문왕(사천등의 주장)

주역정설(왕보사는 복희씨주장), 8괘를 만들고

　　　　　　　　　　　　　　　　　　　다시 64괘를 만듬

괘사 : 괘의 총체의 뜻을 설명함

효사 : 6효의 한효 한효에 대한 설명임

계사(繫辭) : 괘사와 효사를 통칭하여 계사라 함

10익(十翼) : 새에게 날개처럼 돕고있는 열가지 문헌

　　　　　　　단전上,下,　상전上,下,　계시전上,下,

　　　　　　　문헌전,　　설괘전,　　서괘전,　　잡괘전

07 효(爻)와 괘(卦)의 명칭

괘, 효 위치	명 칭	
―	상양(上陽)	
--	5음(五陰)	소성괘 (상괘)
―	4양(四陽)	
		대성괘 (大成卦, 大象)
--	3음(三陰)	
―	2양(二陽)	소성괘 (하괘)
--	초음(初陰)	

효는 아래에서부터 음(짝수일때 --) 양(홀수일때 ―) 정함

(1, 2, 3, 4, 5, 6 효로 정함)

― 　　양효 : 초양, 2양, 3양, 4양, 5양, 상양

-- 　　음효 : 초음, 2음, 3음, 4음, 5음, 상음

양효의 정당한 위치 : 초효, 3효, 5효
(즉 홀수위치에 있으면 정당함, 위정(位正))

음효의 정당한 위치 : 2효, 4효, 상효
(즉 짝수위치에 있으면 정당함, 위부당(位不當))

특히 제 2효와 제5효가 상응의 관계가 가장 중요히 여김.

정응(正應) 　　　　　　　　　　　　응(應)

상음 -- 3양 ― 관계 　　　　상음 ― 3양 -- 관계

5양 ― 2음 -- 관계 　　　　5양 -- 2음 ― 관계

4음 -- 초양 ― 관계 　　　　4음 ― 초양 -- 관계

08 處世訓의 점치는 法과 마음을 다스리는 자세

바람이 없으면 구름도 멈추고, 땅의 높낮이 없으면 물도 흐르지 않는다. 항상 바람이 있어서 구름이 흐르고, 땅의 높낮이가 있어서 물이 위에서 아래로 흐르듯이 모든 섭리가 자연스럽게 변하는 이 세상에서 가장 중요한 것은 자신의 마음을 잘 다스리는 자세가 중요한 것이다.

일체유심조(一切唯心造) 즉 마음먹기에 따라 행복하다는 화두에서 가슴 뛰는 꿈을 가지면 운명이 바뀌는 것이 處世訓이다.

조선왕조실록을 보면 점괘를 보는 이야기가 있다. 태종 8권(卷), 4년(1404 갑신) 10월 6일(갑술)때 기록을 보면 '돈점을 쳐서 도읍을 한양으로 결정하고, 이궁을 짓도록 명하다' 란 기록이 있다.

왕이 말하길 "척전(擲錢)도 또한 속된 일이 아니고, 중국에서도 또한 있었다. 고려 태조(太祖)가 도읍을 정할 때 무슨 물건으로 하였는가?" 하니, 조준이 말하기를, "역시 척전(擲錢)을 썼습니다." 하니, 임금이 말하기를, "그와 같다면, 지금도 또한 척전(擲錢)이 좋겠다." 하고, 여러 신하를 거느리고 예배(禮拜)한 뒤에, 완산군(完山君) 이천우(李天祐) · 좌정승(左政丞) 조준(趙浚) · 대사헌 김희선(金希善) · 지신사 박석명(朴錫命) · 사간(司諫) 조휴(趙休)를 거느리고 묘당(廟堂)에 들어가, 상향(上香)하고 꿇어앉아, 이천우에게 명하여 반중(盤中)에 척전(擲錢)하게 하는 기록이 있다. 척전(擲錢)이란 동전을 던져 점을 치는 것을 말한다.

삼국지 이야기 속에도 점괘를 보는 이야기가 있다. 유비가 전쟁터로 재촉하여 가는데 갑자기 푸른 깃대가 쓰러지며 갈가마귀 한 마리가 북쪽에서 날아와 세 번 울고 남으로 날아간다. 유비가 괴이하게 여기며 공명에게 물었더니 공명이 말 위에 앉은 채 점괘를 뽑아 보는 이야기가 있다.

人生의 삶에 있어서 人間은 항상 수많은 선택(選擇)의 기로(岐路)에 선다. 그 選擇의 岐路에 있어서 가장 좋은 최선의 方法은 자신이 갖고 있는 모든 情報를 자세히 分析하고 최대한 活用하여, 자신에게 가장 알맞은 것을 선택 하면 된다. 그러나 人生의 삶 속에서 자신에게 도움이 되는 情報들을 항상 충분하게 가질 수 있는 것도 아니며, 자신은 충분하게 갖고 있다고 해도, 스스로 예측하지 못한 變數가 곳곳에 있는 경우가 대부분이다. 그래도 이런 선택(選擇)의 結果가 큰 위험이 없다면 아무런 상관이 없겠지만, 자신의 중요한 사업이나 결혼, 취업과 같은 중대한 運命을 선택을 해야 하는 경우는 어떠한가? 아무리 정확히 분석(分析)된 수많은 情報 속에서 단 한 가지만 선택해야 할 때, 도저히 자신이 선택(選擇) 하지 못하고 머뭇거리고 있을 때 바로 이때 필요한 것이 處世訓이다. 處世訓이란 이런 변화무쌍한 세상사에서 直觀的 方法을 통해, 하늘의 힘을 빌려, 그 變化의 징조(徵兆) 읽어 내어 處世訓으로 대처하는 것이다.

處世訓은 神通과 일맥상통한다. 인간이 하늘의 힘을 빌어서 불안한 내일을 미리 알고자 할 때 使用한다. 處世訓을 보기 전에는 마음을 가라앉히고 차분하게 하며, 경건(敬虔)한 자세로 하늘에 비는 마음으로 순수(純粹)하게 자신의 문제(問題)를 구체적으로 말하고 해답을 구하면 된다. 處世訓을 보기전 마음의 자세는 지극히 정성스러워야 하며, 정성이 지극할수록 보다 정확한 未來를 알 수 있는 자신의 處世訓이 되기 때문이다.

절대적으로 處世訓을 보기 전에 나쁜 생각은 버려야 한다. 道德的으로 옳지 않은 것을 알려고 해서도 안 되며, 좋은 處世訓이 나오기를 미리 기대해서도 안 된다. 處世訓의 결과가 나쁘다고 하여 다른 處世訓을 다시 찾아보아서도 안 된다. 너무나 사소한 문제로 處世訓을 보아도 안 되며, 장난삼아 하거나 재미로 處世訓을 보아도 안 된다. 재미로 볼만큼 시시한 문제라면 處世訓을 읽을 필요가 없으며, 만일 불온(不穩)한 마음가짐으로 處世訓을 보거나, 장난삼아 處世訓을 보았을 때 그 결과가 좋지 않은 卦가 정말로 자신의 것이 될 수도 있기 때문이다. 處世訓을 구하는 마음은 항상 정성이 있으며, 순수하고 편안하게 무념무상으로 자신의 處世訓을 알아보면 된다.

周易 處世訓의 占치는 방법으로는 50개의 산가지나 대나무를 사용하여 卦를 만드는 정서법(正筮法)이 있는가 하면, 세 개의 동전이나 엽전을 사용하여 卦를 만드는 척전법(擲錢法)도 있다. 卦를 만드는데 각 爻를 뽑아내는 방법은 여러 가지이며, 爻가 老陽(太陽) 과 老陰(太陰)이면 변효(變爻)라 하여 해당하는 爻를 변화시키니 卦가 변하게 된다. 한 卦에 각 爻의 數學的 確率의 제약에 따라 變爻가 몇 번이나 나왔는가를 표시하며, 變爻의 개수에 따라 효사와 괘사를 읽는 여러 가지 해석의 방법이 있다.

동전이나 주사위, 또는 산가지를 이용할 때 理論的으로 각 爻가
나올 확률(確率)은 엄밀히 말하면 다르다. 하지만 하늘에게 해답을
구할 때, 각 爻가 나올 수 있는 確率은 인간의 確率이지 하늘에게는
確率이 필요치 않다. 가장 중요한 것은 정성스런 마음으로, 구체적
인 자신의 문제를 질문하고, 대답을 절실히 갈망(渴望)하는 마음으
로 괘를 만들어야 한다는 것이다. 이 하나만 잊지 말고 爻를 만들어
處世訓의 卦辭를 읽으면 된다.

이 책에서는 周易의 점치는 법의 모든 방법을 간소화하여 온 家族
이 正月初에 모여서 윷놀이를 하면서 卦를 뽑아 吉과 凶을 읽을 수
있는 윷점의 방법과 빠쁜 현대인들이 간소하게 할 수 있는 동전점의
방법을 선택했다. 正月初에 온 家族이 모여 앉아 즐거운 시간을 보
내면 좋은 기운의 상승으로 吉하기 때문이다. 윷점 치는 方法과 동
전점을 치는 方法을 응용하면 주사위로도, 주위에 여러 가지 물건으
로도 얼마든지 卦를 뽑아 낼 수 있다.

온 가족이 모두 모인 자리에서 즐겁게 윷놀이를 하며, 윷을 던져
자신의 卦를 뽑아 卦辭를 한번 읽어보자. 자신의 중요한 일에 정성을
들여 기도하고 卦를 뽑아보자. 행복한 시간과 정성스런 기도가 일치
하면서 周易의 處世訓이 당신을 반드시 吉運으로 인도할 것이다.

☯ 處世訓의 윷점 방법

周易 處世訓의 윷점을 치는 방법은 윷을 세 번 던져 그 결과를 차
레로 적어 이에 해당하는 卦를 만드는 것이다. 세 번 던질 때마다

같은 물음의 기도를 하며 던진다. 예를 들어, 첫 번째 던진 윷이 도, 두 번째 던진 윷이 개, 세 번째 던진 윷이 걸이 나면 64卦중 「도·개·걸」(7-둔괘) 卦를 찾아 卦辭를 읽으면 된다. (단, 모와 윷은 같은 것으로 본다.)

☯ 處世訓의 동전 방법

周易 處世訓의 동전1개로 점을 치는 방법은 동전 앞면을 양, 뒷면을 음이라 정하고, 손바닥을 동그란 모양으로 만들고 손바닥 안에 동전을 넣고 두 손을 맞잡아 손 모양을 공처럼 둥글게 만든 후, 4번을 흔들어 던진다. 같은 방법으로 여섯 번을 던진다. 여섯 번 던질 때마다 같은 물음의 기도를 하며 던진다. 각 爻를 표시하여(읽어두기 ⑤ 본문법례) 卦를 만들고 64卦중 해당하는 卦辭를 읽는다.

☯ 윷점으로 보는 64괘

상＼하		건 乾 ☰	태 兌 ☱	이 離 ☲	진 震 ☳	손 巽 ☴	감 坎 ☵	간 艮 ☶	곤 坤 ☷
건 乾	☰	1 건괘 도도도	2 이괘 도도개	3 동인괘 도도걸	4 무망괘 도도모	5 구괘 도개도	6 송괘 도개개	7 둔괘 도개걸	8 비괘 도개모
태 兌	☱	9 쾌괘 도걸도	10 태괘 도걸개	11 혁괘 도걸걸	12 수괘 도걸모	13 대과괘 도모도	14 곤괘 도모개	15 함괘 도모걸	16 췌괘 도모모
이 離	☲	17 대유괘 개도도	18 규괘 개도개	19 이괘 개도걸	20 서합괘 개도모	21 정괘 개개도	22 미제괘 개개개	23 여괘 개개걸	24 진괘 개개모
진 震	☳	25 대장괘 개걸도	26 귀매괘 개걸개	27 풍괘 개걸걸	28 진괘 개걸모	29 항괘 개모도	30 해괘 개모개	31 소과괘 개모걸	32 예괘 개모모
손 巽	☴	33 소축괘 걸도도	34 중부괘 걸도개	35 가인괘 걸도걸	36 익괘 걸도모	37 손괘 걸개도	38 환괘 걸개개	39 점괘 걸개걸	40 관괘 걸개모
감 坎	☵	41 수괘 걸걸도	42 절괘 걸걸개	43 기제괘 걸걸걸	44 둔괘 걸걸모	45 정괘 걸모도	46 감괘 걸모개	47 건괘 걸모걸	48 비괘 걸모모
간 艮	☶	49 대축괘 모도도	50 손괘 모도개	51 비괘 모도걸	52 이괘 모도모	53 고괘 모개도	54 몽괘 모개개	55 간괘 모개걸	56 박괘 모개모
곤 坤	☷	57 태괘 모걸도	58 림괘 모걸개	59 명이괘 모걸걸	60 복괘 모걸모	61 승괘 모모도	62 사괘 모모개	63 겸괘 모모걸	64 곤괘 모모모

윷점으로 본 64괘

번호	괘 명 (이명)	번호	괘 명 (이명)	번호	괘 명 (이명)
1	건괘 (건위천)	21	정괘 (화풍정)	41	수괘 (수천수)
2	이괘 (천택리)	22	미제괘(화수미제)	42	절괘 (수택절)
3	동인괘(천화동인)	23	여괘 (환산려)	43	기제괘(수화기제)
4	무망괘(천뢰무망)	24	진괘 (화지진)	44	둔괘 (수뇌둔)
5	구괘 (천풍구)	25	대장괘(뇌천대장)	45	정괘 (수풍정)
6	송괘 (천수송)	26	귀매괘(뇌택귀매)	46	감괘 (감위수)
7	둔괘 (천산둔)	27	풍괘 (뇌화풍)	47	건괘 (수산건)
8	비괘 (천지비)	28	진괘 (진위뢰)	48	비괘 (수지비)
9	쾌괘 (택천쾌)	29	항괘 (뇌풍항)	49	대축괘(산천대축)
10	태괘 (태위택)	30	해괘 (뇌수해)	50	손괘 (산택손)
11	혁괘 (택화혁)	31	소과괘(뇌산소과)	51	비괘 (산화비)
12	수괘 (택뢰수)	32	예괘 (뇌지예)	52	이괘 (산뢰이)
13	대과괘(택풍대과)	33	소축괘(풍천소축)	53	고괘 (산풍고)
14	곤괘 (택수곤)	34	중부괘(풍택중부)	54	몽괘 (산수몽)
15	함괘 (택산함)	35	가인괘(풍화가인)	55	간괘 (간위산)
16	췌괘 (택지췌)	36	익괘 (풍뢰익)	56	박괘 (산지박)
17	대유괘(화천대유)	37	손괘 (손위풍)	57	태괘 (지천태)
18	규괘 (화택규)	38	환괘 (풍수환)	58	림괘 (지택림)
19	이괘 (이위화)	39	점괘 (풍산점)	59	명이괘(지화명이)
20	서합괘(화뢰서합)	40	관괘 (풍지관)	60	복괘 (지뢰복)
				61	승괘 (지풍승)
				62	사괘 (지수사)
				63	겸괘 (지산겸)
				64	곤괘 (곤위지)

10 주역문자 가나다순(64文字)

번호	가나다순	문자번호	페이지	번호	가나다순	문자번호	페이지
1	가인 괘	35	P 190	31	비(賁)괘	51	P 261
2	간 괘	55	P 282	32	사 괘	62	P 312
3	감 괘	46	P 240	33	서합 괘	20	P 125
4	건(乾)괘	1	P 28	34	소과 괘	31	P 174
5	건(蹇)괘	47	P 245	35	소축 괘	33	P 182
6	겸 괘	63	P 318	36	손(巽)괘	37	P 198
7	고 괘	53	P 271	37	손(損)괘	50	P 258
8	곤(困)괘	14	P 95	38	송 괘	6	P 55
9	곤(坤)괘	64	P 324	39	수(隨)괘	12	P 84
10	관 괘	40	P 210	40	수(需)괘	41	P 216
11	구 괘	5	P 50	41	승 괘	61	P 307
12	귀매 괘	26	P 151	42	여 괘	23	P 139
13	규 괘	18	P 114	43	예 괘	32	P 177
14	기제 괘	43	P 226	44	이(履)괘	2	P 33
15	대과 괘	13	P 89	45	이(離)괘	19	P 120
16	대유 괘	17	P 109	46	이(頤)괘	52	P 265
17	대장 괘	25	P 147	47	익 괘	36	P 194
18	대축 괘	49	P 253	48	절 괘	42	P 221
19	동인 괘	3	P 40	49	점 괘	39	P 206
20	둔(遯)괘	7	P 60	50	정(鼎)괘	21	P 130
21	둔(屯)괘	44	P 229	51	정(井)괘	45	P 233
22	림(임)괘	58	P 295	52	중부 괘	34	P 186
23	명이 괘	59	P 299	53	진(晋)괘	24	P 143
24	몽 괘	54	P 275	54	진(震)괘	28	P 162
25	무망 괘	4	P 45	55	췌 괘	16	P 105
26	미제 괘	22	P 135	56	쾌 괘	9	P 70
27	박 괘	56	P 286	57	태(兌)괘	10	P 74
28	복 괘	60	P 302	58	태(泰)괘	57	P 290
29	비(否)괘	8	P 65	59	풍 괘	27	P 156
30	비(比)괘	48	P 249	60	함 괘	15	P 100
				61	항 괘	29	P 166
				62	해 괘	30	P 170
				63	혁 괘	11	P 79
				64	환 괘	38	P 202

제1부

01 건괘(乾卦)　28
02 이(리)괘(履卦)　33
03 동인괘(同人卦)　40
04 무망괘(无妄卦)　45
05 구괘(姤卦)　50
06 송괘(訟卦)　55
07 둔괘(遯卦)　60
08 비괘(否卦)　65
09 쾌괘(夬卦)　70

제2부

10 태괘(兌卦)　74
11 혁괘(革卦)　79
12 수괘(隨卦)　84
13 대과괘(大過卦)　89
14 곤괘(困卦)　95
15 함괘(咸卦)　100
16 췌괘(萃卦)　105
17 대유괘(大有卦)　109
18 규괘(睽卦)　114

제3부

19 이괘(離卦)　120
20 서합괘(噬嗑卦)　125
21 정괘(鼎卦)　130
22 미제괘(未濟卦)　135
23 여괘(旅卦)　139
24 진괘(晋卦)　143
25 대장괘(大壯卦)　147
26 귀매괘(歸妹卦)　151
27 풍괘(豐卦)　156

제4부

28 진괘(震卦)　162
29 항괘(恒卦)　166
30 해괘(解卦)　170
31 소과괘(小過卦)　174
32 예괘(豫卦)　177
33 소축괘(小畜卦)　182

제5부

34 중부괘(中孚卦)　186
35 가인괘(家人卦)　190
36 익괘(益卦)　194

제5부

37 손괘(巽卦)　198
38 환괘(渙卦)　202
39 점괘(漸卦)　206
40 관괘(觀卦)　210
41 수괘(需卦)　216
42 절괘(節卦)　221
43 기제괘(旣濟卦)　226
44 둔괘(屯卦)　229
45 정괘(井卦)　233

제6부

46 감괘(坎卦)　240
47 건괘(蹇卦)　245
48 비괘(比卦)　249
49 대축괘(大畜卦)　253
50 손괘(損卦)　258
51 비괘(賁卦)　261
52 이괘(頤卦)　265
53 고괘(蠱卦)　271
54 몽괘(蒙卦)　275

제7부

55 간괘(艮卦)　282
56 박괘(剝卦)　286
57 태괘(泰卦)　290
58 림(임)괘(臨卦)　295
59 명이괘(明夷卦)　299
60 복괘(復卦)　302
61 승괘(升卦)　307
62 사괘(師卦)　312
63 겸괘(謙卦)　318

제8부

64 곤괘(坤卦)　324

제 1 부

01. 건괘(乾卦)

02. 이(리)괘(履卦)

03. 동인괘(同人卦)

04. 무망괘(无妄卦)

05. 구괘(姤卦)

06. 송괘(訟卦)

07. 둔괘(遯卦)

08. 비괘(否卦)

09. 쾌괘(夬卦)

01 건괘(乾卦)

건 위 천(乾爲天)	: ☰	乾	○○○
건하건상(乾下乾上)	: ☰	乾	○○○

大象

하늘의 운행은 건전하여 순간도 쉬는 일이 없다.

君子는 이 卦象을 보고 스스로 마음을 가다듬어 쉬지 않고 노력한다.

卦辭

「乾卦」는 「주역」 64卦中 제일 첫머리에 있는 卦로서 가장 으뜸이 되는 卦라고 한다. 원래 「주역」의 이치는 한 마디로 말해 음양(陰陽)의 원리에서 생긴 것이다. 그 陰陽이라는 것이 乾卦 와 坤卦 에서 출발한다. 乾은 하늘, 하늘은 陽이요, 坤은 땅, 땅은 陰이다. 이렇게 乾坤(天地)을 陰陽의 原質로 하여 우주의 온갖 것을 陰, 陽 으로 구분한다. 남자는 陽, 여자는 陰이며, 해는 陽이요, 달은 陰이다. 낮은 陽이요, 밤은 陰, 강강(剛强)한 것은 陽, 유순(柔順)한 것은 陰, 적극적인 것은 陽, 소극적인 것은 陰, 數에 있어서도 홀수는 陽, 짝

수는 陰. 위는 陽, 아래는 陰, 動的인 것은 陽, 靜的인 것은 陰이다. 이렇게 모든 것은 陰陽으로 이루어지지 않은 것이 없다. 이 陰陽이 서로 화합하면 吉한 것이요, 괴리하면 凶한 것이다. 이렇듯이 대견한 陰陽의 原質이 乾坤이고 보니 「주역」의 모든 이치가 바로 이 乾卦와 坤卦에서 시작되는 것을 알 수 있다.

그런데 이 乾卦와 坤卦 중에서도 「주역」에서는 乾이 坤보다 먼저라고 생각한다. 즉 乾이 있은 다음 坤이 있었다고 생각한다. 乾은 能動的이요, 坤은 受動的이라고 생각한다. 하늘에서 비를 내리고 빛을 비춰 주므로 땅은 그것을 받아서 비로소 만물을 낳아 기르는 것이다. 그러므로 乾은 천지 만물의 처음이라고 생각한다.

이 천지 만물의 시초이며 모든 造化의 근원이 바로 이 「乾卦」인 것이다. 이 卦는 初爻에서부터 上爻에 이르기까지 六爻 전부가 순수한 陽爻로만 이루어졌으며 初爻에서 上爻에 이르는 발전의 과정을 단계적으로 보이면서 上爻를 발전의 頂點으로 하고 있다.

여담(餘談)이긴 하나 여기에서 우리는 한 가지 재미있는 사실을 발견한다. 이 卦는 천지 만물의 시초에서부터 生成發展의 創造的 過程을 보인 것으로 설명하고 있거니와 이 창조의 과정이 六爻, 즉 第六의 단계에서 頂點에 도달한다는 것은 〈舊約聖書〉의 創世記 속에 나오는 하느님의 천지 창조의 설화와 일치한다는 것이다. 「…… 하느님이 그 지으신 모든 것을 보시니 보시기에 심히 좋았더라. 저녁이 되며 아침이 되니 이는 여섯째 날이니라. 천지와 만물이 다 이루니라. 하느님의 지으시던 일이 일곱째 날이 이를 때에 마치니 그 지으시던 일이 다하므로 일곱째 날에 안식하시니라 ……」

여기에서 인용한 바와 같이 創世記에서는 하느님이 첫날부터 차례로 천지와 만물을 창조하여 가다가 第六日에 창조를 완성하고 第七日을 安息日로 했다는 것이다. 단순한 우연의 일치일까? 아니면 거기에 무슨 깊은 근거가 있는 것일까? 그뿐만은 아니다. 「乾卦」의 文言에 君子는 하늘의 법칙인 元, 亨, 利, 貞의 네 가지 德을 스스로 行한다(君子行此四德者 故曰 乾 元亨利貞－군자행차사덕자 고왈 건 원형이정)고 설명하고 있다. 형이상학적이고 포괄적인 의미로 사용할 수 있는 元, 亨, 利, 貞 은 자연의 사계절에서 봄은 元, 여름은 亨, 가을은 利, 겨울은 貞 으로 볼 수 있고, 사람의 일에서도 계획하는 것은 元, 실천하는 것은 亨, 결과는 利, 분배는 貞으로 표현가능하다. 그 외에도 방향은 東, 西, 南, 北 네 가지 방향으로, 하루는 아침, 점심, 저녁, 밤 네 가지로 구분할 수 있다. 20세기에 들어와서 유전물질인 DNA(Deoxyribo Nucleic Acid)는 아데닌(A-Adenine), 구아닌(G-Guanine), 티민(T-Thymine), 시토신(C-Cytosine)의 네종의 염기로 주로 표현하고 있는 것도 흥미 있는 사실이다.

元, 亨, 利, 貞, 천지의 법칙, 즉 천지 창조의 법칙을 사람이 體得하고 있는 것으로 보고 있다. 다시 말하면 사람은 그 자체 내에 천지 창조와 같은 이치를 갖추고 있다고 보는 것이다. 사람의 본성은 天性이라고 본다. 사람은 천지를 축소한 존재라고 생각하는 것이다.

이 天人一體의 사상은 〈舊約聖書〉創世記에 나오는 설화와 일치한다. 「… 하느님이 자기 형상 곧 하느님의 형상대로 사람을 창조하시되 …」라는 구절이 있어서 사람을 하느님과 같은 형상으로 창조하였다고 하여, 이 또한 天人一體를 설명하고 있다. 유교의 「주역」과 예수교의 〈聖經〉에서 일치하는 이 天人一體의 思想을 단순한 우연의 一致라고만 볼 수는 없지 않을까?

「乾卦」는 왕성한 기운이 넘치는 男性的인 기세를 보이는 성운(盛運)의 卦다. 그러나 효사(爻辭)는 이 盛運을 다루는데 신중을 다하고 있다. 이 운세를 龍에 비유하여 잠복(潛伏)에서 비약(飛躍)에, 飛躍에서 승천(昇天)에 이르기까지 각각 그 시기와 단계를 나누어 움직임이 시기에 알맞아야 하며 행동이 한계를 넘지 못하도록 경계하고 있다. 즉 때가 되면 주어진 운세를 용감하게 받아 들여, 나타나야 할 때 나타나고, 뛰어야 할 때 뛰며, 날아올라야 할 때 날아올라서 마음껏 운세를 구사할 것을 시사(示唆)하는 반면, 항상 제 분수를 넘는 지나친 행동과 호운(好運)에 심취하여 방자 교만함이 없기를 경계하고 있다.

「乾卦」의 운세는 너무나 강성하여 龍이 하늘로 올라가는 기세이지만 더 오를 수 없는 절정에까지 함부로 치닫는 항룡(亢龍)이 되어서는 모처럼의 성운도 그것으로 극한에 부딪치고 마는 것이다. 극한에서는 전락이 있을 뿐이다. 이렇게 궁극에 도달하면 변하는 것이 「주역」의 법칙이다. 「주역」의 대원리는 모든 것은 항상 變化한다는 것이다. 「모든 것은 變한다.」라는 천지의 이치를 갈파한 것만으로도 「주역」은 위대한 것이며 오늘에 와서도 그 眞理는 빛나는 것이다.

현대인인 우리들은 이른바 運命이란 것이 존재한다는 것을 꼭 믿으려 들지 않는다. 그러나 運命이란 것이 존재하지 않는다고 단언할 근거도 또한 박약하다. 어쨌든 우리 인간에게는 자기 뜻대로만 되지 않는 일이 많다. 사람의 생애에는 기복(起伏)이 있고 사람의 하는 일에는 성패가 있다. 모든 사람이 행복하고 성공하기를 바라건만 세상에는 불행한 일이 있고 실패하는 예도 많다. 사람은 무엇인가 눈에 보이지 않는 큰 줄에 매달려 끌려가는 것 같은 느낌을 갖게 한다. 무엇인가 거대한 힘이 우리를 지배하고 있는 것 같은 느낌이 든다. 人間의 삶에는 어딘가 불가사의(不可思議)한 데가 있다. 이런 것을 運命 이라고 생각하여 두면 어떨까?

「주역」에서는 사람에게는 運命이라는 것이 존재하는 것을 전제(前提)하고 있다. 그러나 그 운수는 사람의 마음 가지기에 따라 호운을 악운으로 전락시킬 수도 있고 악운을 전화위복할 수도 있다고 가르치고 있다. 호운이 오면 조심성 있게 받아들이며 악운이 오면 은인자중(隱忍自重)하여 때를 기다리라는 것이 인간이 운명에 대처하는, 인간과 운명과의 관계를 논정하는 「주역」의 일관한 태도인 것이다.

「주역」은 인간을 실망시키지 않는다. 또 교만을 허용하지도 않는다. 이것은 곧 운명은 인간을 실망시키지 않는다. 그리고 교만을 허용하지도 않는다는 뜻이 된다. 그러기에 인간에게 인생을 성공적으로 건설하느냐, 실패로 전락시키느냐 하는 가장 중요한 관건(關鍵)은 운명에 있는 것이 아니고 실은 각자의 마음의 자세에 있다는 것이다. 이래서 우리는 「주역」을 읽는 보람을 느낀다.

이(리)괘(履卦) 02

천 택 리(天澤履)　：≡ 乾　　○○○
태하건상(兌下乾上)：≡ 兌　　●○○

大象

위에 하늘이 있고 아래에 못이 있는 것이 履의 卦象이다.

君子는 이卦象을 보고 上下의 질서를 밝히고, 禮儀를 정하여 질서 관념을 심어 백성의 마음을 安定시킨다.

卦辞

「履卦」는 上下의 질서를 존중하고 그 질서를 유지하기 위하여 禮儀를 지킬 것을 설명한 卦이다.

하늘을 상징하는 乾卦가 위에 있고 못물을 의미하는 兌卦가 아래에 있다. 하늘이 위에 있고 못물이 아래 있는 것은 자연계의 현상으로서 정당한 위치인 것이다. 그러나 「주역」의 이치에서 볼 때는 이러한 卦의 구성은 반드시 이상적인, 吉한 것은 아니다. 하늘은 높은 곳에 있어서 아래로 내려오는 일이 없다. 하늘은 언제나 하늘대로 높게 버티고 있다. 못물은 아래에 있어서 하늘과는 그 거리가 너무나 멀다. 못물은 하늘로 흐르거나 못이 하늘로 올라 가려 하지 않는다. 그래서 이 兩者는 서로 친근할 수 없고 서로 호응할 수 없다. 이렇게 되면 하늘이 높은데 있고 못물이 낮은데 있는 것만으로 자연의 질서가 완성되었다고 말할 수는 없다.

원래 천지자연의 법칙은 서로 호응하고 협력하는 것이 대자연의 원칙이며 질서의 본질인 것이다. 하늘은 높은 것이지만 때로는 비를 보내어 못물을 도와주어야 하고 때로는 그 자신의 마음과 모습을 맑은 고요한 못물 속에 내려 보내어 담아 보기도 해야 한다. 못은 하늘이 비를 내리면 감사히 받아 자기의 몸을 살찌게 해야 하며, 하늘이 바람을 보낼 때는 즐거이 속삭이며 잔물결을 춤추게 해야 하며, 하늘이 그 몸을 낮추어 얼굴을 못물에 잠글 때면 못물은 고요하고 맑은 마음으로 그를 가슴에 받아 안아야 비로소 하늘과 못물 사이에는 서로의 상관성이 생기고, 호응이 있고, 협력이 존재하게 되는 것이다. 높고 푸른 하늘의 모습을 못물이 그 고요하고 맑은 가슴에 담고 있는 풍경을 볼 때 우리는 거기에서 물과 하늘이 한빛임을 알 수 있고, 물과 못이 한마음임을 느끼게 된다. 우리는 못 속을 보고 하늘의 푸름을 알게 되며, 하늘을 보고 못물의 고요함을 생각하게 된다. 여기에 하늘의 마음과 못의 마음이 서로 연결되며, 호응과 조화가 있는 것이 아닐까 한다.

이런 古詩가 있다. 「半畝方塘一鑑開 天光雲影共徘徊-반무방당일감개 천광운영공배회」(조그만 작은 못이 거울처럼 고요하다. 하늘도 흰 구름도 모두 다 그 안에 보이네.) 대략 이런 뜻이다. 하늘이 못물 속에 비친 풍경과 또 거기에 담긴 깊은 뜻을 나타낸 것으로 유명한 글이다.

　사람에 있어서도 윗사람은 윗사람대로 자기의 높은 지위에만 스스로 높아하고, 아랫사람은 아랫사람대로 윗사람을 돕고 협조하려는 생각이 없이 먼 거리에 따로따로 떨어져 있다면 이것은 上下의 뜻이 괴리(乖離)하는 것이요, 배반하는 것일 뿐, 결코 上下의 질서를 존중하는 본질은 아닌 것이다.

　인간사회에 있어서 질서를 重視하는 것은 각자가 「너는 너, 나는 나다. 너는 너 할 일이나 해. 나는 내 할 일만 하면 그만야.」하는 사태를 만들려는 것은 아니다. 그 관계는 마치 작업에 있어서 分業과 協同과 같은 것이다. 分業에 의하여 제각기 만들어진 부분은 서로의 관련성을 가지고 전체로 종합되어야 하는 것이다. 이것이 진실한 작업상의 질서인 것이다.

　윗사람과 아랫사람은 각각 그 맡은 바는 다르나 그것의 공통된 목적은 종합된 하나의 완성에 있는 것이다. 거기에는 항상 서로 긴밀한 관련과 협조가 있어야 하는 것이다. 다만 그 연관과 협조의 방법에 있어서 각자의 지켜야 할 한계가 있고 예의(禮儀)가 있어야 한다는 것이 중요할 뿐이다.

　물론 질서라는 것은 소중한 것이다. 하늘은 위에 있고 땅은 아래 있으며 太陽은 하늘에 있고 물은 낮은 데로 흐른다. 밤이 새면 낮이 오고 겨울이 가면 봄이 온다. 이것은 혼란한 일이 없고, 바뀌지는 일이 없다. 이러한 질서가 확립되기 때문에 천지자연은 파멸을 면할 수 있고, 인간생활과 삼라만상이 존립할 수 있는 것이다. 이렇듯 우주자연은 질서가 정확하다.

인간의 사회생활에 있어서도 질서는 매우 중요한 것이다. 인간의 모든 사회생활은 질서 없이는 이루어질 수 없으며 단 하루도 유지될 수 없다. 부산행 열차를 타면 틀림없이 부산으로 가게 되고, 건널목의 빨간등이 켜지면 모든 차는 멈춰 선다. 우리는 이것을 믿기 때문에, 안심하고 기차를 탈 수 있고 마음 놓고 네거리를 지나갈 수가 있는 것이다. 이것이 질서의 고마움이다. 이렇듯이 질서 없이 살 수 없는 인간이건만, 그러나 인간의 질서는 자연의 질서처럼 모든 것이 처음부터 그렇게 정확하게 정하여져 있지는 않다. 때로는 인간의 방자(放恣)가 이따금 이 질서를 유린하거나 엄수하지 않으려는 경우가 있다. 그래서 인간의 지도자들은 옛날부터 이 인간의 질서와 그 유지에 무진 애를 쓰고 있는 것이다. 한마디로 「인간의 질서」라고 표현하고 있지만 인간의 질서라는 것은, 태양이 동쪽에서 솟아 서쪽으로 넘어가듯이 일정불변한 것은 아니다. 시대의 여건과 사회의 성격과 질서를 지도하려는 지도자 또는 주권자의 필요와 利害와 철학 등에 따라 매우 相異할 수 있는 것이다.

오늘날의 民主主義 社會의 질서와 옛날 봉건사회의 사회질서는 근본적으로 많은 異質的인 요소를 가지고 있는 것이다. 現代의 민주질서는 개개인의 인권 존중에서 출발한 1 대 1의 인간 상호관계의 의무와 권리, 그리고 그들이 구성하는 공동사회의 복리를 위한 질서이지만, 고대 봉건사회에 있어서의 사회질서는 신분계층(身分階層)의 고정화와 신분에 따른 지배자(支配者) 중심의 복종을 위한 질서였다. 복종(服從)의 질서를 강조하여 이것을 최선의 윤리·도덕으로 규정하고 이론적으로 뒷받침한 것은 유교(儒敎)였다. 儒敎는 실로 지배와 복종의 질서로써 인류사회의 안정을 이룩하려는 철학이요, 종교이기도 한 것이다.

「履卦」도 이러한 복종의 질서를 설명하고 있다. 하늘이 위에 있고 못물이 땅에 있는 것은 범할 수 없는 자연법칙이다. 못이 하늘로 올라가고 하늘이 땅에 있게 된다면 그야말로 천지자연은 종말인 것이다. 이와 같이 上下의 身分秩序는 움질일 수 없는 것으로 확립되어야 인간의 사회생활은 安定을 얻을 수 있다는 것이다. 절대 필요한 질서를 유지하면서 모든 사회 구성원들의 노력과 행동을 어떠한 방법으로 상호의 관련과 협력의 상태로 종합하여, 커다란 하나로 집결시킬 것인가 하는 것이 중요한 과제가 아닐 수 없다.

방법론으로 履卦는 여기에서 복종과 성의와 예의를 강조하고 있다. 履는 실천한다, 따라간다는 것을 뜻하는 글자이다. 아랫사람이 윗사람에게 순순히 따라가되 진심에서 나오는 성의로써 예의를 지켜야 한다고 설명하고 있다. 儒敎에서는 항상 예의를 인간 최고의 교양으로 설교하고 있거니와 이 예의야말로 지배와 복종의 질서를 유지하는 데 더할 수 없는 안성맞춤의 도구인 것이다. 물론 현대의 民主社會에 있어서도 인간의 사회생활을 교양 있고 美化된 질서로 영위(營爲)하기 위하여 예의는 필요한 것이다. 아니 인간의 생활이 복잡해 가고 집단화해 갈수록 예의는 더욱더 필요의 도를 높여갈 것은 틀림이 없다. 어쨌든 인간생활의 질서를 유지하는데 禮儀라는 것을 발견한 옛사람들의 현명을 높이 평가해야 할 것이다.

그런데 예의란 것은 자칫 잘못되면 거추장스럽고 귀찮은 형식에 흘러 無用의 長物이 되기 쉽다. 그래서 이 卦에서는 예의를 실천하는 방법으로 진심과 성의를 가르치고 있다. 원래 「禮出於情-예출어

정」이라고 하여 禮儀는 진정의 성의에서 생겨 나온다는 것이다. 어느 누구에게 대하여 진심으로 존경하고 심복하는 마음이 있으면 그에 대한 말과 행동에는 자연히 조심과 공경과 겸양이 생긴다. 이것이 바로 예의의 본질인 것이다. 그래서 윗사람의 지도에 순종하되 성의로써 예의를 지키면 비록 범의 꼬리를 밟는 것 같은 위험한 경우에 있어서도 위해를 면한다고 강조하고 있다.

「말은 성실하고 신의가 있으며, 행동은 독실(篤實)하고 경건하면 비록 야만의 나라에서라도 뜻이 통하리라」(言忠信行篤敬 雖蠻貊之邦 行矣-언충신행독경 수만맥지방 행의) 라는 孔子의 교훈이 있다. 이 말은 바로 이 卦에서 성의와 예의로써 윗사람에게 즐거이 따르면 비록 범의 꼬리를 밟아도 물려 죽지 않는다는 말과 같은 뜻인 것을 알 수 있다.

이 「履卦」가 가르친 것이 고대의 신분제도를 바탕으로 한 것이어서 오늘날의 우리 民主市民의 생리와 생활에 그대로 진리일 수는 없다. 그러나 그것은 그 바닥에 있는 지배와 복종의 질서라는 것이 오늘날의 우리의 理念과는 근본적으로 相異하다는 것뿐, 「上下」라고 생각하는 대신 「지도자와 피지도자」, 「선배와 후배」, 「사장과 사원」 이렇게 現代의 사회기구로 바꿔서 생각한다면 이 교훈은 역시 훌륭한 處世訓이 될 수 있지 않을까 한다. 우리가 어느 사회단체의 一員으로 되었을 때, 그 시점(視點)에서 자기에게 주어진 포지션의 범위 안에서 자기의 임무를 지키면서 상사의 의사를 존중하여 돕고 협조한다는 것이 현재에 있어서도 선량한 질서가 아닐 수 없으며 사람과 사람의 교섭에 있어서 성의가 예의(혹은에티컷 또는 세련(洗練)이라고 불러도 좋다)를 지킨다는 것은 現代人에게도 역시 美德이 아닐 수 없다.

우리는 이 古典의 교훈을 현대적인 해석(解釋)에서 순순히 받아들여야 할 것이다. 그렇게 함으로써 이 卦를 점쳐 얻는 현대인에게도 현대적인 吉運이 약속될 것이다.

03 동인괘(同人卦)

<table>
<tr><td>천화동인(天火同人) :</td><td>☰ 乾</td><td>○ ○ ○</td></tr>
<tr><td>이하건상(離下乾上) :</td><td>☲ 離</td><td>○ ● ○</td></tr>
</table>

大象

  항상 높이 있는 하늘(乾)과 항상 높은 곳을 지향하는 불(離)은 서로 같은 성질을 지니고 있다. 이것이 同人의 卦이다.

  君子는 이 卦象을 보고 족속(族屬)을 유별(類別)하여 사물을 구분한다. 즉 뜻이 같은자 끼리 모여 일을 처리한다.

卦辭

  「同人」은 남과 뜻을 같이한다. 同志를 구하여 함께 한다는 뜻이다. 그러기에 뜻이 같은 사람들이 모여 내는 잡지를 「同人誌」라고 한다. 同人卦의 모양은 乾卦(하늘)가 위에 있고, 離卦(불)가 아래에 있다. 하늘은 항상 높이 있고 불은 항상 높은 곳을 향하여 타오른다. 하늘과 불은 같은 성질을 가지고 있다. 그들의 마음은 한결같이 높은 곳에 있다. 그러므로 하늘과 불은 同志가 서로 호응함과 같은 것이다.

그런 논리에서 이 卦는 「同人」의 상징인 것이다.

　「同人」은 불이 하늘을 향하여 활활 타오르듯이 국가나 사회나 어떤 단체의 힘이 한창 발전하고 흥왕 하는 상태를 의미한다. 그것이 국가라면 국민들 사이에는 의욕적인 감투정신이 넘치고, 나라 안은 생산과 건설로 활기가 약동하는 그러한 모습을 말하는 것이다. 그러나 그러한 발전과 흥왕은 반드시 이것을 만들기 위하여 노력하고 있는 사람들의 단결과 협력이 있어야 하고, 그 단결과 협력은 同志的인 결합에서 온다고 이 卦는 계시하고 있다. 우리는 어느 국가나 단체가 그렇듯이 흥왕 하는 모습을 볼 때 그것에 대한 선망과 찬사를 아끼지 않는다. 우리는 오늘날 美國의 번영을 보고 선망을 금치 못하며, 독일의 부흥상을 보고 나일강의 기적이라 경탄하고 있다. 그러나 그것을 만들어 내고 있는 배후의 지도자와 국민들의 협력의 노고와 공적은 심상히 간과하거나 정당한 평가를 논정하는 데는 소홀히 하는 경향이 많다.

　또 우리는 가끔 우리의 주변에서 단결을 강조하고 협력을 부르짖는 외침을 듣는다. 역사상으로는, 朝鮮王朝의 사색당쟁(四色黨爭)을 읽고, 그 명분 없는 분열과 적대의 생리를 통탄하며, 현실로는 정당인들의 무수한 이합집산(離合集散)의 모습을 보고 단결할 줄 모르는 행동이라고 분격해 하는 인사들이 많다. 그러나 소중한 단결과 협력을 어떻게 하면 가능하게 할 수 있느냐 하는 방법론에 대하여는 오히려 소홀히 넘겨 버리는 경향이 많다. 이러한 결과만을 중시하고 원인을 소홀히 하는 것은 정녕 현명한 태도일 수는 없는 것이다. 同志的 結合의 힘이 국가 번영의 원동력이 되는 것이 진리임에 틀림이 없다면 「주역」이 同志的 結合을 중시하고 그 방법론까지 제시하는, 사물을 그 근본과 원인에서부터 파악하려 하는 태도에 우리는 우선 경의를 표한다.

「주역」이 제시한 방법론을 살펴보자. 同志的 結合에는 훌륭한 지도자가 중심이 되어야 한다는 것이다. 훌륭한 지도자가 중심이 되면 그의 인격을 존경하고 호감을 가진 인사들이 호응하게 되어 同志的 結合이 가능하다는 것이다. 그리고 지도자의 인격은 부드럽고 겸허하고 관대해야만 남이 그를 따르게 되고 그의 주변에 모이기를 즐겨한다는 것이다. 현대인의 안목으로 볼 때 이것은 아직 보스中心의 자연발생적인 同志結合에 불과한 것이다. 많은 사람이 한 集團으로 뭉치려면 거기에는 뚜렷한 目的이 定立되어야 하고 목적에 공감을 가진 사람들이 동일한 이념 밑에 단결하여야 비로소 한 조직체(組織體)를 구성할 수 있는 것이다. 그러므로 공통된 목적의식이 그 근본이요, 지도자 문제는 부수적인 것이다. 단순한 지도자의 인격에 대한 존경심 때문에 모이는 것은 어디까지나 지도자 개인에 대한 호감이 第一義的이요, 이념은 오히려 부수적인 것이다. 이러한 경우에는 지도자의 존재가 곧 그 집단의 존재가 되며, 지도자의 생각이 바로 그 집단의 이념이 될 우려가 있다. 그러므로 지도자는 우상화되기 쉽고 지도자는 독단을 감행할 위험성이 있다. 우리는 이 지도자가 同志結合의 유일(唯一)한 근본이라고 생각하는 「주역」의 논리에 현대인의 입장에서 이견(異見)을 제기하는 것이다. 그러나 그것은 현대인의 현대적 사고에서 하는 이견(異見)인 것도 또한 부인 할 수 없다.

「주역」이 성립하던 당시에는 국가에는 이미 정해진 세습적인 군주가 불가침적 존재로 군림하고 있었으며, 또 국가의 정치에 참가할 수 있는 사람은 군주에 의하여 그 지위가 주어진 사람에게 국한하였던 것이다. 자기의 직분이 아닌 자는 정치에 이러쿵저러쿵 할 수 없었던 것이다. 그래서 「그 지위에 있지 아니하면 그 정치에 참여하지 않는다.」(不在基位 不謀基政-부재기위 부모기정)는 것이, 한 선량한 사회규범(社會規範)으로 윤리화하였던 時代이다. 이러한 時代이고 보니 지도자의 인격과 생각이 同志的 結合의 근본이 아닐 수 없다는 것을 우리는 또한 수긍할 수밖에 없다. 현대에 있어서도 지도자의 인격이나 견식이나 역량이 그 조직체에 미치는 비중은 지대한 것이다. 그리고 지도자는 부드럽고 겸허하고 관대한 그러한 인격의 소유자라야 많은 사람들의 마음을 끌 수 있다는 것도 또한 현대인에게도 그대로 적용될 수 있는, 인심의 기미(機微)를 잘 파악한 말이 아닐 수 없다. 당신이 만일 어느 회사의 사장이거나 협회의 이사장 이거나 정당의 당수거나 어떠한 집단의 우두머리인 경우에 당신은 당신의 주위에 당신을 돕고 협력할 同志들을 모으기 위하여 이 卦의 卦辭를 좌우명(座右銘)으로 받아들이는 것이 현명하다.

다음은 文明함과 강건(強健)함이 中正하게 호응하도록 하라고 가르치고 있다. 同志를 규합할 때 각각 그 사람의 장점을 존중하고 단점을 따지지 말라는 것이다. 사람에게는 누구나 장점과 단점이 있다. 사람의 장점을 살릴 줄 아는 사람은 사람을 쓸 줄 아는 사람인 것이다. 여기에서 「文明함」과 「強健함」을 文人과 武士라고 생각한

다면 文人은 文弱하기 쉽고 武士는 강력에 치우치기 쉽다. 그러나
이것을 中正하게 즉 중용적 위치에서 조화를 바르게 하여 文人은 文
弱에 빠지지 않고 武士는 강력에 치우치지 않도록 하면 文人도 武士
도 모두 同志가 될 수 있다는 것이다. 또 「文明함」을 현명한 知性으
로, 「强健함」을 과감(果敢)한 實行力으로 생각한다면 知性의 所有者
와 實行力의 所有者의 장점을 잘 살려 알맞게 조화를 이루면 知性과
實行力은 서로 뼈가 되고 살이 될 수 있다는 것이다.

사람을 다루는 방법으로 옛사람은 「그 성질에 따라 유도(誘導)하
라」고 하였다. 즉 그 사람의 성질을 그대로 살려 그것이 장점이 되
도록 誘導하라는 것이다. 이러한 방법으로 사람을 모으고 또 善用한
다면 天下의 한 가지의 장점, 한가지의 특징을 가진 사람이면 모두
同志로 만들 수 있고 또 그들의 마음이 서로 연결되게 할 수 있을
것이다. 그러므로 君子는 천하의 마음이 서로 화통하게 만들 수 있
다는 것이다. 저절로 머리가 숙여지게 하는 훌륭한 견해다.

또 「주역」은 사람을 구하는데 있어서 정실(情實)이나 파벌의식에
빠지는 일이 없이 공정하게 해야 한다고 경고를 잊지 않고 있다. 감
히 이의가 있을 수 없다. 이러한 인간관계의 일을 수행하려면 많은
장애와 고난에 부딪치게 된다. 그러므로 처음에는 남의 오해를 살
수도 있고 남의 시기를 받을 수도 있다. 그리하여 고독을 느끼며 슬
퍼할 때도 있을 것이다. 그러나 결코 안이(安易)를 택하여서는 안
된다. 초지(初志)를 관철해 가면 반드시 커다란 성공과 기쁨을 가져
올 것이다. 同人卦는 당신의 의지와 현명과 역량에 정비례하여 幸運
을 약속하는 卦인 것이다.

무망괘(无妄卦) 04

천뢰무망(天雷无妄) : ☰ 乾　　○○○
진하건상(震下乾上) : ☳ 震　　●●○

大象

우레가 천하를 진동하여 만물에게 无妄의 섭리를 준다.

옛날 착한 帝王은 이 卦象을 보고 天時에 순응하여 만물을 크게 養育하였다.

卦辞

「无妄卦」는 그 형태가 하늘을 의미하는 乾卦가 위에 있고 우레를 의미하는 震卦가 아래에 있다. 우레가 하늘에서 크게 진동하고 있는 상태를 상징한 것이다.

우레는 복괘(復卦)에서 陰氣 가득한 천지 사이에 한 가닥 봄의 기운이 돌아 온 것을 상징하여, 우레가 땅속에서 형성되어 있다고 설명하고 있다. 그것은 아직 땅 위에 뛰쳐나온 완성된 우레는 아니었다. 커 가는 순간에 있기는 하나 아직 소리치며 천하에 군림(君臨)

할 만한 우레는 아니었다. 그것은 이미 봄의 첨병(尖兵)이기는 하나 본격적인 봄의 이미지는 아니었다.

그러나 无妄卦에서의 우레는 이미 그러한 땅속에 있는 우레는 아닌 것이다. 지각을 뚫고 하늘로 치솟아 올라 「이제 봄이다」하고 소리치며 크게 포효(咆哮)하는 하늘에 있는 우레인 것이다. 地雷는 아니다. 天雷인 것이다.

봄 하늘에 우레가 울어 터지면 비가 쏟아지기 마련인 것이다. 우레와 함께 오는 비는 통쾌하리만큼 마구 퍼부어 내리는 비다. 비가 흠뻑 오고 나면 개울과 시내에는 물소리가 조잘거리고 버들잎이 파란 눈을 내밀고 매화꽃이 붉게 봉오리 진다. 이리하여 하루 또 하루 봄은 무르익는다.

복괘(復卦)를 봄의 어린이라면 无妄卦는 봄의 青年이라고 할 수 있는 것이다. 그러므로 「无妄」은 天下의 모든 것이 마음을 같이하여 봄을 영위(營爲)하고 있는 상태를 상징하는 卦인 것이다. 온 천하에 함께 봄을 산다는 것은 천하 만물의 마음이 모두 봄을 위하여 바쳐졌기 때문이다. 서양의 속담에 「한 마리의 제비가 봄을 만들지 못한다.」는 말이 있다. 완전하고 번영한 봄은 모든 것이 함께 함으로써 이루어지는 것이다. 「无妄」은 바로 이러한 상징인 것이다.

인간사회에 있어서 「无妄」은 君主와 신하와 그리고 천하의 어진 人士들이 마음을 같이하여 바르고 복된 국가를 영위하고 있는 상태를 의미한다. 오랜 동안의 혼란과 전쟁과 대립과 이산과 기아와 부패의 상황이 극한에 이르렀을 때, 그 상황 속에 내포되어 성장한 한 줄기 개혁의 새로운 기풍이 커져서 「復」의 재건과 갱생의 계단을 거쳐 이제 본격적인 정의와 평화와 복지의 사회로 발전하고 번영하기에 이른 상태를 표현하는 것이 「无妄」의 현상인 것이다. 「주역」은 이것으로 은(殷)나라 폭군 주왕(紂王)의 뒤에 이루어진 주(周)나라 무왕(武王)의 태평한 시대를 상징한 것인지도 모른다. 중국 역사상 대표적 폭군으로 알려진 紂王을 추방한 뒤의 周武王의 선치(善治)는 그야말로 겨울을 소탕해 버리는 봄 우레와 같은 것임에 틀림없을 것이다.

어쨌든 无妄卦는 이와 같이 상하가 호응하여 발전하고 번영하는 상태를 보여주는 성운(盛運)의 卦인 것이다. 그러므로 「无妄」은 크게 형통하며, 길이 한결같이 변함이 없으면 吉하다고 설명하고 있다. 즉 「天妄 元亨 利貞-천망 원형 이정」이라고 하였다.

「주역」 64卦中에 元, 亨, 利, 貞이라고 네 글자를 한꺼번에 동원한 卦는 五·六 卦에 불과한 것이다. 그러나 「주역」은 여기에서 경계를 잊지 아니하였다. 「无妄卦」의 상징과 같이 上下가 서로 호응하여 크게 발전하고 형통하는 상황은 바른길을 따르기 때문이라는 것이다. 「바른 것으로 크게 발전하는 것은 하늘의 명수(命數)인 것이다. 그러므로 바른 것이 아니면 天數에 어긋나서 재화(災禍)가 생길 것이다.」고 설명하고 있다. 죄악과 불행의 시대를 극복하고 새로운 복된 사회를 이룩하는 데는 正義라는 바른 길을 따랐기 때문이었다. 만일 새로운 국가 사회를 건설하였으나 正義를 저버리고 부정한 길로 떨어진다면 그 국가, 그 사회는 벌써 上下 서로 호응하는 천지만물이 함께 봄을 영위하는 것과 같은 「无妄」의 상태를 이룰 수 없는 것이다. 그것은 이미 파탄을 의미하는 것이며 재화를 내포하는 것이라고 논리 할 수 있는 것이다. 그러므로 「无妄卦」의 크게 발전하고 형통하는 상태는 처음부터 바른 것으로 이루어진 것이며 또 앞으로 바른 것을 지킴으로써만 길이 계속되고 발전될 수 있다는 것이다.

「无妄卦」에 있어서 「바른 것으로 크게 형통하는 것은 하늘의 命數라」고 한 것은 그 卦의 형태에 근거한 설명이다. 「无妄卦」의 형태는 外卦(上卦)가 전부 陽爻로 이루어지고 內卦(下卦)는 二爻, 三爻가 陰爻로 되어 있기 때문에 陽이 外卦로부터 와서 內卦를 주도(主導)한다. 즉 陽이 陰을 主導한다. 王이 臣下를, 윗사람이 아랫사람을 主導한다는 뜻이며, 또 下卦는 우레로서 움직이는 것이요, 上卦는 乾, 순양(純陽)의 卦로서 강건(剛健)을 대표하는 것이므로 上下卦는 움직여서 강건(剛健)하는 것이다. 그리고 第五爻는 원래 王者의 지위를 의미하는 것인 바, 그것이 上卦의 中位에 있고 또 陽爻여서 王者가 中正을한 지위에 있는 것이며, 二爻는 下卦의 中位에 있으면서 陰爻여서 이 또한 正當한 위치(우수(遇數)의 위치는 원래가 陰爻의 자리이므로)에 있는 것이다. 그러면서도 五爻(陽爻)와 二爻(陰爻)는 서로 음양상응(陰陽相應)의 관계에 있다. 그렇게 모든 것이 바른 陰陽의 법칙, 즉 하늘의 命數에 합치하는 것이다. 그렇기 때문에 无妄은 처음부터 天命(하늘의 命數)대로 이루어진 것이며 앞으로도 바른 것을 지킴으로써만 지속되고 발전된다는 것이다. 이렇듯이 「주역」의 모든 경계도, 교훈도 그냥 즉흥적인 설교로만 하는 것이 아니고 陰陽의 논리에 근거하고 있는 것이다.

陰陽의 심오한 이치의 신빙성은 솔직히 말해서 우리는 긍정(肯定)도, 否定도 자신을 가지고 결정할 순 없지만 사람에게 교훈이나 경각심을 불러일으키려 할 때 길흉화복(吉凶禍福)과 연결된다고 믿는 陰陽의 논리에 결부시키고 있는 것은 분명히 옛사람이 옛사람의 마음을 휘어잡는데 효과가 컸을 것이다. 여기에 「주역」의 현 경전(經典)에 끼어드는 가치의 一面이 있는 것이나 아닐까 한다. 어쨌든 无妄卦는 바른길을 지킴으로 더욱 발전하고 번영하는 卦이다. 이 바른길을 지키고 바른 일을 행하되 진실하고 정성되어야 한다는 것이다.

无妄은 진실되다. 정성되다, 망년되지 않다, 거짓되지 않다 의 뜻이다. 바른길을 진실하고 정성된 마음으로 모두가 일치 협력한다면 그야말로 无妄卦의 占卦가 아니더라도 형통하고 발전할 것은 틀림없는 일일 것이다. 더구나 无妄卦를 얻고 이 가르침을 지키는 자에게야 행운이 아니 올 수 없으리라. 당신의 행운을 충분히 향유(享有)하기를 빈다.

05 구괘(姤卦)

천 풍 구(天風姤)　　: ☰ 乾　　○○○
손하건상(巽下乾上) : ☴ 巽　　○○●

大象

하늘아래에 바람이 있는 것이 姤의 卦象이다.

제왕(帝王)은 이 卦象을 보고 조서(詔書: 天子의 명령을 쓴 기록)를 내려 천하의 백성에게 깨우쳐 이른다.

卦辭

「姤」는 우연히 만난다는 뜻이다. 姤卦의 형상을 보면 모든 陽爻가 군집한 곳에 오직 한 개의 陰爻가 맨 아래에 존재하고 있다. 많은 남성들이 한 사람의 여성과 만난 상태를 상징한다.

남자만의 사회에 오직 한 사람의 여자가 출현하다면 그 사실 하나만으로 그 여자는 이미 그 남자 사회에 여왕으로 군림할 가능성을 가진다. 만일 그 단 한사람이란 희소가치를 지닌 여자가 미모의 여인이요, 사교에 능란하고 일처리에 수완과 역량이 있고 자존심이 강하고 아집(我執)이 센 여자라면, 그 여인은 여도(女道)에 그치지 않고 마침내는 독재자로, 폭군으로 변신할 위험성이 충분하다.

이러한 여자는 자기가 어떻게 남성의 사회를 침공하고 점령하고 통치할 것인가에 대하여 전략의 순서를 알고 있다. 처음은 수줍음과 미소로 호의를 한다. 다음은 정다운 말과 슬픈 사연으로 호소한다. 다음은 넌지시 부탁한다. 다음은 당연한 것으로 기대한다. 그리고 그 다음은 명령한다. 다시 다음부터는 혹사한다. 이미 남성들은 그의 포로에 불과한 것이다. 한번 여성의 포로가 된 남성들은 다투어 자기만이 가장 신임받는 포로이기를 바란다. 진심으로 그의 앞에 노예의 충성을 맹세한다. 그렇게 되면 여성은 자기의 마음대로 남자들을 조종할 수 있게 된다. 다섯 필의 말을 다루고 있는 馬車의 마부처럼 고삐를 늦추어 주기도 하고 당겨 잡기도 하며, 이쪽 말을 낚아채기도 하고, 저쪽 말을 후리기도 한다. 때로는 채찍을 휘두르지만 이따금씩은 차를 세우고 먹이를 주고 목덜미를 툭툭 치면서 그 수고를 위로하기도 한다. 가엾은 남성이란 이름의 말들은 그 깜찍한 마부의 그 위로가 고맙고 반가워서 눈물이 나온다. 이렇게 되면 여인은 드디어 남성의 사회를 통치한다. 독재자가 되고 폭군이 된다. 「주역」은 이러한 여자를 「女壯-여장」이라고 표현하고 있다. 여자가 지나치게 거세다는 뜻이다.

유교의 經典중의 하나인 「주역」은 이러한 여성이 질색이다. 유교의 부녀도를 백팔십도 뒤집어 놓았기 때문이다. 유교가 가르치고 있는 부녀도는 철두철미, 여자는 남자에게 종순(從順)하게 따라 갈 뿐이라는 것이다. 현모양처로서 가정 안이란 제한된 환경에서 주어진

일을 묵묵히 받들어 처리하는 것이 최선이요, 또 당연한 부덕(婦德)인 것이다. 그러기에 부창부수(夫唱婦隨)라든가, 삼종지도(三從之道)라든가 하는 것이 당연하고도 찬양된 미덕으로 처리된다. 三從之道라는 것은 「시집가기 전은 아버지를 따르고, 시집가면 남편을 따르고, 남편이 죽은 뒤는 아들을 따른다..」는 것이다. 이렇게 여자는 한편생 남에게 따라 가면서 살아야 부덕에 맞는 것이 된다. 이러한 유교의 도덕관으로 무장된 「주역」이 만사를 제 멋대로 해치우려는 남자 위에 앉아 있는 여장부를 좋게 평가할 까닭이 없다. 그러기에 「이러한 여자를 아내로 맞이하지 말라. 오래도록 더불어 가정을 함께 하지 못하리라」고 위험신호를 방송하고 있다.

이 위험신호를 우리는 어떻게 받아들일 것인가. 현대인으로서 진부한 이 유교의 부녀도를 그대로 수긍할 사람은 없을 것이다. 한 낡은 봉건사회의 관습으로 또는 과거에 있었던 일종의 사회악으로 간과할 뿐, 누구도 이것을 신봉하려 하지는 않을 것이다. 이러한 유교적인 부녀도를 떠나서 생각할 때, 이 위험신호에는 일리가 있다는 것을 부인할 수는 없다. 이 위험신호는 한 가정을 따뜻하게 이끌어 가는 정숙하고 현명한 주부상(主婦像)을 전제로 한 것이기 때문이다. 한 여성이 독립 자주적인 입장에서 사회의 활동하는 일과 또는 한 가정의 살뜰한 주부로서 가정을 지켜 가는 일은 사람의 개성에 또는 환경에 관계된 문제일 뿐, 더 높고 더 낮은 구분은 있을 수 없는 것이 아닐까. 다만 한 가정의 아늑한 행복을 전제로 한다면 후자가 더 많은 가능성을 가졌음은 틀림이 없을 것이다.

그러나 이 卦에서 지적하고 있는 여성은 부녀자의 인격적 독립성을 자각하고 있는, 우리가 지금 머리에 그리고 있는 현대적인 이미지를 지닌 그러한 여성은 아니다. 차라리 품격이 낮고, 악착같고, 섹스어필한 요부형, 그런 여자인 것이다. 한 여자로서 여러 남자를 교묘하게 조종하고 있는 그러한 여성을 상징한 것이다.

　이러한 여자 앞에서 남자들이 남자로서의 긍지를 포기하게 되고 여자가 여자로서의 미덕이란 것을 냉소하게 되면 그 사회는 이미 정상이고 건전한 것은 아니다. 어딘가 비뚤어지고 흐트러진 상태인 것이다. 남성 상호간에는 라이벌 의식(意識)이 생기고 질투가 일고, 시기와 반목이 뒤따른다. 이것은 세상이 어지러워져 가는 징조에 틀림이 없는 것이다. 쾌괘(夬卦)에서는 오직 하나인 陰爻가 惡을 휘두르는 것을 一大개혁으로 제거하여, 이제는 陽爻만의 세상이라고 생각하던 때에 뜻밖에 나라의 밑바닥에 새로운 한 조각 陰의 기운과 만나게 된 것이다. 그래서 「姤」라고 命名하였는지도 모른다. 「주역」은 이러한 현상을 한 여자로써 상징한 것이다. 小人의 세력이 나라 안에 다시 싹트는 것을 의미한다. 마치 地上에서 바람이 일어나 하늘로 불어올라 감과 같다. 그래서 제왕은 이 卦象을 보고 천하 만민에게 경고한다고 가르치고 있다.

　이 卦는 이런 의미에서 吉運의 卦는 아니다. 그러나 각자의 신분의 한계를 자각하고 자신의 위치를 지켜 간다면 幸運으로 전환할 수 있는 것이다. 한 여자가 많은 남자를 상대로 하는 그러한 상황이 이 卦를 나쁜 것으로 규정하게 만들고 있을 뿐이다. 「만난다.」는 뜻의 「姤」자세는 幸運과 기쁨을 의미하는 것이다. 다만 만난 때의 서로의 마음의 자세와 몸가짐에 탈선이 없고 부자연이 없고 사심(邪心)

이 없이 각자의 정상적인 위치를 고수한다면 「姤」는 행복한 卦인 것이다. 「주역」은 하늘 기운과 땅 기운이 만나서 만물이 개성을 발휘한다고 설명하고 있다.

이 卦는 幸運이 될 수도 불운이 될 수도 없다. 당신 자신이 이것을 선택할 뿐이다.

| 천 수 송(天水訟)　：≡ 乾 | ○ ○ ○ |
| 감하건상(坎下乾上)：≡≡ 坎 | ● ○ ● |

大象

하늘은 위에 있고 물은 아래로 흐른다. 서로 반대하는 것이 訟의 卦象이다.

君子는 이 卦象을 보고 어떤 일이나 그 출발점에서 심사숙고(深思熟考)하여 뒷날의 분쟁을 초래할 가능성이 있는 원인을 만들지 않도록 한다.

卦辭

「訟卦」는 소송(訴訟), 재판(裁判)을 상징하는 괘이다. 즉 남과의 쟁송(爭訟)을 의미한다. 「訟卦」가 어째서 爭訟을 상징하느냐의 논리가 재미있는 것이다. 이 괘는 하늘을 표시하는 乾卦가 위에 있고 물을 표시하는 坎卦가 아래에 있는 형태로 구성되고 있다. 얼른 생각하기에는 하늘이 위에 있고 물이 아래에 있는 것은 당연한 것이다.

제각기 정당한 위치에 있는 것으로 자연의 이치에 합치하는 것이니 吉한 괘라고 할 것이다. 그러나 「주역」은 그렇게 생각하고 있지 않다. 하늘은 위에만 있는 성질의 것이다. 하늘은 땅으로 내려오지 않는다. 또 물은 아래에로만 흐르는 성질의 것이다. 물은 위로는 흐르지 않는다. 그러니 하늘과 물은 서로 그 지향하는 방향이 반대인 것이다. 하늘과 물은 그 사이가 서로 가까워질 수 없으며 서로 호응(呼應)하고 화합할 수 없다. 兩者는 서로 괴리(乖離)하고 서로 배반한다. 서로의 마음이 乖離되고 서로의 행동이 배반하게 되면 거기에는 반드시 트러블이 생기고 싸움이 생기고 소송이 일어나곤 하는 것이다. 그러므로 「訟」은 이러한 상태의 상징 이라는 것이다.

인간에 있어서 爭訟이 일어나는 까닭도 이와 같은 것이라고 설명하고 있다. 위에 있는 사람은 아랫사람을 내려다만 보는 자세로 아랫사람의 인격을 존중하지 않고, 아랫사람은 윗사람의 의사나 명령 질서를 무시하고 제 의사를 고집하는 경우에, 윗사람의 횡포와 독단이 생기고 아랫사람의 下剋上 문제가 생기게 되는 것이다. 그렇게 되면 어쩔 수 없는 귀결로 쟁투와 訴訟이 벌어지기 마련이라는 것이다. 爭訟이란 것은 좋은 일이 못되는 것이니 서로 반성하여 잘못을 저지르지 않으려고 조심하는 마음으로 타협하고 조정하여 爭訟을 그치는 것이 좋다. 그렇게 하는 것이 곧 吉運을 개척하는 것이다. 반대로 끝까지 싸워 보겠다고 고집하다가는 종말에는 비참한, 헤어날 수 없는 곤경에 빠지고 말 것이니 스스로 경계하라는 것이 이 괘의 교훈인 것이다.

현대인의 사고방식에서 생각할 때는 소송이니 재판이니 하는 일은 반드시 좋지 못한 일이라고만 단정할 수는 없다. 차라리 개개인의 권익(權益) 수호와 사회질서의 확립을 위하여 건전한 고발정신(告發精神)은 높이 평가되어야 할 것이다. 복잡한 현대생활에 있어서는 논리규범(論理規範)만으로 인간생활이 원만히 영위되기를 기대할 수는 없다. 어느 人權이 유린되었을 때, 누구의 權益이 침해되었을 때, 공공질서가 파괴되려할 때, 이러한 모든 권리의 남용과 의무의 위배행위에 대하여는 건전하며, 단호하고도 철저한 고발정신이 발휘되어야 하며 서릿발 같은 정의로운 심판이 내려져야 한다.

이러한 것이 民主精神의 발로이며 民主市民의 권리이며 또 의무이기도 한 것이다. 올바른 쟁의(爭議)와 건전한 고발과 정의로운 심판은 民主主義 社會를 지켜 가고 발전시켜 가는 데 커다란 공헌을 하고 있는 것이다. 그러나 고발과 심판이 필요하다는 말은 그만큼 고발되어야 할 일과 심판을 받아야 할 일들이 있다는 것을 증언하는 것이다. 다시 말하면 우리 인간의 주변에는 그만큼 많은 惡이 존재하고 많은 부조리가 득실거린다는 것을 전제하고 있는 것이다. 그러니 고발이니 심판이니 하는 것은 그 악과 부조리를 치료하기 위한 부득이한 수술 행위에 불과한 것이다. 수술이 병에 대처하는 필요 수단이기는 하나 근본 문제는 병, 그것에 있는 것이다. 병이 존재한다는 것이 불행이 듯이, 惡과 부조리가 존재한다는 것은 인간의 불행이며 치욕인 것이다 그러므로 어떻게 하면 인간은 이 불행과 치욕 속에서 구출되느냐가 근본문제인 것이다.

〈論語〉에서 孔子는 「聽訟 吾猶人也 必也使無訟-청송 오유인야 필야 사무송」「나도 다른 사람과 다름없이 송사를 재판한다. 그러나 송사는 반드시 없어져야 할 것이다.」라고 하였다. 근본문제는 재판에 있지 않고 소송사건이 일어난다는데 있는 것이다. 국민끼리 시비(是非)를 다투고 利를 다투게 되는 근본 이유를 밝혀서 그 원인을 제거하는 것이 재판보다 어려운 것이다. 원인을 밝혀서 송사가 없도록 하는 것이 나의 사명이 아닐까. 아무리 판단을 자랑하는 판관(判官)일지라도 知的인 판단능력만으로 소송이 없어지는 것은 아니다. 인생의 교사는 법정에 나가서 송사 듣는 것이 능사가 아니고 법정(法廷)이 비어서 할 일이 없도록 인생의 근본 惡을 다스리는 것이 목적이다.

「송사는 반드시 없어져야 한다.」는 孔子의 이 유명한 말씀은 인간의 동경(憧憬)이요, 교훈일 수는 있으나 可能性은 없는 것이다. 인간의 역사가 있어온 이래 인간사회에서 爭訟이 끊어져 본 일은 없다. 인류역사는 쟁투기록의 계속에 불과한 것이다. 진실로 인간의 불행이며 치욕의 누적인 것이다.

이 불행하고도 치욕적인 인간의 싸움역사 속에서도 가장 뼈저리고도 치명적인 상처를 입은 것은 우리 민족이다. 15世紀 이후 조선왕조의 말기에 이르기까지 약 360년간에 걸친 사화(士禍)와 당쟁(黨爭)이 바로 그것이다. 부귀와 권력을 위하여서는, 자기 당파의 이익을 위하여서는, 수단과 방법을 가리지 않았다. 비굴하고 간악하고 음험하고 잔인한 방법으로 반대파를 모함하고 무고(誣告)하여 허위 날조로 반역죄를 조작하는데 조금도 주저함이 없었던 것이다. 반대파를 역적으로 몰아 하루아침에 어린이와 노인에 이르기까지 소위 三族을 몰살시키고 그들과 조금만 친분이 있던 사람도 사돈의 팔촌도 씨를 말렸으며 재산은 몰입(沒入)하고 처첩(妻妾)을 종으로 만들고는 통쾌를 불렀던 것이다. 그리하면 살아남은 반대당은 복수를 노리고, 복수하는 날이 오면 받은 박해를 몇 곱으로 하여 갚았다. 이러한 잔인하고도 비인간적인 복수와 살육이 반복되는 동안 역적으로 몰리는 것은 번번이 지는 편의 죄명이었다. 이 사람들의 눈에 나라의 성패가 보일 리 없고 겨레의 흥망이 관심 될 수 없었다. 마침내 나라는 망하여 남의 식민지가 되게 하고 겨레의 흥망이 관심 될 수 없었다. 마침내는 나라는 망하여 남의 식민지가 되게 하고 겨레는 굴레를 씌워 남의 종이 되게 만들었던 것이다. 그 숱하게 학자를 자처하고 선비를 자랑하고 「주역」의 이치를 설교하던 그들이 조금만 진실한 마음으로 이 訟卦의 교훈을 읽었더라면 그러한 헤어날 수 없는 비극(悲劇)의 심연(深淵)으로 빠뜨리지 않았을 것이다. 지나가 버린 역사상의 한 악몽(惡夢)으로만 돌리기에는 너무나 가슴 아픈 경험인 것이다.

오늘날 우리 주변에도 惡과 부조리는 너무나 많다. 쟁투와 대결은 지나치고 있다. 때로는 우리의 혈관을 돌고 있는 피 속에는 어딘가 불순한 유전이 남아 있지나 않은가 하고 두려워하게 한다. 생활이 착잡한 오늘날, 爭訟이 全無하기를 기대할 수는 물론 없다. 그러나 우리는 우리의 쓰라린 경험에 대한 반성과 現代人의 知性의 힘으로 爭訟과 그 原因을 최소한으로 줄이기 위하여 노력하는 현명을 가져야겠다. 타협과 조정이 민주사회의 본질이라면 민주주의를 생활하고 있는 우리에게는 爭訟을 최소한도로 줄일 수 있는 충분한 가능성을 지니고 있는 것이다. 이 가능성을 실천에 옮기는 것이 곧 이 訟卦를 吉運의 卦로 바꿀 수 있게 하는 방법인 것이다.

07 둔괘(遯卦)

천 산 둔(天山遯)　　: ☰ 乾　　○ ○ ○

간하건상(艮下乾上) : ☶ 艮　　○ ● ●

大象

하늘 아래에 산이 있는 것이 遯卦의 괘상이다.

君子는 이 卦象을 보고 소인을 멀리하되, 미워하지 않으나 엄격하게 한다.

卦辞

「遯」은 피해서 숨는다는 뜻이다. 「遯卦」는 그 형태를 보면 위에 네 개의 陽爻가 있고, 아래로 두 개의 陰爻가 연속하여 있다. 여기에서 陽爻는 어진이, 즉 君子를 상징하고 陰爻는 小人을 의미한다. 세상에 小人의 세력이 점점 강대하여 가고 君子의 도는 차츰 구축되는 상태를 보이는 모습이다.

「주역」의 논리에서는 모든 발전과 진행은 아래 爻에서부터 위로 상승하며 성장하여 간다고 보고 있다. 이렇게 악이 선을 구축하고

있는 상태가 보이면 君子는 깨끗이 세상에서 물러가 숨어 살아야 한
다는 것이다. 치세(治世)에는 나가서 벼슬하고, 난세(亂世)에는 물러
가 숨는 것을 유교에서는 그것이 君子의 道라고 내새우며 항상 역설
하고 있는 것이다. 이「遯」의 사상도 그러한 유교사상의 하나인 것
이다.

　유교의 이러한 주장은 一身의 안전을 위한 영리한 처세철학은 될
지언정 이것이 국가와 겨레의 지도자의 일원으로 자처하는 이른바
군주라는 사람들의「바른 도리」라고 인정받을 수 있는 주장인가에
대하여는 적지 않은 의아(疑訝)를 가지게 한다. 차라리 악이 횡행하
는 어지러운 세상이기 때문에 정의를 지키는 지도자가 필요한 것이
아닐까. 신명을 내걸고 악과 대결하려는 의지와 용기를 가지는 것이
지도자의 바른 도리가 아닐까. 끝까지 대결하여도 뜻을 이루지 못하
면 정의를 위하여, 나라와 겨레를 이하여 순사(殉死)한다는 결의와
절개를 가지는 것이「바른 도리」가 아닐까. 물론 이러한 꿋꿋하고
의젓한 행동은 탁월한 정의감과 신념과 결의와 지조를 가진 사람이
아니면 감히 실행할 수 없는 어렵고 힘든 일이다. 누구에게도 강요
할 수 없고 아무에게나 바랄 수도 없는 일이다. 그러나 그것이 실행
하기 어렵다고 하여서「바른 도리」가 아니라고 규정될 수는 없는 것
이다. 도리어 어렵고 힘든 일이기 때문에「바른 도리」로서 더욱 빛
나는 것일 것이다. 정몽주(鄭夢周)가 그러하였고, 死六臣이 그러하
였고, 조광조(趙光祖)가 그러하였고, 이순신(李舜臣)이 그러하였다.
이들은 모두 君子가 아니라고 어떤 썩은 선비가 감히 입을 열 수 있
단 말인가.

순조로운 세상이면 나아가 벼슬하라. 어지러운 세상이면 물러가 숨으라. 이러한 유교의 편리한 君子道의 사상은 뒷세상으로 내려오면서 확대 해석되고, 곡해되고 때로는 고의로 악용되기까지 하면서 동양인의 가슴에 뿌리 깊은 퇴영의 기질을 심어 놓았던 것이다. 특히 우리나라에서는 이러한 사상은 최고의 「君子之道」로서 찬양받았던 것이다. 약삭빠르고 눈치 있는 지도자들 중에는 항상 움직이는 바람 끝을 살피다간 조금만 어렵고 위험한 기색이 보이면 나라와 겨레에 대한 중책을 헌신짝처럼 버리고 물러가 도피하곤 하는 것이었다. 그들은 자신들의 그러한 비굴한 도피를 「君子之道」라는 유교의 진퇴론을 방패로 하여 자신을 합리화시키고는 스스로 君子이며 바른 도리임을 의심하지 않았던 것이다. 세상도 그러한 그들의 태도를 찬양은 할지언정 비난하는 이는 적었다. 그 숱한 ○○先生들의 문집은 입을 모아 그들의 그러한 행적을 칭찬하여 君子로 추켜올리지 않은 것이 없다. 이런 것이 君子의 世上사는 태도라면 그보다 더 안전하고 편이한 것은 없을 것이다. 탄탄한 대로이거든 활보하다가 좁거나 험한 길이 나오거든 거기서 물러나라는 것이다. 그렇다면 가시밭길은 누가 개척하며 위험한 고갯길은 누가 넘으란 말인가. 나라가 태평하면 나와 벼슬하고 위험하거나 어려우면 돌아가 君子가 되고, 그러나 그 나라와 그 겨레는 위험하거나 괴롭거나 아랑곳없다는 것이 어찌 君子의 道가 된다는 것인가. 君子의 道가 이런 것이라면 우리는 유교의 이러한 가르침을 타기하지 아니치 못할 것이다. 지난날 우리나라의 퇴영의 기풍과 문약과 약삭빠른 처신과 도피사상은 모두 이러한 것에서 빚어진 것이라고 단정할 수 있을 것이다. 그런 의미에서 이 「遯」의 가르침을 우리는 정의라든가 훌륭한 교훈으로 받아들이는 데에는 비판적이 아닐 수 없다.

　그러나 우리는 지금 자신을 중심으로한 행운, 불운을 점치고 있다고 생각하면, 이 괘의 계시는 현명한 처세철학이 아닐 수 없는 것이다. 순풍에 돛단 것처럼 순조로운 때면 그 행운을 마음껏 받아 들여야 할 것이지만, 자신의 의견이 받아들여질 가능성이 전혀 없다고 간파되는 경우에 굳이 세상과 대결하려 들면 아무런 효과 없는 고행을 자취하는 것이요, 나아가서는 보람 없이 위험 속에 몸을 던지는 일이 되는 것이다. 그것이 옳으냐 그르냐의 문제를 떠나서 개인의 안전과 행운을 살피는 견지에서 본다면 그것은 헛되이 수고하는 것에 불과하며, 어리석음에 불과하며, 불행을 스스로 불러들이는 데 불과한 것이다. 이럴 때는 물러가 숨어 살면서 자기 한 사람만은 불의에 휩쓸리지 않고 유유자적한 태도로 삶을 즐기는 것이 현명하고 행복할 것은 틀림없는 것이다.

　또 이 「遯」에서 계시하는 은퇴는, 물론 필자가 앞에서 비난한 것 같은 뒷세상의 비굴한 도피행위를 가리킨 것은 아닌 것이다. 바른 도리가 전혀 용납될 가능성이 없을 때, 보람 없는 위험을 피하여, 세속적인 부귀영화에 연연하지 말고 물러나, 자신이나 바른 도리를 지키며 살아가는 것이 현명하다는 것이다. 여기에도 일리가 없는 것은 아니다. 더구나 많은 평범한 대중에게 정의를 위한 순사(殉死)를 기대할 수는 없는 것이니 차라리 이 길이 君子之道를 위하여 차선(次善)의 길이 될 것이요, 개인을 위하여 위험을 모면하는 안전한 방법이 될 것이다.

　어쨌든 이 卦는 지금 당장의 행운을 보여주는 괘는 아니다. 모든

것이 뜻대로 되지 않는 그러한 상태를 상징한다. 마음의 여유를 가
지고 은인자중하여 때 오기를 기다리며 자신의 수양에 힘쓰라는 것
을 계시하고 있다.

비괘(否卦) 08

천 지 비(天池否)　　　：　☰ 乾　　○○○
곤하건상(坤下乾上)　：　☷ 坤　　●●●

大象

　하늘과 땅이 화합하지 아니하고 서로의 기운이 막혀 버린 것이 否의 卦象이다.

　군자는 이 卦象을 보고 자기의 유덕함을 숨기고 물러나와 난(難)을 피한다. 관록(官祿)을 영화로 생각하여 뜻이 동요되어서는 안된다.

卦辭

　「否」는 「泰-태」와는 正反對의 卦이다. 그 형태에 있어 그러하고 그 卦象에 있어서 그러하다. 泰卦의 형상은 땅을 의미하는 坤卦가 위에 있고, 하늘을 의미하는 乾卦가 아래 있어서 하늘의 마음은 땅을 생각하고 땅의 정성을 하늘에 바치는 상징이어서, 천지의 화합과 협력에 의하여 만물이 생성화육(生成化育)하는 상태를 표현하는 것이다. 그러나 否卦는 그 형태에 있어서, 乾卦가 위에 있고, 坤卦가 아래에 있다. 一見 천지자연의 상태를 바른 위치 그대로 표현한 것이어서 吉한 卦로 보이지만, 「주역」의 논리는 그렇지 않다. 하늘과 땅을 살아 있는 精神의 主體的 존재로 보고 그 精神의 상태를 動的인 면에서 파악하여 설명한다. 즉 하늘의 마음은 위에 있어서 아래로 내려와 땅의 마음과 노고를 이해하려 하지 않고, 땅은 아래에 있어서 하늘로 올라가 하늘을 돕겠다는 정성이 없다. 그리하여 하늘은 하늘대로, 땅은 땅대로의, 서로 괴리되고 소외된 상태에 있게 된다. 그리하여 하늘의 마음과 땅의 마음은 맞닿을 수 없고 호흡이 맞을 수 없다. 화합이 있을 수 없고 협력이 생길 수 없다. 따라서 천지 사이의 만물은 나고 자라고 하지 못하게 된다. 이것이 自然界에 있어서의 「否」의 상태라는 것이다.

이러한 상태를 인간에 옮겨 놓은 것이 인간에 있어서의 否卦의 상태인 것이다. 「否」는 否定한다, 막힌다의 뜻이다. 한나라에 예를 든다면 君主는 높은 지위에 유아독존(唯我獨尊)으로 혼자서 높아하기만 하고, 臣下나 국민의 마음을 알려고 하지 않고 그들의 노고를 살피려 하지 않고, 그들의 말을 들으려 하지 않으며, 臣下는 臣下대로 君主의 일을 근심하지 않고, 君主의 일을 도우려 하지 않고, 君主의 명령을 따르려 하지 않으며, 國民은 國民대로 君主나 벼슬아치들의 일에 기대나 관심을 가지지 않고 남의 일처럼 방관할 뿐, 각자의 자기 자신만을 생각하는 그러한 상태에서 서로의 감정은 소외되고 국민의 마음은 갈가리 찢겨지는 不信과 反目이 사람의 마음과 마음의 사이를 뚫을 수 없는 굳은 壁으로 가로 막아 버리는 이러한 부정(否定)과 비색(否塞)의 세계가 이 否卦의 상징인 것이다. 거기에 화합이 있을 수 없고, 단결이 있을 수 없고, 협력이 있을 수 없다. 그러면 마침내 그 나라는 쇠망하고 만다는 것이다.

　인간에 있어서 사람과 사람 사이에 마음이 서로 막히고 사람이 고독(孤獨)한 한 사람 한 사람으로 흩어지는 일처럼 비참한 일은 없을 것이다. 그리이스의 哲學者 아리스토텔레스(Aristoteles)는 「인간은 사회적 동물이다.」라고 갈파하였다. 원래 인간은 고립하여서는 살지 못한다. 인간이 모여서 사회를 만들고 사는 것은 인간의 本姓이라는 것이다. 또 近世 英國의 철학자 토마스 홉스(Thomas Hobbes)는 인간은 한 사람 한 사람이 자기를 위하여 利己的인 存在이지만 개개인의 분산된 힘으로는 대항할 수 없는 밖에서 오는 위협에 대처하기 위한 필요 때문에 부득이 사회를 구성하는 것이라고 주장하였다. 인간이 그 본성에 기인하여 사회를 구성하든가, 外來의 위협에 대항하기 위하여 사회를 구성하든가 그 어느 편이든 간에 인간이 고립하여 살 수 없다는 결론을 갖는 것이다. 인간의 생활이 복잡하여 가고 사람과 사람과의 관계(關係)가 다양(多樣)해 갈수록 인간은 사회를 떠나서 살아 갈 수는 없다. 이제야 인간과 사회생활은 마치 새가 공기 밖에서 살 수 없고 고기가 물을 떠나서 살 수 없는 것과 같은 것이다.

　사회생활이 인간에게 이다지도 소중하고, 이제는 인간의 의사로 포기할 수도 없는 것이라면 인간은 어떻게 하면 이 사회라는 것을 더욱 질서 있고 살기 좋은 행복된 것으로 만들 것인가에 대하여 그들의 현명한 노력을 아끼지 않아야 할 것이다. 인류의 오랜 역사는 진실로 이 일을 위한 노력의 과정이라고 말할 수 있을 것이다.

　그 질서 있고 살기 좋고 행복한 사회라는 것은 사람과 사람 사이의 선량한 정신에서 출발되는 것이라고 믿는 나 자신의 권리, 혹은 복리를 소중히 여길 때 남의 그것도 존중할 줄 알며, 자기의 고통을 괴롭게 생각할 때 남의 그것도 괴로운 줄 알아야 한다. 그리하면 그 사이에는 이해(理解)가 생긴다. 理解한다는 말은 곧 다른 사람의 처지에 서서 그 사람의 사정을 생각한 결과「그럴 수 있다.」고 허락하는 마음일 것이다. 이렇게 되면 서로의 마음은 통하게 되고 마음이 통하게 되면 서로 친화할 수 있다. 이미 서로 친화하는 사람들 사이라면 공동의 복리를 위하여 그들은 서로 단결하고 협력할 수 있을 것이다. 구성원들이 서로 친화하고 협력할 수 있다면 그 사실 자체만으로도 이미 그 사회는 살기 좋고 행복된 社會인 것이다. 더구나 그들의 친화와 협력은 그들의 사회를 장차 더욱 살기 좋은 복지의 사회로 향상 발전시킬 가능성이 있는 것이다.

이렇게 소중한 인간과 인간 사이의 마음의 통로가 차단되는 것이 인간 최대의 비극이 아니고 무엇이겠는가? 정말 우리는 이 비색(否塞)의 세계에서는 살 수 없다. 제각기 제 생각만 하는 한 사람 한 사람의 집계(集計)가 사회일 수는 없다. 그들은 협력 사회를 구성할 수 없을 뿐 아니라 도리어 그들 한 사람 한사람은 서로가 敵이 아닐 수 없을 것이다. 오늘날 만일 우리들 사이의 집과 집, 마을과 마을, 거리와 거리의 모든 통로(通路)를 굳은 벽(壁)으로 막아 버린다면 그야말로 우리의 생활은 질식하고 말 것이다. 거리와 거리의 通路가 막혀도 인간은 견딜 수 없다. 하물며 마음과 마음의 通路가 壁으로 막혀진 것은 말해야 무엇하리.

국가에 있어서, 사회단체에 있어서, 회사에 있어서, 혹은 가정에 있어서 이러한 상태에 직면하였을 때, 우리는 어떻게 處世해야 할 것인가? 「주역」은 이 卦의 卦辭와 爻辭에서 힌트를 보여주고 있다. 오직 바르고 정성된 마음으로 상사·지도자·선배에게 順從하고 협력할 것을, 그리고 바르고 정성된 마음으로 同志者와 함께 힘을 합할 것을 가르치고 있다. 그리하여도 자신의 바르고 성의 있는 마음이 통하지 아니할 때는 은인자중하여 때가 오기를 기다리라고 일러 주고 있다. 바르지 않은 일에 영합하여 아첨하거나 비굴하려고 하지 말라고도 타이르고 있다. 그러한 행동은 도리어 장래에 올 吉運에 악영향을 줄 것이기 때문이다.

모든 否卦를 점쳐 얻은 이는 이 「주역」의 교훈을 솔직히 받아 들여 처세훈으로 하자. 이것이 현재의 惡運을 앞으로의 幸運으로 逆轉시키는 길이기 때문이다. 이 길 이외에 다른 길이 있을 수 없지 않은가!

「비색(否塞)한 운이 가고 나면 태평한 운이 온다.」(否往泰來-비왕태래)라는 말은 「주역」의 법칙에서 나온 말이다. 낮과 밤이 항상 바뀌듯이 인간의 幸運과 惡運은 부단히 변전하는 것이라고 가르치고 있는 「주역」의 법칙을 우리는 진리라고 믿는다. 당신의 앞에는 곧 幸運이 올 것이다. 이 卦의 四爻, 五爻, 六爻의 爻辭에서 이미 그 징조를 게시하여 주고 있으며 반드시 기쁨이 있다.

09 쾌괘(夬卦)

택 천 쾌(澤天夬)   : ☱ 兌   ●○○

건하태상(乾下兌上) : ☰ 乾   ○○○

大象

못이 하늘위에 올라간 것이 夬의 괘상이다.

君子는 이 卦象을 보고 은택을 베풀어 아래로 국민을 행복하게 하고, 자신의 德을 닦으며 스스로 경계하여 반성한다.

卦辭

「夬卦」의 형태를 보면 모든 陽爻 위에 한 개의 陰爻가 위치하고 있다. 이것은 모든 善을 누르면서 惡의 세력이 높은 지위에 군림하고 있는 상태를 상징한다. 이것을 바꾸어 말하면 정의를 신봉하는 많은 사람들이, 민심과 유리된 惡의 세력을 제거하려고 일어서고 있는 형세를 보이고 있는 것이 된다.

「夬」는 결단한다, 결행한다는 뜻이다. 이 卦는 못을 의미하는 兌卦를 上卦로, 하늘을 의미하는 乾卦를 下卦로 하여 성립하고 있다.

못이 하늘 위에 있는 형상이다. 못이 하늘 위에 있다면 그 둑을 절단하기만 하면 물은 당장에 맹렬한 기세로 마구 쏟아질 것이다. 이것이 「夬」의 卦象이다. 흐름을 가로 막고 있는 둑을 절단하듯이 惡의 발호를 배제하기 위하여 궐기를 준비하는 상태를 표현하고 있는 것이다. 대개혁의 전야를 의미한다.

권력으로 지반을 다지고, 포학으로 위세를 과시하는 惡의 세력과 맞서서 싸우는 일은 위험을 각오해야 한다. 한 몸을 던져 나라를 위한 일에 순사(殉死)하려는 비장한 결의를 가져야 한다. 그러나 惡의 횡포가 크면 클수록, 惡의 탄압이 가혹하면 가혹할수록 이에 맞서려는 정의의 세력도 커지는 것이다. 정의를 위하여 몸을 던지는 불굴의 인물은 언제나 惡의 세상에서 발견된다. 불의는 정의를 낳는다. 「주역」은 이것을 알고 있었다. 굳세고도 의젓한 정신을 가진 사람들은 즐겨 이 개혁에 참가할 것이라고 갈파하고 있다.

「주역」은 다시 투쟁의 방법론까지 전개하고 있다. 惡을 제거하여 나라를 구한다는 참된 마음으로 국민을 향하여 호소하고 善戰하라. 그러나 한꺼번에 천하의 모든 마음을 내 편으로 만들 수는 없다. 먼저 어느 한 작은 범위의 지구(地區)에 전력을 집중하여 핵심 분자를 양성하고 근거지를 구축하라. 그리하여야 다시 그 세력을 확대하라. 항상 惡의 감시의 눈이 노리고 있다는 위험을 계산에 넣으라. 그리하면 개혁의 기운은 크게 발전할 것이다. 마침내는 정의는 승리할 것이다. 이렇게 설명하고 있다.

그러나 이것이 바로 무장봉기와 같은 혁명을 암시하는 것은 아니다. 차라리 「주역」은 끝까지 혁명을 거부하고 있다. 武力行使는 좋지 않다(不利則戎-부리즉융)고 못 박고 있다. 善의 힘이 자라면 저절로 惡은 종언(終焉)을 고할 것이라고 결론하고 있다. 그러므로 「夬」가 노리는 결론은 피해자인 국민의 편에 서서 惡의 횡포를 타도하기 위하여 봉기나 혁명을 일으킬 것을 선동하거나 암시하는 것이 아니고, 반대로 위정자에 대하여 善政을 베풀지 않으면 천하의 인심을 잃게 되어 君主의 지위를 유지하지 못할 것이니, 조심하라는 경각심을 환기시키는데 목적이 있는 것으로 봐야 하겠다. 그러기에 君子는 이 卦象을 보고 은덕을 베풀어 국민을 행복하게 하고 자신의 德을 닦으며 스스로 경계하여 반성해야 한다고 가르치고 있는 것이다. 이와 같이 직접적인 혁명을 경원하는 것은 유교의 일관된 사상이다. 신분질서의 유지를 유교는 생명처럼 중시하기 때문이다.

「夬」의 사상도 이러한 유교의 근본이념에서 한걸음도 벗어난 것은 아니다. 최대한으로 확대 해석하여도 개혁이라는 선을 넘어 설 수는 없는 것이다. 그러나 夬卦가 시종일관 강력히 시사하고 있는 것은, 바르고 善한 것은 반드시 승리한다는 신념이다. 그러므로 이 卦는 바르고 善한 이들에게 최후의 승리를 약속하는 吉運의 卦인 것이다.

제2부

10. 태괘(兌卦)

11. 혁괘(革卦)

12. 수괘(隨卦)

13. 대과괘(大過卦)

14. 곤괘(困卦)

15. 함괘(咸卦)

16. 췌괘(萃卦)

17. 대유괘(大有卦)

18. 규괘(睽卦)

10 태괘(兌卦)

<pre>
태 위 택(兌爲澤) : ☱ 兌   ●○○
태하태상(兌下兌上) : ☱ 兌   ●○○
</pre>

大象

못이 잇대어 있는 것이 兌卦의 괘상이다.

君子는 이 卦象을 보고 友人과 함께 모여 서로 연구하고 학습한다.

卦辭

兌卦는 兌卦가 겹쳐서 이루어졌다. 兌는 즐거움을 표현한다. 그러므로 兌卦는 즐거움과 즐거움이 나란히 있는 상태를 의미한다.

즐거움이란 마음속으로부터 솟아나는 만족감인 것이다. 만족한 마음이 나란히 있다는 말은 서로 공감하는 마음의 연결을 의미한다. 공감으로 연결하는 마음은 그것이 협력할 수 있는 마음인 것이다.

인간이 어느 일에 대하여 만족과 즐거움을 가질 수 있다면 그 일에 대하여 의욕을 가질 수 있고 성의와 노력을 바칠 수 있다. 그리고 그 성의와 그 노력을 바친다는 일 자체에 자신의 프라이드를 가지며 또 보람을 느끼게 된다. 때로는 목숨을 걸고 그 보람을 지키기에 이르는 경우도 있는 것이다.

이렇게 즐거운 마음으로 어느 일에 열중하게 되면, 거기에는 항상 놀라운 성과를 가져오게 된다. 사람의 성의로 가득찬 一念, 그것은 무서운 힘을 가진다. 이와 같이 즐거움에서 출발하는 노력, 그것은 한 사람의 힘으로도 이미 사회를 움직이고 국가를 움직이고 나아가서는 천하를 움직일 수 있는 가능성을 가지는 것이다. 하물며 다수의 이러한 마음들이 공감으로 연결되어 어느 하나의 목적을 위하여 협력할 수만 있다면 인간의 어떠한 일도 어려운 것이 없을 것이다. 가족들이 즐거운 마음으로 협력하면 그 국가는 번영할 것이다. 행복으로 가득 찬 지상의 천국도 될 수 있을 것이다. 인간은 이러한 지상천국의 가능성을 눈앞에 그리고 있으면서 그러한 경지에 도달하기란 정확한 의미에서는 아직 한 번도 이루어 본 일이 없는 꿈으로만 남아 있다.

인간사회에 있어서도 사람과 사람과의 관계는 복잡하다. 인간은 하루도, 또 누구도 고립하여 살지는 못한다. 그러므로 사람은 부단히 서로 접촉하고 교섭을 가지고 어떠한 관계로 서로 연결된다. 그러나 이러한 인간관계가 모두 유쾌하고 즐거운 것만은 아니다.

사회구조의 고도화는 어느 사이에 인간을 집단속의 개인으로 만들어 가고 있다. 그들 상호관계는 거대한 기계의 회전 속에 하나하나의 톱니바퀴로서의 연결이 강요되어지는 경우가 더욱 많다. 그것은 의무감, 연대책임, 이러한 중압을 느끼게 하고 어쩔 수 없다는 체념을 가지게 하며 괴롭기까지한 관계들인 것이다. 인간은 이러한 생활에 피로와 고독을 느낀다. 그와 함께 인간의 경제생활이 확대되고 다양화함에 따라 인간은 점차로 자신을 자신의 생활에 예속시켜 가고 있다. 생활을 인간이 이끌어 가고 거느려서 제어해 가기에는 생활은 점점 인간의 힘에 벅찬 것으로 커 가고 있다. 이제 인간은 생활을 쳐다보며 생활에 질질 끌려가며 그의 노예로 변해 가고 있는 것이 아닐까. 대다수의 사람들은 이미 생활이 인간을 위하여 존재하는 것이 아니요. 인간이 생활을 위해 존재하기에 이르렀다.

여기에서 인간 상호간의 관계는 매우 많은 이해(利害)문제로 얽히게 되어 간다. 이해관계의 연결은 마음의 연결은 아니다. 인간적인 연결은 아니다. 거기에는 오직 기계 같은 사무적인 처리가 있을 뿐이다. 인간과 인간과의 관계가 웃음도 눈물도 없는 차가운 기계처럼 처리되는 것은 견디기 어려운 일이다. 그러나 기계는 항상 정확하고 공정하고 별다른 선의도 악의도 없는 것으로 알고 있다. 차라리 마음 편한 구석도 없지 않다. 하지만 인간의 이해관계의 차가운 처리는 항상 그 이면에는 치열한 경쟁이 있고 대립이 있고 암투가 있고, 심하면 모략과 기만과 약육강식이 병행되기 마련인 것이다. 인간의 즐거운 협력이란 꿈은 이 이해관계 앞에 산산조각으로 부서져 가고 있는가 보다.

이러한 비극적 사태의 성장과 비례하여 어떻게 하면 즐거운 인간생활을 성취할 수 있을까 하는 인간의 갈구와 노력도 더욱 커 가고 있다. 그것은 뼈저린 반성이요, 처절한 몸부림이기도 한 것이다. 世代의 부족사회(部族社會)가 국가로 발전하고, 작은 국가들은 다시 커다란 국가로 성장하고 국가들은 블록을 형성하게 되고, 이제는 동서 양진영으로 나누어지기에 이르렀다. 지금 자유 우방국가간에는 서로 교류하고 협력하고 상호 의존하는 많은 경우를 볼 수 있다. 이 것은 인간의 갈구와 노력을 반영하는 일면임에 틀림이 없다. 그러나 인간의 꿈은 아직 멀다.

어떻게 하면 인간은 기쁜 마음을 서로 연결하고 살 수 있을까? 그 방법은 어떤 것일까? 「주역」은 괘사에서 이렇게 가르치고 있다. 가 장 중요한 것은 지도자의 인격이다. 겉은 유(柔)하고 속은 剛한 「外 柔內剛-외유내강」의 미덕을 갖추어야 하고 또 스스로 선두에 서서 실천하는 선구자적인 용감성이 있어야 한다는 것이다.

겉을 부드럽게 한다는 것은 겸손한 태도와 몸에 밴 예절과 수양에 서 오는 세련으로, 남과의 사교를 부드럽고 선의에 찬 분위기로 이 끌어 가는 것을 의미한다. 남을 즐겁게 하려면 이것은 최소한도의 필수요건일 것이다. 성낸 얼굴과 거만한 태도가 남을 즐겁게 할 수 는 없는 것이다. 그러나 이것은 남에게 비굴하거나 가면을 꾸미라는 뜻은 아니다. 오직 스스로 남을 대하는 성의와 예의를 갖추라는 것 뿐이다.

속이 剛하다는 말은 그 마음속에 바르고 선한 것에 대한 不動의 신념이 있어서 한결같이 의젓하여 변함이 없음을 의미한다. 남을 즐 겁게 하려면 먼저 자신의 마음이 즐거워야 한다. 진정 즐거운 것이 란 오직 바르고 善한 것에만 있는 것이다. 마음의 어느 구석에도 개 운치 않은 조그마한 그림자도 없는 마냥 만족한 마음이라야 진정 즐 거운 마음인 것이다. 그것은 바르고 선한 것을 위한 마음 이외에 있 을 수는 없다. 바르지 않고 善하지 않은 일에도 즐거움을 느끼는 경 우는 있을 것이다. 그러나 그것은 잠깐 동안 즐거움이라고 착각할 뿐이다. 그것이 즐거움일 수는 없다. 거기에는 죄의식이 있고, 어딘가 꺼림칙하고 허전한 더 큰 마음의 고통을 가져오는 것이다. 어떤 사람은 아주 마음을 악마의 마음으로 무장해 가지고 良心의 눈을 딱 감으려고 안간힘을 쓰는 이가 있다. 그러나 이러한 자학하는 마음 그것은 통곡보다도 더 슬픈 마음인 것이다. 그 공허한 웃음소리는 결코 즐거운 것이 될 수는 없다.

오직 바르고 善한 것을 위하여 內剛한 마음만이 즐거운 마음이요, 즐거운 마음이라야 남의 마음을 즐겁게 할 수 있는 것이다.

그리고 지도자가 선두에 서서 실천한다는 것은 진정 남의 마음을 움직일 수 있고, 남의 마음이 자기의 마음을 따라 오게 할 수 있는 길일 것이다. 그나마 자신이 진정 즐거워하는 마음이라면 남도 즐거워하는 마음으로 따라 올 것이다. 그러기에 「주역」은 즐거하는 마음으로 힘든 일에 백성의 앞장을 서면 백성들은 자신의 노고를 잊고 분발할 것이요, 즐거하는 마음으로 앞장서서 위난에 뛰어 들면 백성들은 자신의 죽음을 생각지 않고 궐기할 것이라고 설명하고 있다.

이렇게 지도자가 먼저 즐거하는 마음으로 남을 즐겁게 만들고 그 남이 다시 다른 남을 즐겁게 만들어 점차로 넓혀 가면 세상은 즐거워하는 마음으로 서로 연결되어 협력하는 상태를 이룰 수 있다는 것이다. 구태여 지도자에 국한하여 생각할 이유는 없다. 스스로 인생을 즐겁게 살고 남을 즐겁게 하려는 선의의 사람이라면 누구나 마음의 자세를 위하여 이 기회에 다시 한 번 음미해 볼 만한 문제가 아닐까 한다.

兌卦는 행운과 발전을 의미하는 괘다.

택 화 혁(澤火革)　　：　☱ 兌　　●○○
이하태상(離下兌上)：　☲ 離　　○●○

大象

못 속에 불이 있는 것이 革卦의 卦象이다.

君子는 이 卦象을 보고 개혁을 획기(劃期)하여 역서(曆書)를 고쳐 때를 분명히 한다.

卦辭

「革」은 개혁의 뜻이니 革命을 상징하는 卦다. 유교는 혁명을 싫어한다. 유교는 上下의 신분질서를 중시한다. 인간이 지켜야 할 중요한 것 중의 하나로 믿고 있다. 특히 君主의 존엄성과 君主에 대한 신하와 백성의 충성의 의무는 신분질서 가운데서도 으뜸이 된다. 이러한 질서를 뒤엎어 버리는 下剋上의 형태로 수행되는 革命을 유교가 싫어하는 것은 당연하다.

유교의 經典인 「주역」이 여기에 革命을 긍정하는 논리를 설명하고 있다. 분명히 그 사이에 모순이 있음을 우리는 지적할 수 있다. 그러나 이 모순을 합리화하는 것에 「天命思想-천명사상」이라는 것이 있다. 유교의 정치사상은 「天命思想」위에서 성립한다. 天命이란 하늘의 명령인 것이다. 이 우주의 만유(萬有)를 창조하고 주재하는 것은 하늘 즉 상제(上帝)인 것이다. 인간의 모든 일이 하늘의 명령 (命令)에 의하지 않은 것은 없다. 사람은 오직 그 하늘의 명령을 순순히 따라갈 뿐이라는 것이다. 하늘은 완전하고 바르고 善하고, 무한히 生成하고 변화하면서 발전한다는 것이다. 인간은 그 자신이 하늘을 축소한 존재라고 본다. 인간은 그 자체 내에 하늘을 지니고 있는 것이다. 그래서 하늘은 사람을 통하여 인간에게 하늘의 의사를 수행한다는 것이다.

帝王이 되어 천하를 다스리는 사람은 天命을 얻어야 한다. 帝王은 하늘의 명령을 받은 선택된 지도자로서 하늘에 대행하여 하늘의 뜻으로 백성을 다스리는 것이다. 그러므로 帝王을 天子라고 한다. 하늘의 아들이란 뜻이다. 天命을 받은 帝王이 하늘의 뜻에 어긋나는 정치를 하면 天命을 잃게 된다. 즉 하늘이 帝王을 파면시키는 것이다. 무엇으로 天命을 잃은 것을 아는가. 民心이 곧 天心이라고 본다. 대중에게 신임을 얻으면 天子가 된다. 그러나 민심을 잃으면 천하를 잃는 것이다. 그러므로 帝王이 된 자는 항상 수양하고 반성하여 하늘에서 타고 난 천성 즉 善性을 발휘하고 德으로써 천하에 善政을 펴야 天命을 유지할 수 있다는 것이다. 여기에서 「天命思想」과 「王道政治」의 이념은 결부되는 것이다.

이러한 논리에서 革命은 긍정될 수 있는 것이다. 하늘의 뜻을 위반하고 학정(虐政)으로 백성을 괴롭히는 자는 民心을 잃은 자이니 곧 天命을 잃은 자이다. 그러므로 새로 天命을 받은 자가 하늘을 대신하여 革命을 수행할 수 있다는 것이다.

유교가 革命의 구체적 사실을 들어 이것을 긍정하고 예찬하기까지 한 사례는 오직 두 번이 있을 뿐이다. 하(夏)나라의 최후의 帝王인 걸(桀)이 음란하고 포악무도하여 백성을 몹시 괴롭혔기 때문에 그때의 제후(諸侯)의 한 사람인 은(殷)나라의 탕왕(湯王)이 桀을 쫓아내고 스스로 天子가 되었던 일이요, 또 하나는 은나라의 최후의 왕인 주(紂)가 또한 전형적인 폭군으로 백성들을 도탄에 빠지게 하고 있으므로 그때의 제후의 한 사람인 주(周)나라의 武王이 이를 쳐서 멸망시키고 스스로 天子가 되었던 일이다.

하늘의 명령을 바꿨다는 의미로 革命이라고 부른 것이다.

桀과 紂는 포학한 君主의 표본적 존재인 것이요, 湯王과 武王은 성왕(聖王)의 표본으로 추앙되는 이상적 帝王인 것이다. 그러므로 이 두 차례의 革命은 전혀 하늘의 뜻이요, 사람의 독단은 아닌 것이다. 그것은 天命을 받은 湯王이나 武王이 하늘의 뜻을 구체적으로 수행한 천사(天使 : 하늘의 위임을 받은 자)로서의 임무를 수행한 것이요, 결코 下剋上이나 이신아군(以臣我君 : 신하가 자기의 임금을 치는 일)은 아니라는 것이다. 孟子는 이들의 革命을 설명하여 「仁道를 해치는 행위를 적(賊)이라고 하고 의리를 해치는 행위를 잔(殘)이라고 한다. 잔적(殘賊)의 행위를 하는 자를 필부(匹夫)라고 한다. 필부인 紂을 베였다는 말은 들었으나 임금을 죽였다는 말은 아직 듣지 못하였소.」라고 극언하여 그들의 革命행위를 합리화하였던 것이다. 여기 「주역」이 말하는 革命긍정의 논리도 바로 湯王과 武王의 革命을 가리키고 있음은 그 괘사(卦辭)에서 알 수 있다. 후세에 다시 革命이 긍정될 경우가 있다면 그것은 임금에 桀이나 紂같은 전형적인 극악한 자가 있고, 신하에 湯王이나 武王같은 표본적인 聖人이 있어야 비로소 가능한 것이라고 유교는 생각하고 있다.

그러므로 革命이란 개념은 악한 것을 쳐부수고 선한 것으로 바꿔 놓는 왕권교체(王權交替)의 행위를 일컫는 것이요, 단순한 왕권탈취를 목적으로 한 실력행사는 革命은 아닌 것이다. 그것은 반란인 것이다. 반란은 찬시(簒弑 : 신하나 백성이 王을 죽이고 王位를 뺏는 일)의 죄, 즉 반역죄를 면할 수 없다는 것이다. 그리고 후세에 다시 湯王·武王 같은 성왕(聖王)이나, 桀·紂같은 악의 극한적 존재인 폭군이 있을 수 없다고 생각되는 것이니 유교에서는 실질적으로는 다시는 革命이 있을 것을 전제하고 있지는 않는 것이다.

결국은 이 革卦도 湯王·武王의 이미 있었던 革命행위를 합리화하고 미화하는 한편으로 후세의 帝王들에게 경계경보를 보낸 것으로 해석된다.

물론 여기에서 말하고 있는 革命은 그 개념이나 본질에 있어서 현대의 그것과는 다른 바가 많다. 그러나 이 卦의 괘사(卦辭)나 효사(爻辭)에서 가르치고 있는 革命에 대한 교훈은 현대에 있어서는 생생한 진리와 원칙을 제시하는 바가 많다.

「주역」은 말하고 있다. 革命은 이것을 일으켜야 마땅할 때, 즉 여건이 충분히 성숙하여 革命이 아니고는 어쩔 수 없을 때 일으켜야 백성의 신임을 받게 된다. 革命은 이것을 성취함으로 밝은 나라가 되어 국민이 기뻐하게 되어야 한다. 사심(私心)이 없이 바른 도리를 지켜야 하고 세론(世論)이 무르익어져야 된다고 하였다. 또 개혁이라고 하여 지나치게 재래의 것은 무엇이나 바꿔 치우려는 과잉개혁(過剩改革)은 凶하다고 말한다. 그 어느 것이나 2500여 년 전의 지혜라고 하여 우리가 얕잡아 볼 수는 없다.

이 卦는 정치의 革命을 주제로 하여 설명하고 있지만 그 진리와 원칙은 정치혁명(政治革命) 그것에 국한될 수는 없다. 모든 개혁하고 혁신하고 변(變)하는 일에 대하여 계시하고 있는 것이다. 천지에 변하고 바뀌는 법칙이 있기 때문에 春·夏·秋·冬의 四季節은 성립되는 것이다.

12 수괘(隨卦)

택 뢰 수(澤雷隨)	： ☱	兌	●○○
진하태상(震下兌上)	： ☳	震	●●○

大象

우레의 에너지가 못 속에 잠복하고 있는 것이 隨의 卦象이다.
君子는 이 卦象을 보고 날이 저물면 고요히 휴식(休息)을 즐긴다.

卦辭

「隨卦」는 못을 상징하는 兌卦가 위에 있고 우레를 의미하는 震卦
가 아래에 있다. 그래서 우레가 못 속에 잠겨 있는 상태다. 그것은
平和와 安定을 의미한다.

우레가 그 포효와 진동을 거두고 스스로 내려와 얌전히 못속에 잠
기면 못 물은 즐겁게 그를 가슴에 받아 안는다. 그리하여 강성하고
발랄한 에너지와 생명을 그 속에 지녔건만 우레와 못 물의 호흡은
너무나 화순하고 고와서 있으면서도 없는 듯하고 없는 듯 있기 때문
에 못은 한없이 고요하고 平和롭기만 하다.

　그 고요함은, 그 平和함은 달콤한 애수와 저녁때 서쪽으로 기울어진 해 의 따사로움을 연상케 하는 그러한 고요함이 아니요, 그러한 平和가 아니라 새로운 생명의 숨결이 미풍(微風)처럼 피부에 와 느껴지고, 생성과 발전의 분위기가 五月의 풀 향기처럼 못 언저리를 감도는 것 같은 그러한 싱싱하고 젊음이 넘치는 고요함이요, 또 平和인 것이다. 그러므로 그 정적(靜寂)은 죽음을 닮은 靜寂이 아니요, 生命을 축적하고 있는 靜寂인 것이다. 그 平和는 미래의 좋지 않은 싹이 될 안이(安易)와 나태를 숨겨두는 그러한 平和가 아니고, 安定과 발전이 내재(內在)한 전진도상(前進途上)에 있는 平和인 것이다.

　이러한 安定과 平和를 무엇이 이 못 속에 가져왔을까? 그것은 우레가 못에게서 배우고 있기 때문이다. 한 번 소리치면 천지를 진동시킬 수 있고 한 번 성내면 山河를 뒤엎을 만한 용맹과 위력을 가진 우레이건만 겸허한 마음으로 다소곳이 몸을 낮추어 가냘픈 소녀 같은 못에게서 배우고 있다. 우레는 못에게서 그야말로 명경지수(明鏡止水) 같은 그 맑고 깨끗한 마음을 배우고, 산모습도, 구름의 얼굴도, 하늘도 달도, 가림 없이 받아 안아 주는 포용성을 배우고, 침착하고 아늑하고 정다움을 배우고, 마음 바닥에 生命의 원천(源泉)을 지녀서 항상 새롭고 싱싱함을 배우고 움직이건만, 어디까지나 고요하고 고요하건만 정지(停止)하지 않고 부단히 성장하고 있는 조화(調和)를 배운다. 그리하여 우레의 마음과 못의 마음은 일치하고 화순하여 安定과 平和를 가져온다.

　뛰어난 우레의 용맹도 위력도 움직일 때 움직이고 그칠 때 그칠 줄 알아야 보람이 있다는 이치를 깨닫게 된 뒤에 우레는 진정 위대한 존재가 된 것이다. 긴 겨울의 위축을 박차고 나와 봄의 生動을 부르짖는 우레를 듣는 것은 통쾌한 일이다. 또 오랜 가뭄 끝에 우레가 비를 몰고 와서 힘차게 퍼부어 주는 것은 기쁜 일이다. 못도, 답답하던 숨을 시원스럽게 내쉬게 해 주며, 줄어드는 水量을 다시 풍부하게 채워 주는 우레에게 감사할 것이다. 그러나 그것은 겨울의 포학(暴虐)이나 가뭄의 잔인 같은 자연의 운행에 순탄하지 못한 비상사태가 있을 경우에 한한 것이다. 만일 우레가 날마다 울어 대고 비가 날마다 쏟아진다면 우레는 저주의 대상이 되고 말 것이다. 못의 진정한 염원은 平和에 있는 것이다. 밝은 햇빛이 화사하게 그 얼굴을 감싸 주기를 바란다. 맑고 따사롭고 고요한 날씨이기를 원한다. 그 가슴에 푸른 하늘을 담아 보고 싶고, 그 낯에 잔잔한 미소를 지어 보고 싶어 한다. 淸新하고 즐거운 분위기가 그 언저리에 뿜어 퍼지기를 원하고 있는 것이다.

현명한 우레는 못의 이러한 마음을 이해하고, 못의 이러한 마음을 배우고 그리하여 못의 마음을 자신의 마음으로 하고 못의 염원(念願)을 자신의 念願으로 하여 드디어 安定과 平和를 이루어 놓은 것이다. 이것이 바로 이 卦의 심벌이요, 교훈인 것이다.

「주역」은 이 법칙을 인간사회에 옮겨서 설명하고 있다. 어진 君主가 위에 있어서 스스로 높아 하지 않고 독선이나 독단함이 없이 굽어 신하의 진언을 들을 줄 알고 백성의 소리에 귀를 기울일 줄 알며 신하와 백성의 노고를 살필 줄 알며 나라와 백성의 복지를 위하여 힘쓰게 되면, 신하들은 즐겨 그를 모셔 보필하려 하고, 백성들은 그에게 심복(心腹)하여 따른다. 그래서 君主는 신하와 백성의 의견에 따르고 신하와 백성은 君主의 교화에 따르게 된다. 이렇게 마음으로 따르는 현상이 바로 이 卦의 수(隨)의 상태인 것이다.

「隨」는 따른다는 뜻이다. 따른다는 것은 그저 우연히 그의 뒤를 가도 있는 것은 아니다. 그에게는 무엇인가 남을 끌 만한 인력(引力)이 있어야 하고 무엇인가 남에게 미치는 바가 있어야 한다. 우리가 남을 따른다는 일이 적어도 우리에게 양심과 선택의 자유가 존재하는 경우라면 맹종은 있을 수 없다. 어떤 同一한 목적의식이 있어야 하고 공감(共感)이 있어야 하고 친화 내지 모정(慕情)이 있어야 할 것이다. 그러기에 우리가 어느 것에 또는 누구에게 따르기를 결정짓기까지에는 각자의 주체의식과 각자의 판단과 선택의 자유가 찬성의 결론을 내려야 할 것이다. 그러기에 한 사람이 어느 한 사람에게 따르는 일도 결코 간단한 것은 아니다. 하물며 천하의 인심이 어느 한 곳 또는 어느 한 사람에게로 돌아가게 한다는 것은 지극히 어렵고도 위대한 일이 아닐 수 없다. 어느 누구의 사사로운 이익이나 어느 소수인의 이익을 위해서 또는 어느 누구 한 사람의 주장이나 일부 소수인의 공감만으로는 이루어질 수는 없는 것이다. 한때의 속임수로나 不正不義한 일로써 이루어질 수도 없는 것이다. 세상에는 악당들의 모임도 있고, 부정한 일이 함께 몰려드는 경우도 있다. 그러나 그것은 결코 천하의 마음을 한곳으로 모이게 할 수는 없다. 또 그것은 마음으로 따르는 것은 아니다. 마음의 귀일(歸一)이 아니고 惡의 유취(類聚)에 불과한 것이다. 국민 대다수의 마음이 一致할 수 있는 것은 오직 천하 만민의 공동이익이 되고 정당하고 옳은 일을 위해서만 가능한 것이다.

　「주역」은 이러한 상태는 훌륭한 어진 君主가 있어야 가능한 것으로 설명하고 있다. 어진 君主가 있으면 어진 신하가 모이고, 그리하면 백성들이 심복하여 좋게 되어 온 천하는 드디어 그 시대의 교화(敎化)에 따른다는 것이다. 수괘(隨卦)의 극치를 말한 것이요, 태평성대를 표현한 것이다. 이러한 논리는 古代의 君主國家에서만 적용되는 것은 아니다. 오늘날 어느 회사, 단체, 사회의 지도자에게도, 또는 그 구성원에게도 교훈이 되고 남음이 있을 것이다. 그 구성원의 인격을 존중하고 그의 의견을 경청하고 중지를 모아 그 단체의 공동이익을 위하여 바르고 옳은 노력을 경주해야 한다는 것은 오늘날에 있어서도 단체원의 협조를 이룩하고 친화 단결을 가져오게 하는 최선의 방법이 아닐 수 없을 것이다.

　남을 따르게 하는 것은 어렵고 힘든 일이다. 그러나 남을 바르게 따르는 일도 그다지 쉬운 일은 아니다. 따를 줄 모르는 사람은 따르게 할 줄도 모르는 것이다. 남을 자기에게 따르게 하는 사람은 그 자신이 먼저 남에게 따를 줄 아는 사람인 것이다. 먼저 남의 옳음에 따를 줄 알아야 남이 자기의 옳음에 따라 오는 것이다. 모든 隨卦를 점쳐 얻은 이는 따를 줄도, 따르게 할 줄도 아는 길을 이 卦에서 계시(啓示)받아 모처럼의 吉運을 백퍼센트 누리기를 빈다.

<h1>대과괘(大過卦) 13</h1>

택풍대과(澤風大過) : ☱ 兌　●○○
손하태상(巽下兌上) : ☴ 巽　○○●

大象

　못물이 나무를 삼켜 버리는 것이 大過의 卦象이다.

　君子는 이 卦象을 보고 우뚝 홀로 서서 두려워하지 아니하며, 세상을 숨어 살아도 번민하지 아니한다.

卦辭

　「大過卦」는 큰 것이 지나쳐서 균형을 잃고 있는 상태를 상징한다. 이러한 卦象의 설명은 이 卦의 형상에서 온 것이다. 「大過」의 형태를 보면 아래 위에 각 한 개씩 陰爻가 있을 뿐 많은 陽爻들이 중추부에 군집하여 있다. 이미 그 數와 배열에 있어서 불균형 상태를 보이고 있다. 거기다가 위·아래로 분산된 두 개의 유약(柔弱)한 陰爻의 힘으로는 중앙부(中央部)에 군집하고 있는 강강일변도(强剛一邊倒)의 陽爻의 세력을 견제하기에는 너무나 약한 형세에 있다. 그래서 陽爻의 큰 强剛함이 너무 지나친다고 하여서 「大過」라고 한 것이다.

「大過」의 상태는 마치 감옥의 건축에 있어서 구조와 모든 재목들이 지나치게 크고 육중한데, 반대로 기초는 약하고, 대들보와 마룻대는 가늘어서 휘어져 있는 모습과 같은 것이다. 이미 이 가옥은 안전하고 건전한 집은 아니다. 장차는 기울거나 무너지고야 말 위험을 내포하고 있는 것이다.

한 나라를 경영하는 일도 가옥을 건축하는 일과 같은 것이다. 한 나라에 있어서의 「大過」의 상태는 위로 통치자의 권위가 서지 않고, 아래로 백성들의 생활이 안정을 잃고 있는 상황 속에서 강대한 세력을 가진 강한(强悍)한 무리들이 발호하여 강강일변도(强剛一邊倒)의 풍조가 나라 안을 휩쓸고 있는 상태를 의미한다.

백성은 국가의 근본이다. 건축에 있어서 기초와 같은 것이다. 이 기초가 취약하고 불안정하면 그 나라는 모래 위에 지은 건물과 같은 것이다. 이 기초가 취약하고 불안정하면 그 나라는 모래 위에 지은 건물과 같은 것이다. 그 위에서 어찌 백년대계를 생각할 수 있겠는가. 또 통치자의 권위가 서지 않으면 법령이 행하지 아니하고 기강이 설 수 없다. 법령이 행하지 않고 기강이 서지 않으면 나라의 모든 회전은 구심점(求心點)을 이탈하게 되고 나라의 심장에서 방사하는 혈액의 조류는 혈관의 통로가 차단당함과 같은 상태에 이를 것이다. 집의 대들보가 굽고 마룻대가 휘어짐보다도 더욱 위험하고 불안한 상태인 것이다.

나라가 이러한 난경에 빠지게 되는 것은 언제나 나라 안에 강력한 세력을 가진 무리들의 발호에서 오는 것이다. 强剛一邊倒의 풍조가 나라 안을 휩쓸게 되면 유화(柔和)와 관용과 겸손의 미풍이 사라지고 이해와 타협의 지성이 경시된다. 모든 것을 힘으로만 해결하고 힘으로만 수행하려 하게 된다. 强剛한 것은 부딪치기 쉽고 부딪침이 잦으면 마침내는 부러지는 것이다. 실로 强剛이 지나친다는 것은 패망으로 내닫는 질주인 것이다.

그러기에는 老子는「굳고 강한 것은 죽음의 족속이요, 부드럽고 약한 것은 삶의 족속이다. 그러므로 사람도 살았을 때는 유약(柔弱)하지만 죽으면 굳고 딱딱하며, 초목도 살아 있는 것은 부드럽고 연하지만 죽는 것은 단단하고 모질다. 때문에 兵이 强하면 멸망하고 나무가 强하면 부러진다.」

(人之生也柔弱 其死也堅强 草木之生柔脆 其死也枯槁 高堅强者死之徒 柔弱者生地徒 是以 兵强則滅 木强則折-인지생야유약 기사야견강 초목지생유취 기사야고고 고견강자사지도 유약자생지도 시이 병강즉멸 목강즉절)라고 말하여 柔弱한 것이 强剛한 것보다 낫다는 것을 가르치고 있다.

만일 나라 안에 强剛한 무리가 세력을 떨치며 횡행하게 되고 지도자의 힘이 이것을 견제할 수 없으며 백성의 생활이 견디어 낼 수 없게 되는 세상이 되면, 이미 몇 사람의 힘으로 이것을 광구(匡救)할 수는 없는 것이다. 마치 못 물이 나무를 삼켜 버리는 상태와 같은 것이다.

이런 때에는 현명한 사람은 자기의 힘으로 어찌 할 수 없음을 간파하면 의젓한 태도로 세상일에 손을 떼고 물러서서 수양에 힘써야 한다고 이 卦는 그 大象에서 설명하고 있다. 자신의 힘이 국가 사회

에 도움이 될 가망이 없음을 알면서 또 잘못되고 옳지 못한 일인 줄
알면서 권력과 영화에 대한 연연한 생각을 끊지 못하여 탁류에 함께
휩쓸리며 나아가서는 스스로 혼탁을 조성하면서 뛰어 드는 것은 君
子의 지조가 아니라고 이 卦는 역설하고 있다.

　　세상을 경멸하며, 우뚝이 높은 지조로 눈 속에 외로이 서 있는 낙
락장송처럼 고결하고, 세상을 숨어 살아도 번민하지 않아야 한다는
것이다. 태평한 세상이면 나아가 벼슬하고 어지러운 세상이면 물러
나 몸을 보전한다는 유교의 전형적인 치세철학인 것이다. 그러나 이
러한 생각에 무조건 동조할 수는 없다. 좋지 못한 세태에 영합하기
를 거부하지만, 자신의 꿋꿋한 신념과 정의감으로써 혼란과 불의에
대하여 적극적으로 대결하는 기개와 각오를 가지는 것이 진정 대장
부다우며 진정 나라를 위하여 정의를 위하는 노릇이 아닐까? 방관은
회피(回避)요, 회피는 비겁과 통하는 것이 아닐까? 回避는 개인적이
고 정치적인 위험에 맞닥뜨리면, 전형적으로 나타나는 반응이다. 우
리는 인생의 삶에 있어서 만나는 모든 위험한 문제들은 아주 오래전
부터 계속하여 반복적으로 제기되며, 결코 사라지지 않는다는 점을
안다면, 절대로 피할 수도, 도망칠 수도 없다는 것도 알아야 한다.
回避는 결코 인생에 있어서 문제의 해결책이 될 수 없다. 회피는 잠
시 피하며 쉬어갈 수 있는 방편이며, 편안한 휴식처 이지만, 그곳에
서 영구적으로 정착해 살 수는 없는 것이 바로 回避인 것이다. 온
나라 사람들이 고난에 허덕일 때, 혼자서 숨어 살며 몸을 보전한다
는 것이 한 이기주의자의 처세술은 될지언정 그것이 어찌 君子의 최
고의 절개로 찬양받을 수 있단 말인가. 이점 현대인의 견해와는 거

리가 있는 것으로 생각된다. 어쨌든 이 大過卦는 마치 못 물 위에 거센 바람이 불어와 어지러운 풍파를 일으켜 놓은듯한 혼란하고 불안한 상태를 표현하는 不吉한 卦다. 이러한 불운을 조심성 있게 넘기려면 고요히 물러앉은 자세로 때를 기다리거나, 아니면 굳은 신념과 용맹심을 가지고 격류에 뛰어 들어 싸워서 극복하는 두 가지 길이 있을 뿐이다. 이 卦는 그 괘사(卦辭)에서 후자를 암시하면서 大象에서는 전자를 찬양하는 모순되는 두 사상을 보이고 있다. 그러나 大象은 유교적인 원칙을 설명한 것이요, 卦辭에서 나오는 전진적인 암시는 이 卦의 경우를 지적한 것이라고 해석된다. 이 卦를 얻은 이는 적극적으로 난관에 대처해 나가면서 행운의 때를 기다리라는 것이 이 卦를 극복하는 처방인 것이다.

이 卦는 또 한 가지의 문제를 제시하고 있다. 형상이 네 개의 陽爻와, 위아래로 갈라져 있는 단 두 개의 陰爻로 되어 있어서 陰陽의 관계가 조화를 잃고 있다. 그래서 맨 아래에 있는 陰爻를 어린 여자로 보고, 맨 위에 있는 陰爻를 나이 많은 여자로 해석한다. 一爻는 四爻와 상응(相應)하는 것이므로 늙은이가 어린 여자를 사랑한다는 것이요, 六爻는 三爻와 相應하는 것이므로 늙은 여자가 젊은 남자를 사랑한다고 풀이하고 있다.

이러한 상태도 이미 조화 있는 찬양할 만한 상태는 아니지만 애정관에서 볼 때, 구태여 비난할 까닭도 없는 것이다. 그러나 전체로 卦는 陽爻가 많고 陰爻가 적어서 남녀관계에 정상적인 상태가 아니고, 균형과 조화를 상실한 모습을 상징하고 있다. 남녀관계에 있어서 유혹이 많고 삼각관계가 생겨나고 스캔들이 퍼지고 풍기가 문란하여지는 혼란상을 암시한다. 남녀관계의 어지러움은 정녕코 난세의 상징인 것이다.

이 卦가 어지럽고 혼란한 세상의 한 상징으로 이 문제를 암시하고 있는 것은 현대인에게도 다시 한 번 생각할 기회를 주는 것이라고 느껴진다. 풍기의 문란을 마치 무슨 인간의 해방처럼 생각하며 태연하려 하는 일부 경박한 현대인에게는 경종이 되기를 바란다.

大象

못에 물이 없는 것이 困의 卦象이다.

君子는 이 卦象을 보고 목숨을 걸고 초지(初志)를 관철한다.

卦辭

「困」은 곤난(困難)이니 곤궁(困窮)이니 곤고(困苦)니 하는 따위로 고고위난(固苦危難)의 상태를 상징하는 卦다.

困이란 글자는 □ 속에 木으로 되어 있어 나무가 상자 속에 있는 형상이다. 나무란 원래 두텁고 넓은 땅에 뿌리를 내리고, 높고 시원스럽게 트인 공간으로 줄기가 오르고 가지가 퍼지면서 아무런 막힘도 거리낌도 없이 자라나는 것이 그 본연의 자세인 것이다. 그리하여야 나무는 비로소 성장하고 무성하여 꽃을 피우고 열매를 맺고 서까래 감이 되고 기둥감이 되고 아름드리 거목이 되고 하늘을 찌르는 큰나무가 될 수 있는 것이다. 이러한 나무가 네모진 상자 속에 틀어박혀지면 뿌리를 펼 수도, 가지를 뻗을 수도 없을 것이다. 땅속에서 빨아들이던 무진장한 기름진 양분을 얻을 길 없고, 태양이 부어 주는 열과 빛의 은혜 속에 잠겨 볼 기회도 없는 것이다. 그저 그 숨막히는 작은 입방체형의 구속 속에서 잔명이나마 유지하면 차라리 다행인 것이다. 이러한 것이 상자 속에 갇힌 나무의 불운인 것이다. 困卦의 상태를 가장 잘 상징하고 있다.

다시 困卦의 卦의 형태를 보면 못을 상징하는 兌卦가 上卦, 물을 의미하는 坎卦가 下卦로 되어 있다. 물이 못 밑에 있다면 못 안에는 물이 없다는 것을 의미한다. 못에는 물이 있어야 한다. 못이라는 것은 항상 맑고 푸른 물을 넘칠 만큼 가득히 담고 있어서 호수인양 출렁이고 있어야 못이 못으로서 존재할 수 있는 것이다. 논과 밭에 물을 주어 오곡백과를 길러 주어 풍성한 가을을 가져오게 하는 것이 그의 공적이요, 거울처럼 맑은 수면에 푸른 하늘을 담고 흰 구름을 띄우고 먼 산과 둑 위의 수양을 거꾸로 세워 주는 것이 그의 미관이요, 물위에는 백조가 헤엄을 즐기고 물속에는 잉어가 꼬리를 너울거리게 해야 못은 정취(情趣)가 있는 것이다.

못에 물이 고갈되면 그 못은 이미 못으로서의 기능을 상실한 것이다. 공적도 미관도 정취도 물이 말라 버린 못에서는 찾아 볼 수 없다. 오직 메마르고 삭막하고 공허한 감회만이 그 폐허 같은 빈 터 위에 느껴질 뿐인 것이다. 이러한 상태를 물 마른 못에서 볼 수 있는 困卦의 모습인 것이다. 이러한 상황 속에서는 못은 고요히 은인 자중 할 수밖에 없다. 때를 기다려야 한다. 실망할 것은 없다. 언젠가 비는 오기 마련인 것이다. 하늘에서 비가 쏟아지면 말라붙었던 골짜기에, 개천에 물은 부풀어 홍수처럼 범람하고 조수처럼 밀려 올 것이다. 하루아침에 못은 다시 푸르고 깊고 넓은, 물결이 출렁이는 큰 못으로 살아날 것이다. 못은 그것을 확신하면서 오늘을 참아야 하는 것이다.

다시 困卦의 형태를 보면 세 개 있는 陽爻가 모두 陰爻에 가로 막혀 있다. 善은 惡에 구축되고, 정의는 불의에 포위당하고 밝고 빛나는 것은 어둡고 침울한 것에 가려지고, 행운은 불운에 억눌려지고 훌륭한 인물은 山人들에게 박해를 당하는 상태를 상징하는 것이다. 이것은 바로 인간 사회에 있어서의 困卦의 모습인 것이다.

말하면 믿음 받지 못하고, 행동하면 박해가 온다. 걸음을 걸으면 돌부리에 부딪치고 길을 가려면 가시덤불이 가로 막는다. 그야말로 몸을 움직일 수도, 팔을 뻗칠 수도, 다리를 늘릴 수도 없는 막히고 억눌리고 질식 직전 상태에 놓인 그러한 곤경이 바로 이 困卦의 卦象인 것이다. 그러기에 困은 四大難卦(困卦, 屯卦, 坎卦, 蹇卦)중의 하나인 것이다. 이러한 곤경에 빠졌을 때 우리는 어떻게 대처할 것인가. 엄동설한이 되어 소나무와 잣나무의 독야청청한 절개를 알 수 있는 것이다. (歲寒然後　知松栢之後彫也-세한연후　지송백지후조야)-〈論語〉

사람이 견디기 어려울 만큼 벅찬 시련(試鍊)과 맞부딪쳤을 때 인간의 진가(眞價)는 드러나는 것이다. 「주역」은 이 困卦의 상태와 같은 환경에서 꿋꿋이 이것을 극복하고 다시 순탄으로 나가는 길을 개척하는 일은 君子만이 가능하다고 말하고 있다. 그 君子라고 말하는 인간의 이미지를 「주역」은 이렇게 묘사하고 있다. 험난속에 있어서 오히려 즐거할 줄 알고 곤란하면서도 형통하는 바를 잃지 않는다고 설명한다. 변함이 없이 바르게 있으라. 가슴속에 굳은 신념이 있는 큰 인물에게는 길하리라고 말하기도 한다.

　이미 피할 수 없는 시련이라면 차라리 이것을 기꺼이 받아들이는 것이 좋다. 정복할 가능성이 없음을 알면서도 위험 속에 정면으로 몸을 던지는 일은 자존심의 오만한 종결을 의미하는 자학이거나, 아니면 혹이나 형세에 역행하는 기적이 있기를 바라는 어리석은 기대에서일 것이다. 헤엄칠 자신이 없으면서 사나운 격류에 뛰어듦과 같은 노릇이 아닐 수 없다. 또 벗어날 길이 없음을 알면서 어디 빠져나갈 구명이라도 있었으면 하고 헤맨다면 걸음걸이는 허둥거리고 얼굴빛은 비굴에 일그러질 것이다.

　어느 것이나 현명하고 씩씩한 인간이 취할 길은 못된다. 어떠한 곤경(困境) 속에서도 빼앗기지 않는 의연한 마음, 바르게 있으려는 마음 그것만이 가장 중요한 것이다. 마음만 꿋꿋이 선다면 외부의 시련이, 고난이, 그 마음을 어떻게 할 수 있겠는가. 마음은 사람의 가슴속에 있는것, 이것만은 어떠한 위력도 강제할 수는 없다. 천병만마를 거느린 대장은 뺏을 수 있으나 한사람의 필부(匹夫)일지라도 굳게 가진 그 마음은 뺏을 수 없는 것이다.

　(三軍可奪師也　匹夫不可奪志也-삼군가탈사야　필부부가탈지야)-
〈論語〉

　고요히 때를 기다리며 바른 마음으로 스스로를 지키고 수양하고 부단히 내면의 향상을 위하여 노력하면서 살아 갈 수 있는 의젓한 기개가, 신념이 확립된다면 한때의 시련쯤은 차라리 순순히 받아들이는 것이 대장부다운 태도라는 것이다. 그러나 이러한 생활태도는 인간 세상에 대한 의욕을 포기하거나, 진세(塵世)에서 초연한다는 이른바 은사의 고고(孤高)를 의미하는 것은 아니다. 세상에 대한 의욕을 포기하는 것은 패배의식이요, 孤高라는 것은 도피의 다른 이름에 불과한 것이다.

「주역」은 여기에서 결코 패배나 도피를 가르치고 있지는 않다. 오직 굳은 신념으로 다음의 기회를 대기하고 있는 것뿐이다. 물 마른 못이 비 오기를 믿듯이 다음의 변화를 믿고 있는 것이다. 궁극에 이르면 변화가 생기고 변화가 오면 통하는 길이 열린다(窮則變 變則通 -궁즉변 변즉통)는 천지자연의 이치를 믿기 때문이다. 밤이 새면 반드시 아침이 오고 겨울이 가면 틀림없이 봄이 오는 것이다. 지금은 그 아침을, 그 봄을 기다리고 있을 뿐이다. 아침을, 믿고 봄을 믿는 마음이기에 도리어 즐거움이 있고 형통하는 길을 잃지 않는 것이다. 의젓하고 태연하게 있을 수 있다는 것이다. 하지만 아무리 바른 밤일지라도 그것을 지키는 데 그치고, 또 기다리는 데 그쳐서는 안된다. 나무가 겨울 속에서 이미 자신의 봄을 준비하고 있듯이 내일을 위하여 수양을 쌓고 힘을 길러야 한다. 그리하면 이 困卦는 이것을 타개할 의지와 노력 있는 자에게는 발전의 길이 열릴 것이라고 계시하고 있는 것이다.

15 함괘(咸卦)

<table>
<tr><td>택 산 함(澤山咸)</td><td>：</td><td>☱ 兌</td><td>● ○ ○</td></tr>
<tr><td>간하태상(艮下兌上)</td><td>：</td><td>☶ 艮</td><td>○ ● ●</td></tr>
</table>

大象

산 위에 못이 있는 것이 咸의 卦象이다.

君子는 이 卦象을 보고 마음을 眞空으로 하여 남을 받아 들인다.

卦辞

「咸卦」의 형태는 못을 의미하는 兌卦가 위에 있고 산을 의미하는 艮卦가 아래에 있다. 못이 위에 있고 山이 못 밑에 있는 형상이다. 높은 산이 낮은 못 밑에 있다는 것은 上下의 위치를 전도하는 것이어서 자연의 이치에 어긋나는 것같이 생각된다. 그러나 위에서 몇 번이고 설명한 바와 같이 「주역」의 논리로는 이러한 현상이 아주 길한 것이 된다. 그것은 높은 곳에 있는 산의 마음이 겸손한 태도로, 낮은 지위에 있는 못에 대하여 그 인격을 존중하고 그 의사를 경청하고 그의 노고를 보살펴 주며, 낮은 지위에 있는 못은 스스로 자신을 경멸하거나 비굴해 함이 없이 위에 있는 山의 마음을 받들어 그를 돕고 협력하려는 마음을 가지는 상태를 상징한다고 생각하고 있다.

위에 있는 산의 마음은 아래로 내려 와 못을 생각하고, 아래 있는 못의 정성은 위로 올라가 산을 돕게 된다. 그리함으로 산의 마음과 못의 마음은 서로 합치할 수 있게 된다. 서로의 마음에 감응(感應)하게 된다는 것이다. 이 卦는 감응을 설명하는 卦다. 「咸」은 感과 같다. 느낀다. 감응한다는 뜻이다.

천지자연의 모든 생성화육(生成化育)의 일에서부터 인간 사회의 성립과 발전과 인간의 온갖 행동작위(行動作爲)에 이르기까지 그 모든 것은 느낀다, 감응한다는 현상에서부터 출발하고 성장하고 성취되지 않는 것은 없다. 하늘과 땅의 기운이 서로 감응하므로 천지간의 큰 경영은 수행되고 있는 것이요, 아담과 이브의 마음이 서로 감응하였기 때문에 인간에게는 남녀 간의 애정생활이 시작되었을 것이며 인류의 생명은 영원히 계승되고 발전되어 갈 수 있게 되었던 것이다.

감응이란 마음과 마음이 맞닿아 일치점에 도달하는 상태인 것이다. 그러므로 남녀의 마음이 감응하여 사랑이 성립되고, 지도자와 피지도자의 마음이 일치하여 상하의 협력이 생기고, 사람과 사람의 마음이 어느 사물에 共感을 가짐으로써 동자가 생기고 클럽이 생기고 단체가 구성되고 사회가 성립한다. 국가와 국가 사이에는 어떤 이념이나 사고에 공감을 가짐으로 친선이 생기고 협조가 이루어지고 동맹이 성립되는 것이 아닌가. 자유우방의 긴밀한 유대도 그것을 가능케 하고 공고하게 하는 근원은 바로 인간의 자유를 존중한다는 이념에 共感을 가지는데 있는 것이다.

느낌이란 사람의 마음이 어떤 자극에 부딪쳐 움직이는 상태일 것이다. 마음의 움직임이 밖으로 표현되는 행동일 것이다. 그러므로 인간의 모든 행동은 마음의 느낌이라는 움직임에서 결정되는 것이다. 이성(理性)이 어떤 사물의 옳고 그름을 가려내고 知性이 어떤 방법의 현명함과 어리석음을 분석하였을지라도 그것은 아직 바로 행동으로 옮겨가게 할 힘을 가진 것은 아니다. 그것이 행동으로 옮겨지려면 「그렇다, 그렇게 해야 한다.」고 마음으로 느껴야 하는 것이다. 다시 말하면 어떤 자극이 마음을 움직이게 하여야 한다. 마음의 상태를 행동으로 옮기게 하는 것은 감정의 힘인 것이다. 행동으로 옮겨 가는 순간은 언제나 감정이 명령을 내리는 것이다.

부부 사이는 서로 사랑하는 것이 옳다. 또 그렇게 하는 일이 가정의 행복을 위해 현명하다고 알면서도 끝내 사랑하지 못하는 사람들이 세상에 가끔 있는 것을 본다. 사랑스럽다고 느껴지지 않기 때문이다. 감정이 거부하기 때문이다. 그러므로 느낀다는 것은 마음의 속임 없는 상태다. 진정인 것이다. 사람들은 어떤 이해관계나 외적 여건(外的與件) 때문에 이따금 감정을 왜곡(歪曲)하거나 수식하거나 조작하는 사례가 있다. 감정 그대로 솔직히 표현하지 않는다. 그러나 그것은 벌써 순수한 감정, 그것은 아닌 것이다.

순수한 감정, 그것은 곧 사람의 진정을 의미하는 것이다. 이 순수한 감정은 남의 가슴에 감동을 일으키는 힘을 가진다. 한 사람의 순수하고 아름다운 감정은 상대자의 마음을 움직이고 많은 동지의 共

感을 일으키고, 때로는 온 나라와 천하를 움직이는 힘을 발휘하는 경우가 있다. 그러기에 이 卦는 聖人이 인심을 감화시켜 천하가 평화하게 된다고 설명하고 있다. 많은 사람의 마음이 서로 共感을 가지고 감응을 일으키어 서로 친애하고 협력할 수 있는 사회야 말로 평화롭고 행복한 세상인 것이다.

인간에게는 원래 심금(心琴)을 울려 주는 순수한 감정, 진실로 느낌, 절실한 共感, 이런 것이 있기 때문에 인생이 살맛이 있고 인간이 깊이 있고 아름답고 생명이 약동하는 人生을 향유(享有)할 기회도 가질 수 있는 것이다.

만일 인간에게 느낀다는 마음의 현상이 없었다면 인간은 이론과 설교와 이해의 분석으로만 다져진 살아 있는 기계가 되어 있었을 것이다. 그곳에는 愛人이 있을 수 없고 동지가 있을 수 없고 知己의 친구가 있을 수 없고 共感의 광장이 존재할 수 없을 것이다. 그뿐이랴. 그러한 인간사회라면 음악은 소음과 구별될 수 없고 미술은 눈을 피로하게 할 뿐이요, 예술이란 낱말은 사전에 없을 것이다. 세상의 모든 아름다운 것, 참되고 순수한 것이란 전연 사람의 안중에 없을 것이다. 아니 인간의 모든 기뻐하고 성내고 슬퍼하고 즐겨하고 미워하고 좋아하는 일체의 감정 이라는게 있을 수 없을 것이다. 상상만 하여도 몸서리치는 그 사막처럼 불모하고 삭막하고 금속처럼 딱딱한 인생을 인간은 견디지 못할 것이다. 느낀다, 감응한다는 마음의 한 현상은 이렇게도 인간에게 지대한 힘과 비중을 가지고 있는 것이다. 그러기에 이 卦의 卦象도 「感應의 이치를 깊이 살펴서 알면 천지만물의 마음을 다 알 수 있는 것」이라고 설명하고, 나아가서는

서로 감응의 상태에 이르게 하는 작용에 대하여 「마음을 진공으로
하여 남을 받아들인다.」고 설명하고 있다. 진실로 뜻 깊은 계시가
아닐 수 없다. 아무런 선입관념이나 이해타산 없는 진공상태의 순수
한 마음으로 남을 받아들일 때 비로소 바르고 순수한 느낌을 일으킬
수 있고 그러한 순수한 참된 감정은 반드시 남에게 반응을 일으킬
수 있을 것이다.

「주역」은 인간의 감응하는 마음을 설명하는데 이 咸卦를 가지고
상징한 것은 재미있다. 못을 의미하는 兌卦는 「주역」의 관습으로는
젊은 여자를 상징한다. 그리고 산을 의미하는 艮卦는 젊은 남자를
상징한다. 젊은 남녀의 마음이 서로 感應하는 것은 모든 감응상태의
가장 전형적인 것이다.

　그것은 신혼부부를 상징한다. 부부는 인간 생활의 최소의 단위며
또 가장 근본이기도 한 것이다. 이것을 例로 들어서 感應의 원리를
설명한 것이다. 이 원리는 부부에서부터 친구, 동지, 사회, 다시 천
지자연에까지 확대되고 부연될 수 있는 것이다. 모든 것이 민감하고
순조롭고 협력을 얻고 기쁨을 느끼게 하는 매우 행운한 卦다.

췌괘(萃卦) 16

택 지 췌(澤地萃)　：☱ 兌　●○○
곤하태상(坤下兌上)　：☷ 坤　●●●

大象

땅 위에 못이 있는 것이 萃의 卦象이다.

君子는 이 卦象을 보고 나라의 평화와 번영을 길이 보전하기 위하여 不意의 사변을 경계한다.

卦辭

「萃卦」는 못을 상징하는 兌를 上卦로 하고 땅을 상징하는 坤을 下卦로 하여 구성되어 있다. 땅에 못이 있는 상태를 표현한다.

「萃」는 모인다는 뜻이다. 못에 물이 모이는 것을 상징하고 있다. 산이 푸르면 도처에서 샘은 솟는다. 멀고 가까운 산과 산, 그 숱한 봉우리에서 기슭에서, 그리고 골짜기에서 솟아 나오는 샘물은 고이고 넘쳐서 물줄기가 된다. 이 무수한 물줄기들은 숲 사이를 헤치고 돌부리를 뛰어 넘으며 산의 굽이굽이를 돌아 계곡으로 달리는 사이에 합치고 모여서 실개천이 되고 내가 되어서 마침내 대지에 자리 잡고 있는 커다란 못으로 모여 든다. 이렇게 항상 끊임없이 흘러드는 맑은 원류가 있기 때문에 못은 언제나 넓고 깊고 푸르른 모습으로 있을 수 있는 것이다.

바다처럼 왕양(汪洋)하고 거울같이 투명한 못, 그리고 논과 밭을 물려주어 곡식은 풍성한 가을을 꾸미게 하고 과수는 탐스러운 열매를 맺게 하는 못, 못이 이렇게 예찬과 축복을 받을 수 있게 된 것은 오로지 흘러가는 물들을 받아들일 줄 알기 때문인 것이다. 못은 겸허한 태도로 스스로 몸을 낮은 곳에 두고 있다. 그리하여 모든 계곡으로부터 오는 물길이 자연스럽게 즐겁게 노래하면서 모여 들게 한다.

못은 무한한 포용성과 아량을 가졌다. 큰 개천 물도 가냘픈 냇물도 구분하지 않는다. 맑은 물도 흐린 물도 차별하지 아니한다. 자기를 향하여 찾아 드는 모든 물은 이것을 반가이 그 품에 받아 안는다. 그리하여 그 넓고 깊은 품안에서 맑았던 물도 흐렸던 물도 그리고 가냘펐던 것도 거대했던 것도 마침내는 혼연일체가 되어 커다란 하나의 맑은 못물로 만들어 놓는다. 그러나 다투지 아니하고 작위(作爲)하지 아니한다. 善의 분위기 속에서 저절로 淨化되었을 뿐이다. 이것이야 말로 老子가 말하는 「無爲自然」의 道라는 것이 아닐까. 老子는 말하였다. 「최상의 善은 물과 같다. 물은 능히 만물을 좋게 하지만 다투지 아니하며, 여러 사람이 싫어하는 낮은 곳에 위치한다. 그르므로 道에 가까운 것이다.」(上善若水 水善利萬物 而不爭 處衆人之所惡 故幾於道-상선약수 수선이만물 이부쟁 처중인지소악 고기어도) 〈道德經-도덕경〉 라고 하였다.

나라도 마찬가지다. 위에 겸허하고 관대하고 크게 포용성이 있는 지도자가 있어서 현능한 인사들이 인격을 존중하고 그들의 의견과 진언을 즐겁게, 성의 있게 받아들이고, 인재를 신용할 줄 안다면, 천하의 훌륭한 인물들이 모두 이 나라로 모여 올 것이다. 그리하여 上下가 서로 마음이 통하고 뜻이 호응하여 힘을 하나로 모을 수 있게 된다면 나라는 살기 좋은 곳으로 발전할 것이다. 그렇게 되면 천하의 백성들은 살 곳을 찾아 이 나라로 모여 올 것이요, 천하의 모든 善한 것, 모든 복된 것이 마치 모든 계곡의 물줄기가 못으로 모여들 듯이 이곳으로 모여 올 것이다.

이렇게 모여 오는 현능한 인재나 일반 백성들은 각기 그 성격이 다르고, 전문분야가 다르고, 생업의 길이 다르고, 사고의 방식이 다르고, 실천의 태도가 서로 다를 수 있을 것이다. 그러나 그들의 각자의 개성과 특징은 나라를 잘 만들어 간다는 커다란 하나의 결론 속으로 종합되고 조화될 것이다. 이러한 경지에 이르게만 되면 그 나라는 행복하고 번영하게 된다는 것이다.

그러기에 무엇이 어디로 모인다는 것은 우연일 수는 없다. 모든 모이는 것은 항상 그 類를 쫓는다. 善한 것은 善한 곳으로 복된 것은 복된 곳으로 모이는 것이다. 악인이 善人의 모임에 가지 않고, 善人이 악인의 모임에 들지 않는 것이다.

훌륭한 인물을 모으려면 그 방법이 훌륭하여야 한다. 그러므로 「주역」은 「바른 道로써 모이니 훌륭한 인재를 얻기에 좋다.」고 설명하고 있다.

「萃」는 동지를 얻고 협력자를 얻고, 그리하여 발전과 번영을 이룩
할 수 있는 행운의 징조를 보이는 卦다. 이 징조는 당신의 마음의
자세가 그러한 善한 것, 복된 것을 받아들일 수 있는 진공으로 있어
야 징조는 징조로 그치지 않고 현실로 나타날 것이다.

대유괘(大有卦)

화천대유(火天大有) : ☲ 離　○ ● ○
건하이상(乾下離上) : ☰ 乾　○ ○ ○

大象

太陽이 하늘 높이 솟아 있다. 이것이 大有의 卦象이다.

君子는 이 卦象을 보고 善과 惡을 밝혀서, 惡을 누르고 善을 드러내어 하늘의 거룩한 명령에 순종한다.

卦辭

「大有卦」는 하늘을 상징하는 乾卦가 아래에 있고 불을 상징하는 離卦가 위에 있는 형태로 구성되어 있다. 불이 하늘 위에 있으니 太陽을 의미한다. 그래서 「大有」는 太陽이 하늘 높이 솟아 있는 상태를 의미하는 卦다. 盛運을 보여주는 대길한 卦다. 「大有」는 크게 있다는 뜻이다. 하늘 높이 솟은 太陽처럼 그렇게 크게 있다는 것이다. 하늘에 솟은 太陽보다 더 크게 있을 수 있는 것이 다시 또 어디에 있겠는가.

太陽은 모든 것을 포용하고 있다. 太陽은 무변대하고 무한하게 있다. 그 발전과 번영은 한계가 없다. 그렇게 크게 있는 것이 太陽이다. 太陽은 熱의 근원이며 빛의 근본인 것이다. 太陽이 그 빛을 비춰주지 않았다면 천지는 한 개의 음산하고 암흑한 동굴이 되었을 뿐일 것이다. 太陽이 그 熱을 보내주지 않았더라면 땅 위는 새 한 마리, 풀 한 포기, 사람 하나 없는 텅 빈 잿빛 사막에 불과하였을 것이다. 우리는 太陽의 은혜가 너무나 크고 太陽의 공적이 너무나 엄청나기 때문에 우리는 그 고마움을 잊고 있는 것이다.

인간에게 太陽보다 더 고마운 것은 없다. 太陽은 인간의 존재를 가능케 해 주고, 太陽은 인간의 생활을 보전하게 해 준다. 그러나 太陽이 인간의 마음에 주는 것은 더욱 크다. 太陽은 언제 보아도 젊고 싱싱하다. 우리는 太陽을 쳐다보면 가슴은 희망에 찬다. 청신한 생명력이 맑은 샘물처럼 혈관을 도는 것을 느낀다. 太陽은 언제 보아도 불타고 있다. 우리는 太陽을 쳐다보노라면 가슴에 용기가 솟는다. 용솟음치는 의욕이 사나운 말처럼 내닫는 것을 의식할 때가 있다. 太陽이 밝고 빛나기 때문에, 인간이 정답고 인생이 살맛이 난다. 아량 있고 善의에 찬 구김살 없는 마음씨를 가질 수 있고, 여유 있는 태도로 커다랗게 기지개를 켜며 유유히 일어서는 기개를 기를 수도 있는 것이다. 太陽의 밝고 빛남이 이처럼 사람으로 하여금 가슴을 활짝 열게 한다. 인간은 太陽의 높음을 보고 존귀와 위엄이 무엇인가를 깨닫게 되고 太陽의 뜨거움을 보고 사랑과 정열을 배우게 된다.

봄 동산의 화사한 꽃들도 五月의 눈부신 신록(新綠)도, 가을 숲에 붉은 노을처럼 타는 단풍도, 신부의 노랑 저고리 붉은 치마도 밝은 햇빛을 받고 있을 때 진정 아름답고 고운 것이다.

우리는 남달리 행복한 太陽을 가지고 있다. 우리는 하늘이 푸르러 좋고 太陽이 밝아서 좋다. 우리는 아침마다, 날마다 1년 365일 거의 빠짐없이 푸른 하늘을 쳐다볼 수 있고, 빙그레 웃는 밝은 太陽을 맞이할 수 있다.

우리의 마음과 육체는 太陽을 섭취(攝取)하며 성장한다. 우리의 마음은 항상 太陽과 함께 있기를 원한다. 우리의 모정(慕情)은 항상 太陽을 향하여 강한 향수를 지닌다. 그 옛날 우리의 조상들이 동쪽으로 동쪽으로 이동해 온 것은 太陽에의 慕情 때문이었는지도 모른다. 이 하늘 푸르고 太陽이 밝은 땅에, 鮮明한 아침의 나라를 세우신 그들의 마음은 정녕코 太陽을 닮고 있었을 것이다. 그의 후예들은 길이 그 마음을 이어받고 있다. 우리의 마음이 太陽을 닮고 우리의 마음이 太陽과 함께 있기를 원하고 있는 동안 우리는 太陽과 함께 영원하고, 무한대하고 길이 발전하고 번영할 것을 믿는다.

이렇듯이 인간을 행복하게 해 주며 영원하고 무한대하게 한계 없는 발전과 번영을 이어가는 하늘과 太陽, 그것을 상징하는 「大有」는 너무나 완전하고 크고 왕성한 卦다. 이러한 幸運의 卦를 얻기란 人生一代에 그다지 많은 기회는 아닐 것이다. 모처럼 이 卦를 얻은 이는 조심성 있게 이 크나큰 幸運을 살려 갈 것을 진언한다. 이 卦는 초효(初爻)에서 노고를 참고 노력하라고 가르치고 三爻에서는 교만하면 도리어 해로울 것이라고 경고하였다. 「가난하여서 원망하지 않기는 차라리 쉬우나 富者가 되어 교만하지 않기는 어렵다.」고 한 옛 聖人의 말을 깊이 음미(吟味)함이 좋다. 그리고 五爻의 爻辭에서는 제왕(帝王)의 地位에 있건만 성심과 겸허한 태도를 가져야만 吉

하다고 하였다. 말하자면 조건부동의를 하고 있는 것이다. 太陽은 차도 기울지 않는 것을 과신(過信)해서는 안된다. 太陽도 저녁때면 西쪽으로 기우는 법.

　그리스 로마신화에 이런 이야기가 있다. 파에톤(Phaethon)은 태양의신 헬리오스(Helius)라고 하는 太陽馬車를 운전하는 타이탄(Titan) 神과 인간인 클뤼메네라는 여자의 아들이었다. 파에톤이 그의 아버지를 처음 찾아 갔을 때 헬리오스는 귀여운 아들에게 「너에게는 그럴 권리가 있다. 저승을 돌며 흐르는 스튁스 강에 맹세코, 네 소원이면 무엇이든지 들어 주겠다.」고 神의 맹세하였다. 아들은 기뻐하며 「아버지! 저에게 단 하루만 아버지가 운행하시는 태양의 황금마차를 타게 해 주세요」하였다. 아버지는 스튁스 강에 맹세한 것을 후회하며 당황하였다. 「태양마차를 타고 달릴 수 있는 능력을 가진 이는 나 이외에 아무도 없다. 제우스(Zeus)조차도 탈 수 없단 말이야. 길이 너무 험악하여 그도 도저히 불가능하단다. 처음에는 무척 험악한 고갯길이 있어서 말이 아직 피곤해지지 않는 오전 중에도 좀처럼 올라 갈 수 없다. 점점 높이 올라 가 하늘 한 가운데까지 가면 매일처럼 타서 익숙해진 나도 너무 무서워서 내려다 볼 수 없단 말이야. 또 오후가 되면 가파른 내리받이 길을 급히 내려와야 하니까 한층 더 조심하지 않으면 안 된단다. 자칫하면 떨어지기 쉽단 말이야. 항상 끊임없는 경계가 필요하지. 대체 네가 어떻게 太陽馬車를 탈 수 있다고 생각하느냐. 제발 그 소원만은 그만두어 다오.」하고 아들을 타일렀다. 그러나 호기심에 찬 철부지 어린 아들은 듣지 않는다. 아버지는 다시 타이른다. 「그뿐 아냐, 마차를 끄는 말을 다루기가 여간 힘으로는 되지 않는다. 말은 입 코에서 불길을 뿜고 있어서 가슴 전체가 활활 타오르는 불길 투성이가 되어 있단 말이야. 말이 말을 듣지 않을 때면 숙련한 나의 힘으로도 도저히 다룰 수가 없지. 그러니까 몹시 정신을 가다듬어야 해. 이렇게 위험한 마차를 어린 네가 탄다면 어떤 불길한 일이 일어날지도 모른다. 그 험한 길, 사나운 말, 위험한 고비를 숙련한 나로서도 조심조심 온갖 정력을 다 기울여야 되는 일을 어린 너에게 맡길 수 없지 않느냐. 어떠냐. 다른 것이면 무엇이라도 들어 주마. 그것만은 단념해 다오.」 그러나 아들 파에톤은 기어코 듣지 않고 고집을 세웠다. 신은 저승을 돌며 흐르는 스틱스 강에 맹세하며 한 번 약속한 일은 아무리 신이라도 절대로 약속을 다시 거둘 수 없는 것이다. 드디어 파에톤은 태양의 황금마차를 타고 고삐를 잡고 길을 떠났다. 의기양양하기만 할 뿐 아무 것도 모르는 소년기수(少年騎手)의 마차가 무사할 수는 없었다. 마침내 말은 궤도(軌道)를 벗어나고, 땅 위에는 불이 일어나 모든 것을 무서운 불 속에 삼키고 말았다. 땅 위의 모든 세계를 불바다로 만들 때, 더 이상 두고 볼 수 없었던 올림푸스 신의 왕 제우스(Zeus)는 그의 벼락을 태양마차의 마부석을 향해 던져, 태양의 황금마차를 부숴 버리고, 파에톤은 자신이 불덩어리가 됨으로써 이승을 하직하였다.

「大有」의 幸運을 다루는 것은 태양의신 헬리오스(Helius)라고 하는 太陽馬車를 운전하는 타이탄(Titan) 神 조차도 太陽馬車 몰듯이 성실과 조심과 노력이 필요한 것이 아닐까 한다. 당신의 행운을 빈다.

18 규괘(睽卦)

<table>
<tr><td>화 택 규(火澤睽)</td><td>: ☲ 離</td><td>○ ● ○</td></tr>
<tr><td>태하이상(兌下離上)</td><td>: ☱ 兌</td><td>● ○ ○</td></tr>
</table>

大象

위에는 불, 아래는 못물이 있어 相反한 성질을 보이고 있는 것이 睽의 卦象이다.

君子는 이 卦象을 보고 「같으면서도 다른」이치를 생각한다.

卦辭

「睽卦」는 불을 의미하는 離卦를 上卦로 하고 못을 의미하는 兌卦를 下卦로 하여 구성되어 있다. 불과 물이 함께 있는 상태를 상징한 것이다.

불은 위로 타오르는 성질이 있고 물은 아래로 흐르는 습성이 있다. 불의 마음은 태양을 향하고 있다. 항상 높고 시원하게 탁 트인 하늘에 높이 올라 있는 태양에, 불은 향수를 지니고 있다. 불은 자기는 태양에서 떨어져 나온 分身이라고 생각한다. 그는 언젠가는 태양으로 되돌아가야 할, 높이 있어 만물에 군림하여야 할 지체 높은 족속이라고 자만한다. 그러기에 불은 구질구질한 땅속으로 낮은 데로만 눈을 돌리고 있는 물의 마음을 이해하려 들지 않는다. 그 못나고 천한 성향을 경멸하기까지 한다.

물은 물대로 부드럽고 중후하고 자애 깊은 大地의 품을 잊지 못한다. 물의 본고장은 땅이라고 물은 믿고 있다. 물의 어머니는 땅이다. 물은 어머니에게로 향하는 모정(慕情)을 대견스럽게 간직하고 있다. 물은 어머니의 품안으로 되돌아가 어머니를 도와 만물을 길러 주고 산천을 아름답게 해 주고 인간의 생활을 풍성하게 만들어 주는 일이 자랑스러웠다. 물은 자신의 유순하고 겸허한 생활신조를 스스로 만족하고 있다. 그러기에 그 화려한 허세를 좋아하고 스스로 높아지기를 광신하면서 이루어질 수 없는 욕망을 태양에 두고 있는 불의 들뜬 마음에 동감을 가질 생각은 없다. 물은 불의 그러한 생활태도를 싫어한다. 불과 물의 마음. 서로 어그러져 일치하지 못한다. 「睽」도 이러한 상태를 표현하는 卦다.

사람과 사람 사이에도 불과 물처럼 그 천성이 다르고 생활의 신조가 다르고 마음의 방향이 다르고 재능이 다르면서 어느 같은 공동생활체 속에 묶여져 공존하고 있는 경우가 많다. 부부로, 한 가족으로, 한 단체원으로, 사회인으로, 국민으로 함께 생활하지 못하는 경우가 많다. 인간에게 운명이 있다면 이건 정녕코 운명의 비극일 것이다. 어떠한 가족도 마음이 꼭 같은 사람만이 한 가족으로 탄생할 수는 없을 것이다. 어떤 단체, 어떤 사회에서도 그 구성원의 성격과 재능과 생활 활동이 꼭 같을 수는 없을 것이다.

이렇게 모순과 괴리와 대립과 반목이 공존하는 것이 인간 사회의 어쩔 수 없는 운명인 것이다. 인간이 이러한 일치할 수 없는 상이한 인간관계에 대처하는 길은 세 가지가 있을 것이다. 하나는 무조건 참고 견디며 고민과 트러블을 그냥 꿀꺽 삼키고 주어진 운명대로 살아가는 길이다.

다음은 서로 대립하고 반목하고 투쟁하는 과정을 통해서 한 단계 높은 경지로 발전하면서 부단히 正, 反, 合의 법칙을 반복하는 길이다.

다른 하나의 길은 상이하고 모순되는 너, 나의 특성을 각각 살리면서 한 개의 커다란 목적 속에 종합시키어 조화를 이룩하는 탈승적 방법인 것이다.

「주역」은 이 제도의 경우를 택하고 있다. 「하늘과 땅은 서로 다르나 그 영위하는 일은 같고, 남자와 여자가 서로 다르나 그 뜻은 서로 통하고, 만물이 제각기 서로 다르지만 그 작용은 유사하다.」라고 설명하고 있다. 그러므로 괴리와 상반이 반드시 인류 사회에 비극만을 의미하는 것은 아니다. 이것을 선용하고 조화함으로써 도리어 인류 사회는 다채롭고, 흥미 있고, 싫증 나지 않고, 각자의 삶을 즐길 수 있고, 각자의 힘을 진심으로 다할 수 있는 사회가 될 수 있다. 그리하여 행복과 발전과 번영을 거기에서 얻을 수 있다는 것이다.

한 나라를 번영하게 한다든가, 한 사회를 발전하게 한다든가 하는 대국적인 큰 목적을 위한 일에는 전 구성원의 마음이 일치하기를 바라지만, 그러한 공동의 광장을 향하는 각자의 골목길은 하나일 수 없는 것이다. 커다란 하나의 최고 목표를 성취하기 위해서는 각 개

인 개인은 각자의 특성을 살려 자기가 가야 할 골목길을 가야할 것
이다. 광장을 향한 골목길은 작은 길이요, 큰 목표의 앞에 각자의
맡은 일은 작은 일이다. 그러므로 이 卦는 小事에는 吉하다고 설명
하고 있다. 각자가 맡은 종합되기 이전의 작은 일들은 서로 같지 않
은 것이 길하다는 것이다.

　우리는 여기에서 같으면서도 다르고, 다르면서도 같은 사물의 법
칙을 다시 한 번 생각할 기회를 갖자. 그리함으로써 이 睽卦가 吉運
의 卦가 되기를 기원(祈願)하자.

제3부

19. 이괘(離卦)

20. 서합괘(噬嗑卦)

21. 정괘(鼎卦)

22. 미제괘(未濟卦)

23. 여괘(旅卦)

24. 진괘(晉卦)

25. 대장괘(大壯卦)

26. 귀매괘(歸妹卦)

27. 풍괘(豐卦)

19 이괘(離卦)

이 위 화(離爲火)　：☲ 離　　○●○		
이하이상(離下離上)：☲ 離　　○●○		

大象

밝은 것을 상징하는 離가 겹친 離卦의 卦象이다.

훌륭한 지도자는 이 卦象을 보고 이러한 밝음을 이어 받아 널리 천하를 밝게 비추어 준다.

卦辞

「離卦」는 불을 의미하는 離卦가 두 개 겹쳐서 이루어진 卦다. 불이 겹쳐 있는 것을 상징한다. 훨훨 타오르는 불, 그것 하나만으로도 이미 가슴이 훤히 열리는 것 같은 느낌이다. 그러한 이미지가 복수로 표현되는 「離」는 성운(盛運)의 卦다. 불같이 타오르는 盛運을 보이는 卦다.

불의 공적은 진실로 위대한 것이다. 하늘에는 太陽이 있으므로 천지의 경영은 영광에 차고, 땅에는 불이 있기 때문에 인류의 생활은 문명을 향유할 수 있다. 太陽이 없었다면 하늘과 땅 사이는 암흑과 한랭(寒冷)과 불모의 황량만이 존재하는 무서운 그리고 공허한 한 개의 빈 공동(空洞)에 불과하였을 것이다. 아름다운 푸른 산, 출렁이는 바다가, 호수가 있을 수 없고, 꽃이 있을 수 없고, 풀이 있을 수 없고, 열매가 있을 수 없다. 새가 없고 짐승이 없고 인간이 존재하지 아니하였을 천지를 상상하여 보라. 그러한 빈 동굴 같은 천지의 존재는 아무런 의미도 없을 것이다.

우리는 태초에 신이 천지만물을 창조하면서 태양의 제작을 잊지 않으신 신의 현명을 감사한다. 태양이 만들어 지던 전날, 이미 풀과 채소와 열매 맺는 나무를 내시고도, 熱은 축적하지 않은, 그렇게도 추웠을 하룻밤을 얼어 죽지 않게 한 것은 신만이 할 수 있는 큰 능력을 보이신 것뿐이요, 결코 태양 없이도 풀과 나무와 채소가 존재할 수 있다는 뜻은 아닌 것이다.

太陽은 熱과 광명을 방사하여 만물을 자라게 하고 빛나게 한다. 그리함으로써 천지는 생명과 아름다움으로 충만한, 영광과 번영의 집으로 될 수 있게 하였던 것이다.

이렇게 천지만물이 우러러 보며 그 은혜에 고개 숙이고 있건만 그렇다고 太陽은 거만하여지거나 자신의 몸가짐을 해이한 적은 일찍이 없었다. 春夏秋冬의 교체를 그르치지 않고, 밤과 낮을 어긴 일이 없다. 억만 년을 살아 왔건만 늙는 일이 없고 식어 가는 징조도 없다. 날이면 날마다 새로운 빛, 한결같은 정열, 太陽은 언제나 젊고 언제나 生命이 약동하고 있다. 太陽은 영원하고 무한대한 것이다. 그러나 깜찍한 인간의 지성은 이 하늘의 불만으로 만족하지는 않는다.

인류는 불을 만들었다. 불을 만들고 불을 이용하면서부터 인간은 모든 동물 속에서 스스로 王者를 자처하는 지위에 군림(君臨)할 수 있게 되었다. 인간이 동물과 구별되는 으뜸가는 조건은 불을 사용할 줄 안다는 것이다. 과연 인류의 문명은 불을 사용하던 날을 출발점으로 하였을 것은 틀림이 없다. 어떤 대담한 새 學說을 좋아하는 학자라도 불과 분리하여 인류의 문명을 설명할 수는 없을 것이다. 오늘날 우리는 단 하루도, 아니 몇 시간도 불과 아주 절연하고 살 수는 없게 되었다. 불 없이 인간의 생활은 있을 수 없고, 불 없이 인간의 행복은 생각할 수 없다.

어두운 밤길을 더듬어 와서 창문을 열었을 때, 방 가득히 담겨 있는 밝은 전등 빛이 얼마나 반가우며, 눈보라 치는 겨울 저녁, 된장찌개가 보글거리는 질화로가 얼마나 우리 서민의 식탁을 정답게 하여 주는 것인가. 활활 타는 화롯불도 뜨뜻한 온돌방도, 후끈한 페치카도, 그 어느 것도 인류의 행복과 전설과 숱한 사연을 길러 오지 않은 것은 없다. 관솔불이 등잔불이 되고, 등잔불이 남폿불이 되고, 남폿불이 전등으로 가스등으로 변해 왔건만 그 어느 것이나 인간의 생활과 밀착되지 않은 것이 없고, 정답지 않은 것이 없다. 인간은 한결같이 그 곁에서 책을 읽고, 새끼를 꼬고 바느질을 하고, 옛이야기를 즐기고, 술잔을 기울이고, 그렇게 하면서 살아 왔었다. 앞으로도 인간은 영원히 그 곁을, 그 곁에서 느끼는 정다움을 버리지는 못할 것이다.

불은 언제나 인간의 생활에 밝고, 따사롭고, 정다움을 주고 희망을 준다. 이러한 불, 이 대견한 불을 둘씩이나 겹쳐서 표현한 것이 離卦다. 이것은 나라에 훌륭하고 위대한 군주가 있어서, 太陽처럼 밝고 빛나는 정치를 베풀어 만인이 우러러 보게 하며, 불처럼 만인에게 행복과 문명을 향유할 수 있게 하는 혜택을 주는, 이른바 태평성대의 길을 가리킨 것이다.

그렇게 하기 위하여는 먼저 바른길을 지켜야 비로소 천하 백성을 교화, 육성할 수 있다고 가르치고 있다. 정치가 바른길에 있어야 하는 것은 마치 해와 달이 하늘에 달려 있어야 그 광명이 천하를 덮을 수 있고, 온갖 곡식과 초목이 땅에 뿌리를 정착하므로 성장할 수 있음과 같은 것이라고 설명하고 있다. 해와 달처럼 그 위치와 궤도를 이탈함이 없고, 언제나 한결같이 하여야 곡식과 초목이 땅에 착근(着根)하듯이, 정치가 바른길을 이탈하지 않고 언제까지나 한결같아야만 백성들을 안정하게 할 수 있다는 것이다.

그렇게 하려면 유화(柔和)한 지도자가 통치자의 위치에 있어서 부드럽고 화순한 정치를 펴야 한다는 것이다. 이것은 이화(離化)에 있어서 지극히 중요한 가르침이요, 또 적절한 논리인 것이다. 원래 불이란 것은 인간에게 대견하고 고마운 것이지만 불을 언제까지나, 어디까지나, 번지고, 커 가려는 강성한 기세와, 무엇이나 태워 버리고 삼켜 버리려는 맹렬한 성질 그대로 내버려 둔다면 불은 인류를 행복하게 하기는커녕, 인간의 생활을 송두리째 폐허로 만들고 말 것이다. 우리는 수많은 화재의 쓰라린 경험과 싸워 왔으며, 그 무섭고 비참한 전쟁(戰爭)의 포화(砲火) 속에서 살육과 파괴와 초토에 몸서리 쳤다.

이제 인류는 원폭(原爆), 수폭(水爆)의 무서운 불꽃 앞에 생존마저 통째로 위협받으며 전율하고 있다. 불의 그 강성한 기세와 맹렬한 성질은 제한하고 억제하지 않으면 안된다. 다시 말하면 그 강성과 맹렬을 부드럽게 만들고 화순한 것으로 만들어야 한다는 것이다. 얼마나 현명한 교훈이며 논리인가. 핵무기(核武器) 금지를 입씨름하고 있는 군축회의의 멤버들에게 이「암소와 같은 유순을 기르라」는「주역」의 철학을 한 번쯤 강의하여 주는 것이 어떠냐고 제의하고 싶다.

離卦에서 柔和를 교훈하고 있는「주역」은 즉흥적인 설교는 아니다. 이 卦의 형태에 있어서 剛强을 의미하는 陽爻가 네 개나 있고, 柔和를 의미하는 陰爻는 두 개 뿐이긴 하지만, 그 陰爻가 上卦에서도 下卦에서도 중견(中堅)의 위치를 차지하였으며, 특히 上卦에서는「주역」의 이치에서 王者의 위치인 第五爻에 자리 잡고 있기 때문에 마치 유화(柔和)한 군주(君主)와 지도자가 剛强한 무리들의 세력과 그러한 기풍을 견제하고 있음과 같다고 해설한 것이다. 그러니 설교가 아니고「주역」의 법칙을 설명한 것이다.

모처럼「離」와 같은 盛運의 卦를 얻은 이는, 강성한 기세에 지나침이 없이 부드럽고 화순한 마음을 기르라는 해설에 귀를 기울이기 바란다. 그 마음이 바로 당신의 행운의 열쇠가 될 것이다.

서합괘(噬嗑卦) 20

화뢰서합(火雷噬嗑) ： ☲ 離　○ ● ○
진하이상(震下離上) ： ☳ 震　● ● ○

大象

뇌명(雷鳴)의 위력과 電光의 밝음을 겸비한 것이 噬嗑의 卦象이다.
옛날 착한 君主는 이 卦象을 보고 刑罰을 밝게 하고 法令을 정비
하였다.

卦辭

「噬嗑」은 씹는다는 뜻이다. 이 卦의 형태를 보면 맨 아래에 있는
初爻와 제일 위에 있는 上爻가 陽爻로서 마치 아래턱과 위턱과 같은
모습을 하고 있다. 그리고 그 중간에 있는 여러 陰爻는 치아와 같은
형태를 보이고 있다. 이 치아들 사이에 陽爻인 第四爻가 있어 마치
아래윗니 사이에 물건이 놓여 있는 것 같다. 그래서 卦 전체의 모양은
물건을 씹고 있는 형상을 하고 있다. 이 卦의 「噬嗑」은 이러한 형태
에서 명명(命名)된 것이다.

사람이 무엇을 씹으려면 아래턱과 윗턱이 협력하여 上下의 치아들이 서로 맞닿아야 되는 것이며, 그러한 작용으로 食物을 완전히 분쇄(粉碎)하여야만 체내로 보내어 소화되고 영양을 섭취할 수 있는 것이다. 이것은 마치 나라의 임금과 신하, 윗사람과 아랫사람들의 마음과 힘이 서로 합치하여 나라 안에 있는 어지럽고 저항있는 일들을 처리함과 같은 것이다. 그래서 이 卦에서는 그 나라 안의 어지러운 일, 저항 있는 일을 처리하는 것을 刑罰과 징계의 행사라고 보고 있다.

「噬嗑」은 刑罰과 징계를 의미하는 卦다. 이 卦는 우레를 의미하는 震卦가 아래에 있고, 불을 의미하는 離卦가 위에 있다. 이것은 우레가 울고 번개가 번쩍이는 엄숙하고 두려운 광경을 상징한 것이다. 이것은 나라에 신념이 강하고 위신이 떨치는 영매한 君主가 있어서 國政의 一大改革을 수행하는 상태와 같은 것이다. 國政을 개혁하려면 국가의 발전과 백성의 복지를 저해하는 모든 요소를 제거하여야 한다.

안으로는 부정과 부패를 없이 하고 불법과 횡포를 처단하고 질서의 파괴와 그리고 국가와 국민을 적대하는 저항을 구축하여야 할 것이며, 밖으로 침략을 막고 포학하고 정의에 어긋나는 적을 정벌하여야 할 것이다. 이것이야말로 우레가 울고 번개가 번쩍이는 하늘의 성냄과 같은 위엄과 큰 힘을 가져야만 성취할 수 있는 사업인 것이다. 이러한 일을 수행 하는데는 수많은 장애물과 어려운 고비가 가로 막혀 있기 때문인 것이다.

이 장애물들을 제거하고 어려운 고비들을 돌파하는 것은 君主 한 사람으로 될 수는 없다. 君主와 신하와 백성들의 上下의 협력이 있어야만 가능한 것이다. 무릇 어떠한 큰일이라도 그것을 성취하려면 일치협력 없이는 불가능한 것이다. 가령 한 개의 큰 돌을 움직일 경우일지라도 같은 순간에 같은 방향을 향하여 힘을 주지 아니하면 안 될 것이다. 甲은 앞으로 乙은 뒤로, 丙은 또 다른 방향으로 힘을 보내거나, 甲이 힘 쓸 때 乙은 쉬고 乙이 힘 쓸 때 丙은 보고만 있다면 그들은 움직이지 못하고 말 것이다. 한 개의 큰 돌을 움직임도 이러하거늘 하물며 나라의 一大改革을 수행하는 일에 上下의 협력 일치 없이 이룩할 수 있겠는가. 이 上下의 협력하는 힘의 強度가 크면 클수록 개혁을 성공할 확률은 큰 것이다. 아무리 작은 경우라도 장애물의 저항력보다 큰 힘을 가져야 할 것이다.

이것은 입 속에 넣은 굳고 단단한 말린 고기를 물어 끊는 아래윗니의 합치는 힘과 같은 것이라고 이 卦는 설명하고 있다. 그 말린 고기의 강도가 강할수록 깨무는 힘은 더욱 커야하며, 그 과정에서 허다한 어려움이 있음도 암시하고 있다. 그러나 그것을 물어 끊기만 하면 맛을 즐길 수 있고 영양을 섭취할 수 있는 것이다. 즉 刑罰과 징계를 시행할 수 있게 되면 선량한 것이 사악한 것을 이길 수 있고 정의가 부정을 물리칠 수 있게 되어 國政의 개혁은 가능하게 된다. 그러면 국력은 발전하고 국민은 행복할 수 있다는 것이다.

「주역」은 이렇도록 형벌과 징계를 크게 평가하고 있다. 진정 인간의 집단생활에 있어서 징계와 刑罰은 없을 수 없는 것이다. 인간은, 개개인이 모두 신의 아들이 아니기 때문이다. 인간의 생활에는 개인의 사리사욕(私利私慾)과 公共의 복리는 서로 모순되는 경우가 많다. 또 나의 이해가 남의 이해와 충돌되는 경우도 많다. 그렇기에 인간에게는 자제(自制)와 극기(克己)의 고통을 참아야 하고 남과 나, 사리(私利)와 공익(公益)의 최대 한계선을 분간할 줄 아는 良心이 있어야 하는 것이다. 이 한계선을 한 발자국 넘어서면 벌써 그만큼 남의 권익을 침해한 것이며 공공의 복리를 파괴한 것이 된다. 그것은 바로 남의 권익의 침해에 그치는 것이 아니고 결국은 자신의 권익도 다른 누군가에게 파괴당하고 말 것이며, 공공의 복리가 파괴되고 그 속에서 살아야 하는 개인의 복리가 혼자 남을 수도 없는 것이다. 마침내는 나라가 혼란하여지고 백성이 도탄에 빠지고 불의가 날뛰는 세상으로 전락하고 말 것이다. 그러므로 인간이 넘어서는 안되는 최후의 한계선을 지키기 위한 최종의 방법이 징계와 刑罰인 것이다. 인간이 국가라는 공동생활을 시작한 이래, 아니 그 이전부터 징계와 刑罰은 있어 왔으며 앞으로도 인류역사가 계속하는 동안 함께할 것이다.

징계와 刑罰의 목적이 인간의 질서와 正義와 공동의 복리를 수호하기 위한 것인 이상 사람에게 자유를 제한하고 고통과 노력을 부과하며, 사회와 격리하고 심하면 인간에서 제거하는 제재가 비난될 수는 없는 것이다. 차라리 찬양되어야 할 것이다. 「주역」이 형벌을 높이 평가한 이유가 실로 여기에 있는 것이다. 다만 그 刑罰이 공명정대하여야 하고, 지나치게 가혹하지 말아야 하며 또 刑罰이 죄인에 고통을 주는 것이 목적이 아니라는 고려(考慮)하에서 수행되기를 바랄 뿐이다. 다수자의 행복과 정의를 위하여 눈물을 머금고 죄인을 벌한다는 생각을 刑罰권자는 항상 잊어서는 안 될 것이다. 그러므로 「죄를 미워하고 사람을 미워하지 않는다.」는 것이다.

現代의 法과 그것을 다루는 경향이 점차로, 비록 죄인일지라도 그의 人權을 존중하기 위하여 신중한 고려와 세심한 보호를 아끼지 않는 방향으로 옮겨 가고 있는 것은 인간의 현명이 상승(上昇)하고 있음을 증언(證言)하는 것으로서 자랑스러운 현상이 아닐 수 없다. 결국 이 卦는 현명한 지성과 과감한 결단과 적극적인 활동으로 주저하고 인순함이 없이 나아가 쾌도(快刀)가 난마(亂麻)를 처리하듯 난국에 대처할 것을 암시한 것이다. 그리하려면 먼저 자신의 자세가 올바라야 하며 자신의 실력에 자신이 있어야 할 것은 반드시 구비해야할 전제조건(前提條件)인 것이다.

이 卦는 전명(電鳴), 전광(電光) 같은 강성한 운세인 것이다. 그러나 모든 이 卦를 얻은 이는 먼저 이 운세를 구사하기 위한 前提條件을 잊지 말아야 할 것이다.

21 정괘(鼎卦)

화 풍 정(火風鼎) : ☲ 離	○ ● ○
손하이상(巽下離上) : ☴ 巽	○ ○ ●

大象

나무위에 불이타고 있는 것이 鼎卦의 卦象이다.

君子는 이 卦象을 보고 君主의 지위를 바르게 지켜 하늘의 명령이 자신에게 정착하게 한다.

卦辭

「鼎卦」는 離를 上卦로, 巽을 下卦로 하여 구성되어 있어 불을 상징하고 巽은 바람 또는 나무를 표현한다. 불이 나무 위에서 타고, 바람이 이것을 부채질하고 있는 상태를 보인다.

불은 나무가 있어야 타오를 수 있고, 타오르는 불은 바람을 얻으면 더욱 그 기세를 펼 수 있는 것이다. 불과 나무와 그리고 바람은 서로 호흡이 맞는 동료들이다. 서로가 서로의 필요한 존재들이다. 그러나 그들은 각자가 제 할일을 즐겁게 수행하면 그것이 바로 훌륭한 결과를 이루는 것이 된다.

또 이 卦를 다른 각도로 풀이하면, 上卦 離는 불, 불은 光明이니 현명을 의미하고, 下卦 巽은 바람, 바람은 좇는 습성이 있어서 종순과 겸손을 의미한다. 윗사람의 현명에 아랫사람들은 겸손한 태도로 순종하는 모습이다. 上下의 마음이 서로 호응하고 협력하는 상태를 보인다. 이러한 一連의 호응하고 협력하는 상태를 「鼎」으로 표현한 것은 현명한 착상(着想)이다.

「鼎」은 솥이다. 古代에 있어서 「鼎」은 天子의 지위와 국가의 위신을 상징하는 신성시되는 그릇이었다. 그러기에 王位를 「정조(鼎祚)」라고 하고, 國運을 「鼎運」이라고 불렀던 것이다. 국가 위신의 정도를 논평하는 것을 「鼎의 輕重을 묻는다」고 하기도 하였던 것이다.

솥은 삶고 익히는 그릇이다. 古代 제정일치(祭政一致)의 시대에 있어서 국가의 가장 크고 소중한 행사는 신과 조상에 대한 나라의 큰 제사인 것이다. 이 제사에 으뜸가는 제물로 바칠 희생(犧牲)을 이 솥에 넣어서 삶는 것이다. 국가의 운명을 좌우할 신의 가호를 받기 위하여서는 이 제물이 정결하고 알맞게 익혀져야 한다. 그 중대한 임무를 가진 것이 솥인 것이다.

또 제왕은 이 솥에서 만든 음식으로 천하의 어진 이들을 향응한다. 천하의 유능한 인재를 부르고 그들의 중지(衆智)를 모음으로써 국정의 바른 수행을 원하는 마음에서 하는 일이다. 대견스러운 일이다. 솥은 이런 의미에서도 소중한 것이다.

솥은 안정과 협력을 상징한다. 솥은 세 개의 발을 가지고 있다.

세 개의 발은 안정을 표현한다. 세 개의 발이 있으면 솥은 어느 편으로 기울거나 쓰러지거나 치우칠 근심은 없다. 그 묵직하고 튼튼한 세 개의 발이 알맞은 위치에서 크고도 중후한 솥을 받쳐 주고 있는 모습을 상상하라. 태산이 앉은 것 같은 안정감에 믿음직함을 느끼게 한다. 안정을 위하여서는 세 개의 발이 이상적이다. 네 개 이상의 발이 그릇을 안정시킬 수는 있다. 그러나 그것은 이미 무의미한 복잡이요, 허식이요, 낭비이기도 한 것이다. 안정을 위하여서라면 세 개의 발이면 충분하다. 천자의 지위를 상징하는 솥이니 더욱 정중하고 더욱 안정하기를 바라지만 필요 이상의 복잡도 허식도 더더구나 낭비는 금물이다. 그것은 도리어 천자의 덕을 해치기 쉽다. 크게 안정한 것은 언제나 질박하고 간소한 것에 있다. 땅이 그러하고 태산이 그러하다. 또 이 세 개의 발은 협력을 상징한다. 세 개의 발 중에서 한 개라도 협력을 거부한다면 솥은 안정을 얻지 못할 것이다.

이러한 안정과 협력 위에서 솥은 그 소중한 임무를 마음껏 수행할 수 있다. 그리하여 종묘사직에 올리는 제물도 천하의 현명한 인사를 향응하는 요리도 순조롭게 공급할 수 있는 것이다. 이와 같이 鼎卦는 서로 협력함으로써 안정을 가져오고 안정함으로 다시 소신껏 발전과 번영을 전진시킬 수 있는 상태를 보여 주는 盛運의 卦다. 결국 鼎卦의 성운은 협력에서 출발한 것이다. 가장 근저(根柢)가 되는 원인은 협력인 것이다.

사람은 혼자서 사는 것은 아니다 사회라는 공동생활체 속에서 산다. 이 공동생활체라는 그것이 바로 인간의 협력성을 표현하는 것이다. 인류사회의 발전이란 말은 그들의 공동생활을 어떻게 조화시키며 발전시켰는가를 의미한다. 그것은 곧 어떻게 그들은 협력 상태를 발전시켜 왔는가의 뜻이 된다. 협력은 이렇게 인류역사의 방향과 진도를 바꿀 만큼 중대한 것이다.

옛날 사람들은 「협력하라」고 외치면서 협력을 개개인의 선의와 봉사의 정시에서 얻으려고 하였다. 다시 말하면 인정이 두터운 마음씨의 선행에 속하는 것으로 생각하는 경향이 컸다. 그러나 이제 인간은 자신도 깨닫지 못하는 사이에 서로 협력관계에 있어져 왔음을 발견하게 되는 경우가 많다. 여기에서 우리는 인간의 협력관계를 새로운 각도에서 생각하게 된다. 부분품의 하나하나가 제 할 일을 하고 있으면 저절로 커다란 기계는 운전되듯이 개인이 각자의 기초와 능력에 따라 커다란 집단속의 한 위치를 충실히 지키면, 그 결과는 종합되고 연결되어 사회적 협력 상태가 이루어질 것이다. 이것이 가장 자연스럽고 우리가 원하는 협력 상태인 것이다. 현대의 인간의 노력은 이것을 모색하고 또 갈구하고 있는 것이다. 그것은 인간사회의 산업·문화의 다양성 있는 발전과 부강과 번영을 전제로 한다. 발전하려면 협력이 있어야 한다. 발전하면 저절로 협력 상태가 된다는 논리가 되겠지만, 우리는 사회적 분업과 종합에서 협력 상태의 발전이 와지기를 바라는 마음 간절하다. 그러나 인간이 기계일 수는 없다. 어떠한 경우에도 역시 포기할 수 없는 것은 「협력한다」는 마음의 준비와 반성인 것이다. 그것은 같은 일을 처리하여도 그 결과에 미치는 영향에 차이가 있다. 「나의 작은 일이 사회의 큰일에 협력하고 있다」고 생각하면 거기에서 직장을 사랑하는 마음, 사회를 아끼는 마음, 집단을 위하는 마음이 생긴다. 그 마음은 바로 애국심과 연결될 수 있는 마음인 것이다.

　협력한다는 마음은 사물을 종합적인 견지에서, 그리고 협력하는 방향으로 사고하게 만든다. 이제 우리는 否定과 배타에서 탈피하고, 긍정과 협력의 생활태도를 가져야 할 시점에 서 있다. 그리함으로써 우리는 「鼎」의 幸運을 향유하자.

화수미제(化水未濟) : ☲ 離　○●○
감하이상(坎下離上) : ☵ 坎　●○●

大象

불이 물위에 있는 것이 未濟卦의 卦象이다. 위치가 적당하지 않다.
君子는 이 卦象을 보고 신중하게 사물을 분별하여 각각 알맞은 자
리에 있게 한다.

卦辭

未濟卦는 불을 의미하는 離卦가 上卦, 물을 상징하는 坎卦가 下卦
로 되어 있다. 불이 물위에 있는 상태, 위치가 적당하지 못한 것을
의미한다. 물은 아래로 흐르는 것, 불은 위로 타오르는 것, 불의 마
음은 위로만 향하고, 물의 마음은 아래로만 향하기 때문에 서로의
마음은 일치하지 못하는 형태를 이루고 있다. 또 이 卦의 형태를 살
펴보면 모든 陽爻와 陰爻가 「주역」의 논리로 보아 한 개도 정당한
위치에 있지 않다. 「주역」에서 一, 三, 五爻에는 陽爻가, 二, 四, 六

爻에는 陰爻가 있어야 정당한 위치인 것이다. 그런데 여기 未濟卦는 그 정반대로 배치되어 있다. 이 또한 위치가 적당하지 않다.

천지와 일월에서부터 인간과 인간의 온갖 事物에 이르기까지 모두 그 적당한 위치를 얻는 일처럼 중요한 일은 없다. 해와 달은 하늘에 있어야 그 밝음이 천하를 비칠 수 있고 흙과 물은 땅에 있어야 만물을 낳아 기를 수 있는 것이다. 사람도 적재적소에 있어야 그 능력을 발휘할 수 있는 것이다. 과학에 뛰어난 사람이 있고 예술에 천재가 있는 사람이 따로 있다. 공업의 전문가와 농업에 숙련한 사람도 그 위치를 바꾸면 문외한이 되고 만다. 모든 사람이 제 소질이나 재간에 알맞은 위치를 얻어 제 할 일에 전력을 기울일 수 있다면, 그 나라는 반드시 발전하고 번영할 수 있을 것이다.

이 未濟卦는 비록 그 위치는 바르지 못하지만 모든 爻는 서로 음양상응(陰陽相應)의 관계를 이루고 있다. 이것은 나라 안에 훌륭한 인재들이 많이 있어서 서로 협력하기를 바라고 있는 상태를 의미한다. 다만 제각기의 적당한 위치를 얻지 못하였기 때문에 각자의 능력을 다할 길 없고, 제 할 일을 못하는 상태이기 때문에 나라 안은 실적을 거둘 수 있는 협력 상태에 도달하지 못하고 있을 뿐이다.

未濟卦는 지금 완전 협력 상태에 있지는 못하나 협력할 수 있는 가능성은 있는 것이다. 그러기에 이 卦는 발전을 상징한다고 「주역」은 말하고 있다. 그 발전을 가져올 수 있는 길은 무엇일까? 먼저 君主로부터 모든 위정자 지도자들이 자신의 지위에 대하여 자기가 충분한 임무수행을 할 만한 소질이나 능력이 없음을 깨닫고 겸손한 마음과 두려워 조심하는 생각으로 남의 의견을 존중할 줄 알고 스스로 경계할 줄 알아서 오직 성심과 노력을 기울여 간다면 나라는 점차로 발전하여 갈 수 있다는 것이다. 그러기에 未濟卦는 지금 완전한 것, 최선의 것을 향하여 전진할 여지가 있는 미완전 상태인 것이다.

「未濟」는 미완성을 뜻한다. 기제괘(旣濟卦)는 未濟卦와 정반대의 형태를 하고 있다. 물이 위에 있고 불이 밑에 있는 것도 그 위치가 이미 이상적이었거니와, 특히 旣濟卦의 모든 陽爻와 陰爻는「주역」이 이상(理想)으로 하는 가장 바른 위치에 위치하고 모든 爻가 서로 음양상응(陰陽相應)의 관계를 이루고 있어서「주역」64卦중에서 가장 완전한 형태를 갖추고 있어서 완성의 미(美)를 표시하는 것이다.

우리는 乾卦에서 출발하여 끊임없는 변화와 유전(流轉)을 거듭하면서 吉運 속에는 不運이 內在하고 不運 속에는 吉運의 징조가 성장하는「주역」의 법칙을 많은 卦를 거쳐 오면서 보아왔던 것이다. 이러한 변화를 거쳐 마지막 卦가 완성에서 끝난다면 우리는 인생의 운명이라는 것도 변화와 吉凶을 반복하여 가다가 언젠가는 마지막에서 完成에 도달하는 것으로 끝난다고 착각하였을지도 모른다. 만일 그렇게 된다면 변하고 바뀐다는「주역」의 법칙은 스스로 모순 속에 빠졌을 것이기 때문이다.「주역」의 법칙에 영구한 완전이란 있을 수 없다. 그러므로 완전이 완전으로 끝맺을 수는 없다. 완전도 한때의 현상에 불과한 것이다. 곧 다시 이지러지고 부서지고 닳아질 운명에 있는 것이다.「주역」의 법칙은 영원히 미완성인 것이다. 인생도 영원히 미완성의 것이다.

「주역」의 법칙이 영원히 종결이 있을 수 없음과 같이, 인생도 영원히 종말이 없을 것이다. 부단히 吉運과 不運의 사이를 누비면서 吉運에 교만하지 않고 不運에 실망하지 않고, 완성에의 꿈을 안은 채 끝없이 미완성의 가도를 달릴 것이다. 미완성은 항상 완성에의 꿈이 남아 있기 때문에 좋다. 그래서 인생은 살 맛이 있고 의욕이 있고 노력이 있는것이 아닐까. 그리하는 동안에 인간은 오늘과 같은 찬란한 문화를 창조하였다. 앞으로도 그러할 것이다. 인간의 앞길에 上限은 없다. 그러기에 영원히 미완성이요, 그러기에 영원히 인류문화는 上向할 수 있는 것일 것이다.

악성(樂聖) 슈베르트(Schubert)는 「나의 사랑이 끝남이 없음과 같이 이 曲도 끝남이 없을 것이다.」고 그의 유명한 작곡 〈미완성 교향곡〉의 최후에 써 넣었다고 하거니와 이 「주역」의 작자는 未濟卦를 써 넣었던 것이다.

여괘(旅卦) 23

| 화 산 여(火山旅) | : ☲ 離 | ○ ● ○ |
| 간하이상(艮下離上) | : ☶ 艮 | ○ ● ● |

大象

산 위에 불이 타고 있는 것이 旅卦의 卦象이다.

君子는 이 卦象을 보고 공명하고 신중한 태도로 刑事를 처리하고, 미결수의 재판을 지연시키지 아니한다.

卦辞

「旅卦」는 불을 의미하는 離卦를 上卦로 하고, 산을 의미하는 艮卦를 下卦로 하여 구성되어 있다. 불이 산 위에서 타고 있는 상태를 표현한다.

불은 위로 타오르는 성질을 가졌다. 그러므로 산 밑에서 부터 타는 불은 그 형세가 성대하고 강력할 수 있는 것이다. 그러나 여기에서는 산 위에서 타고 있는 불을 상징하고 있다. 산 밑에서 타오르는 불처럼 왕성한 불일 수는 없다. 다만 이리저리 옮겨 가면서 겨우 가냘픈 불길을 이어

가고 있을 뿐이다. 아무리 활활 타오르고 싶어도 타오르는 그 불꽃이 닿는 곳에는 이미 그것에 협력할 아무것도 없다. 오직 조심조심 제 발 뿌리를 조금씩 밀고 나갈 길이 있을 뿐이다. 꺼질듯 말듯 이어가는 것이 산 위에서 타 내려오는 불인 것이다. 불은 흔들리고 움직이는 것이다. 이렇게 흔들리고 움직여서 정착하지 못하는 그대로 이리저리 고달픈 발길을 옮겨 가는 산 위의 山火, 그것은 나그네의 모습과 같다. 그래서 「주역」은 이 괘를 나그네, 즉 「旅」로 명명(命名)하고 있다.

여행이 유쾌하고 즐거운 것으로 된 것은 현대에 와서의 일이다. 하늘에는 호화로운 여객기인 날아가는 호텔이 있고, 바다에는 모든 현대적 설비를 갖추고 있는 선박이 있고, 육지에는 쾌적하고 빠른 고속전철이 달리고 있다. 가는 곳마다 고급 호텔이 있고 친절한 종업원이 있다. 마음 내키는 대로 고적을 찾고 명승지를 관광하고 온천에 잠기고 해수욕을 즐기고 유흥장에서 홍청거릴 수도 있고 고요한 산장에서 사색에 빠져 들 수도 있다. 이국(異國)의 인간생활과 이향(異鄉)의 山水에서 견식을 넓힐 수도 있는 것이 현대의 여행이다. 여행은 현대인에게는 하나의 생활이요, 인생의 즐거운 一面인 것이다. 이국의 호텔 방에서 호젓이 향수를 느껴보는 사람이 있다면, 그것은 이미 슬픔은 아니다. 한 조각 달고 새큼한 낭만에 불과한 것이다.

그러나 古代人에게는 旅行은 괴로운 것이다. 그것이 고독한 외톨박이 나그네일 때는 더욱 그러한 것이었다. 그들은 피로한 다리를 끌고 깊은 산 오솔길을 더듬어야 하고 다리 없는 강물을 발 벗고 건너야 했다. 산 너머 또 산, 물 건너 또 물, 그 숱한 산, 숱한 물에 유일한 교통수단은 오늘도 내일도 걸어야 하는 것이었다.

쉬어갈 여관이 없는 것은 그들에게 가장 큰 고통이었다. 古代에는 영업으로 여관을 경영하는 일은 거의 없었다. 간혹 있다면 그것은 오직 대로변(大路邊)에서만 찾아 볼 수 있는 것이었다. 나라의 공용으로 여행하는 사람을 위하여 국가에서 세운 원(院)이니 참(站)이니 하는 것이 있어서 일반 여행자도 쉬어 갈 수 있었으나 그것은 아주 뒷날에 생긴 제도인 것이다. 이렇게 쉬어 갈 곳도 없는 때에 맛 좋은 음식을 생각할 수는 없다. 때때로 굶주림을 참아야 하고 이따금 별을 쳐다보며 노숙해야 하는 것이었다. 어느 때는 물을 찾아 헤매야 하고, 어느 때는 길을 잘못 들어 맹수의 포효 속에 떨고 있기도 하였을 것이다. 모든 것이 생소하고 풍속과 습관이 다른 먼 이향(異鄕)에서 찾아갈 知人도, 함께 갈 친구도 없이 홀로 나그네의 길을 가고 있는 사람의 심정은 정말 외롭고 슬픈 것이다. 그뿐만은 아니다. 百里만 떨어져도 먼 딴 나라처럼 서로의 교류가 없고, 언어와 예절이 서로 통하지 못하던 옛날, 자칫 잘못하면 그 지방 사람들의 오해를 사고 의심을 받고 분노를 폭발시킬 위험마저 있다. 이렇게 어렵고 고달픈 여행길을 성공적으로 이끌어 가는 방법이 바로 이 卦의 가냘픈 운수를 吉運으로 전환시키는 방법이기도 한 것이다.

「주역」은 유순한 태도, 고요히 멈춰 서는 자세, 밝은 지혜, 여행자의 조심성, 이것을 방법으로 제시하고 있다. 〈論語〉에 「말이 진실하고 믿음성이 있으며 행동이 성의 있고 경건하면 비록 오랑캐의 나라에서라도 행세할 수 있다.」고 하였다. 겸손하고 유순한 태도로 말과 몸가짐을 조심하며, 함부로 내닫지 말고 고요한 마음의 자세로 멈춰

서서 무엇을 어떻게 처리할까를 현명하게 판단한다면, 비록 풍속과 예절과 언어가 서로 다를지라도 사람의 참된 성의만은 다른 사람의 가슴에 반응을 일으키는 것이다. 호의는 호의로 되돌아 올 것이다. 이것만이 나그네에게 행운을 가져올 수 있는 길이라는 것이다. 그렇게 하면 비록 당장에 큰 성공은 기대할 수 없더라도 여행길이 조금은 순조롭게 열려질 것이다.

　그러나 조심하고 유순하다는 말은 자신을 버리고 남의 호의를 얻기에만 급급하라는 뜻은 아니다. 어디까지나 자신의 목적지를 향하는 굳은 신념만은 고수하여야 한다. 그것 없이는 언제까지나 이 괴로운 여행길에서, 이리 헤매고 저리 굴러 가는, 바람에 굴리우는 낙엽(落葉)같은 방황을 벗어나지 못할 것이다. 고달프고 험난하지만 한걸음 한걸음 목적지를 향해 다가서는 현명과 노력을 잊어서는 안된다. 언젠가는 목적지에 도달할 것이다. 방향과 목적이 뚜렷한 여행이라면 나그네의 고난이 크면 클수록 그 여행에서 깨닫고 배우고 느낀 것은 더욱 큰 성과를 가지고 다음의 성공에 공헌할 것이다. 그리하면 오늘의 괴로운 여행은 내일의 즐거운 幸福을 더욱 큰 것으로 만들어 주는 원인이 될 것이다.

화 지 진(火地晉)　:　☲ 離　　○●○
곤하이상(坤下離上)　:　☷ 坤　　●●●

大象

붉은 태양이 땅 위에 올라오는 것이 晉卦의 卦象이다.
君子는 이 卦象을 보고 스스로 明德을 밝게 한다.

卦辭

「晉」은 進과 같다. 앞으로 나아간다는 뜻이다. 이 卦는 불을 의미하는 離卦가 위에 있고 땅을 의미하는 坤卦가 아래에 있다. 이것은 태양이 지평선 위에 나타나 점점 하늘로 올라가고 있는 기상을 상징한 것이다.

지평선에서 나와 하늘로 오르고 있는 태양은 아침의 태양이다. 이제 희망의 아침을 젊은 태양은 그 창창한 앞길을 향하여 전진하고 있는 것이다. 그것을 정점에 도달한 정오의 태양도 아니요, 서산을 바라보는 오후의 낙조도 아니다. 정오의 태양은 너무나 이글거리고 너무나 강렬한 것이 싫다. 열이 지나치면 태워버리고 광선이 지나치면 눈이 부신다. 정오의 태양은 너무나 그 위세를 부린다. 너무나 자신의 공덕을 과시한다. 마침내 태양은 석양으로 기울지 아니할 수 없다. 정상에서 다음 갈 길은 내려가는 길 밖에는 없기 때문이다.

낙조(落照)는 태양의 여생(餘生)이다. 그 식어 가는 정열이 엷어져 가는 느낌이 고요하고 쓸쓸하여서 싫다. 추억에 사는 노쇠 같은 것이 거기에 있다. 패배의 애수라고 할까, 단념의 안도(安堵)라고 할까 그런 것이 서리어 있다. 그것은 일몰 직전의 태양인 것이다.

겸손하고 진지하고 향상하면서 인생을 살아야 할 우리에게 正午의 태양을 마음의 신앙으로 받들기에는 너무나 가득차고 넘쳐있다. 또 의욕과 활기와 장래를 발돋움하며 살아야 할 우리의 가슴에 낙조(落照)를 生의 이미지로 들어앉힐 수는 단연코 없다. 그러나 땅 위에서 이제 오르고 있는 태양, 아침의 태양은 진정 좋다. 그것은 人生에 비유하면 청춘이요, 항해에 비유하면 출항인 것이다. 청춘은 미래의 인생을 설계해 보는 가슴 설렘이 있어서 좋고, 출항은 수많은 미지의 항구로 연결되는 꿈이 부풀어 좋다. 인생의 청사진은 구겨지지 않은 청춘의 가슴속에 이미 또렷이 그려져 있어야 한다. 그것이 인생을 규정(規定)하고 또 지시하기 때문이다.

인생의 항해 계획은 출항 전에 이미 항구마다의 위치, 수심, 암초, 등대 그리고 이정표가 그려진 해도(海圖)가 준비되어 있어야 한다. 해도에는 일정한 항로가 있고, 항구에의 순서가 표시되어 있는 것이다.

아침의 태양에게는 정하여진 설계가 있고, 지켜야 할 해도가 있다. 우리는 태양을 배워야 한다. 태양은 누구의 방해도 받지 않고

 「주역」이 계시하는 處世訓

누구의 지시도 없다. 제 뜻대로 넓은 하늘을 힘차게 용감하게 전진한다. 그러나 그에게는 달리는데 궤도가 있다. 벗어나가는 일이 없다. 또 약속된 시간을 엄수한다. 어기는 일이 없다. 나타나야 할 때 나타나서 가야할 길을 간다. 한걸음 한걸음 순서 있게 상승한다. 그러므로 그의 행동은 정확하고 그의 행로는 안전하다. 그의 진로는 탄탄하다. 스스로 지키는 질서가 그 자신을 보호할 뿐만은 아니라, 그가 이루어 놓은 공헌은 위대하다. 그는 위치와 방향을 바꾸지 않기 때문에 동쪽은 항상 동쪽일 수 있는 것이다. 그는 시간을 어기지 않기 때문에 아침과 저녁의 구별이 가능할 수 있는 것이다. 만일 태양이 아무 데서나 불쑥 솟는다면 또는 태양이 어느 때나 제 맘 내키는 대로 후닥닥 뛰어 나온다면 0시에서 12시까지가 오전이라는 정의는 성립되지 못할 것이다. 그렇게 된다면 하늘과 땅 사이에는 온통 혼란과 불안과 동요와 방향감각의 상실과 시간관념의 부존재 등, 이런 부조리한 사태로 꽉 찰 것이다. 생각만 하여도 골치 아픈 노릇이 아닐 수 없다.

우리는 스스로 자신을 지킬 줄 아는 젊은 태양에게 존경과 찬사를 보낸다. 우리는 우리 각자의 마음의 하늘에 아침의 태양을 설정할 수는 없을까. 우리의 내면생활을 이끌어 주는 믿음의 이미지로 설정할 수는 없을까. 그것이 우리들의 마음에 존경의 대상이 된들 무엇이 나쁘랴. 우리는 그 마음의 태양을 쳐다보며 믿으며 배우고, 그를 닮아 가는 인생을 살아 갈 수는 없을까.

지평선을 나와 하늘로 오르는 아침의 태양은 높이 오르면 오를수록 광명은 커져 가고 어둠은 사라져 간다. 온도는 높아가고 찬 기운은 가시어진다. 그러므로 태양의 위치가 높아 갈수록 만물은 기뻐하고 예찬한다. 누리에 찬 행복과 축복 속에 태양은 부단히 자신을 연소하면서 힘차게, 그러나 질서정연하게 전진을 계속한다.

　이것이 晋卦가 보여주는 盛運의 상징이다. 완전에 가까운 大吉運이다. 그러나 「주역」은 여기에서도 경계를 잊지 않고 있다. 모든 이 卦를 점쳐 얻은 이는 자신이 이미 이 幸運 속에 있다고 만족하여서는 안된다. 아직은 이 행운의 열쇠가 당신의 손에 쥐어져 있을 뿐이다. 그 열쇠로 당신의 가슴 문을 열고 아침 태양의 교훈을 받아들이라. 비로소 이 「晋」의 길운은 당신의 것이 될 것이다.

대장괘(大壯卦)

뇌천대장(雷天大壯) : ☳ 震　　●●○
건하진상(乾下震上) : ☰ 乾　　○○○

大象

우레가 하늘 위에서 진동하고 있는 것이 大壯의 卦象이다.

君子는 이 卦象을 보고 禮儀에 맞지 않는 일은 행하지 아니한다.

卦辭

「大壯」은 큰 것이 장성(壯盛)하다는 뜻이다. 이 卦의 형태를 보면 第一爻 에서 부터 第四爻까지 陽爻가 네 개 씩이나 연속하여 있어서 陽의 세력은 점차로 위로 확대되고 발전하면서 陰의 세력을 구축하는 모습을 보이고 있다. 「주역」의 논리는 陽의 기운은 陰의 기운보다 큰 것이라고 본다. 그러므로 이 卦는 큰 것이 壯盛해 가고 있는 것을 상징한 것이 된다.

「주역」은 이러한 「大壯」의 이미지를 「雷天」으로 표현하고 있다. 雷는 우레요, 天은 하늘이나, 하늘에서 우레가 크게 명동하는 상태를 말한다. 별안간 천지를 뒤덮을 듯이 하늘에서 무너져 쏟아지는 우레의 포효를 듣는 일보다 더 장쾌한 것은 없다. 그야말로 하늘과 땅 사이에 부르짖어 막히는 데가 없고 천지만물에 군림하여 두려움이 없다. 하늘과 땅 사이는 그를 위하여 시원스럽게 트여 있고, 천지만물은 그의 위엄을 우러러 보는, 그러한 왕성한 大運을 상징하고 있다.

한 나라가 이러한 盛運에 있다면 그 나라는, 아침 해가 하늘로 치솟음과 같이 크게 발전하고 융성하여 가는 진행 중의 상태임을 의미한다. 나라 안은 君子의 道가 크게 떨치고 小人의 세력이 쇠미하여져서 위로 훌륭한 君主가 있고 아래로 현능한 신하들이 기를 펴는 세상을 의미한다. 이른바 태평성대의 직전 상태에 있는 나라인 것이다.

한 지도자의 경우라면, 가슴 가득히 쌓아 두었던 큰 경륜을 이제야 때를 만나 뜻대로, 소신대로, 구애됨이 없고 방해됨이 없이 실천에 옮기고 있는 그러한 정상의 순간일 것이다. 중종(中宗)의 두터운 신임을 얻고 사람의 존경을 한 몸에 지녔을 때의 조광조(趙光祖)가 그러하였을 것이요, 고종의 섭정(攝政)으로 나라의 권력을 한 손에 잡아 쥐었던 때의 흥선대원군 이시응(興宣大院君 李是應)이 그러하였을 것이다. 그 경위는 조금 다를지 모르나 마음껏 기를 펼 수 있는 정상의 순간에서의 느낌을 표현한 시에 다음과 같은 것이 있다.

(鯨知海大無量飮　鵬信天高任意飛-경지해대무량음　붕신천고임의비) 고래는 바다 큰 것을 알기 때문에 무한량 바다를 마셔 들이고, 붕새는 하늘 높음을 알기 때문에 마음대로 하늘을 날아 닫는다. 이러한 상태가 어느 회사에서 일어난다면 그 회사는 사업은 확대되고

거래는 급증되어 활기에 차 있는 시기일 것이며 개인의 경우라면 건강하고 활동적이고 정력절륜한 청년일 것이다.

　「大壯」은 진실로 강장하고 왕성한 吉運을 보여주는 卦다. 그러나 「주역」은 여기에서 경계와 반성을 환기하는 일을 잊지 않고 있다. 사람이란 제 뜻대로 기를 펴고 행동할 수 있는 득의(得意)의 환경에 놓여지면 방자한 마음이 생겨서 함부로 날뛰기 쉽다. 함부로 날뛰기 때문에 발밑을 차근차근 살피지 못한다. 발조심을 못하기 때문에 낭떠러지에 떨어질 수도 있고, 함정에 빠질 수도 있고, 돌부리에 부딪쳐 발목을 삐는 경우도 생기는 것이다. 또 그 장성(壯盛)한 세력을 가진 자가 만일 小人이라면 세력을 휘두르기 쉽고 권력을 남용하기 마련인 것이다. 어떤 권력도 어떠한 세도도 십 년을 못가는 것이라고 한다. 조심하고 억제하면서 누리더라도 그것이 권력이요, 세력이라면 결코 오래 갈 수는 없는 것이다. 하물며 세력을 자세(藉勢)하고 권력을 과시한다면, 그것은 이미 교만인 것이니 교만하고 어찌 幸運을 지속할 수 있겠는가. 그러므로 손자(孫子)는 군대가 교만하면 패한다. 라고 하였고, 孔子는 가난하여 불평 안하기는 차라리 쉽지만 부자가 되어서 교만 없기는 어렵다. 라고 하였다. 그리고 지나치게 강장일변도(强壯一邊倒)의 상태는 위험을 내포하고 있는 것이다. 천지자연의 법칙도 인간의 행동도 강장(强壯)과 유화(柔和)가 잘 조화되어야 그 운행이 순조로운 것이다. 그러기에 너무 强하면 부러지는 것이다. 이 卦처럼 强壯한 것만이 치우치면 무모한 돌진 때문에 숫양(羊)이 울타리를 받아 뿔이 걸리는 꼴이 되기 쉽다는 것이다.

이 卦는 그 효사(爻辭)에서 이렇게, 날뛰지 말며 세력을 자제하지 말며, 무모하게 돌진하지 말라고 계시(啓示)하고 있다. 이러한 일들은 모처럼의 성운을 악운으로 전락시키는 위험신호이기 때문이다. 그러므로 君子는 「大壯」의 卦象을 보고 예의를 지킨다고 하였다. 절도에 어긋나는 행동을 하지 않아야 이 卦의 보람이 있다는 것을 가르친 것이다.

정녕코 「大壯」은 盛運의 卦에 틀림이 없다. 그러나 盛大하다든가, 상쾌하다든가 하는 것은 그 화려한 겉치레나 거창한 성문(聲聞)에 비해 실질이 이에 따르지 못하는 경우가 많다. 하늘을 진동하는 우레 소리도 그것만으로는 아직 허세에 지나지 않는다. 우레는 검은 구름을 일으키고 큰비를 퍼부어 땅 위의 만물을 적셔 줌으로써 비로소 공덕은 큰 것이다. 우레가 비를 내려 보낼 전주(前奏)이며 비의 직전인 순간임은 틀림이 없다. 그러나 아직은 단순한 우레에 불과한 것이다. 우레는 자신의 큰 뇌명(雷鳴)에만 만족하지 말고 비를 땅 위로 쏟기 위하여 힘써야 할 것이다. 그것이 우레의 보람일 것이다.

이 卦는 허세와 겉치레가 지나치게 장성(壯盛)하기 때문에 실질을 소홀이 할 염려가 있다. 이 점 명심하여 비를 함께 한 우레가 되게 하기를 바란다.

귀매괘(歸妹卦) 26

뇌택귀매(雷澤歸妹) : ☳ 震　　●●○
태하진상(兌下震上) : ☱ 兌　　●○○

大象

못 위에 우레가 명동(鳴動) 하는것이 歸妹의 卦象이다.

君子는 이 卦象을 보고 길이 장래를 전망하면서 폐해를 깨달아 안다.

卦辞

「歸妹」는 젊은 여자가 시집가는 것을 표현한 卦다. 젊은 여자가 시집간다는 일은 인간의 중대한 일이며 경사스러운 일이다. 그것은 당사자만의 경사는 아니다. 가정의 경사요, 사회와 국가의 경사이기도 하다. 생각에 따라서는 인간 전체의 경사일지도 모른다.

인간의 모든 것은 결혼에서부터 출발한다. 인간의 존재도 생활도 모든 번영도 그 뿌리는 이 결혼이라는 것에 있다. 결혼에 의하여 한 쌍의 남녀는 인간생활의 기본단위를 형성한다. 그 최소의 단위를 뿌리로 하여 그 위에 무수한 생활 단위가 가치를 확대해 간다. 아들,

딸이라는 이름의 새로운 생명이 형상화하고 그 새로운 생명체는 또 다시 새로운 생명체로 포기가 뻗는다. 그 생명체는 영원한 계승을 통하여 인간의 생명을 피라미드의 모습으로 발전시켜 간다. 이리하여 인간의 생명은 영원한 계승을 통하여 인간의 생명을 피라미드의 모습으로 발전시켜 간다. 이리하여 인간의 생명은 영원히 죽지 않고 이어 가고 퍼져가고 거기에서 또 다시 이어 가고 또 다시 퍼져 가곤 한다. 이것이 바로 인류의 생존과 번영의 모습인 것이다.

이렇게 세로로 생명의 줄이 이어져 가는 사이에 인간의 상호간에는 가로의 연결이 생긴다. 기하급수적으로 퍼져 가는 횡적교류는 끝없이 연결을 확대해 간다. 이리하여 인간의 생명은 세로 가로 무성한 대나무 숲의 뿌리처럼 얽히고 설켜서, 끊을래야 끊을 수 없는 커다란 뿌리의 집단으로 커 가면서 그 뿌리 위에 민족을 형성하고 또 인류를 형성하면서 번영을 계속하고 있는 것이다. 이것이 태초에 단 두 사람이었던 아담과 이브로부터 오늘의 인류를 생성시켜 온 과정인 것이다. 이렇게 생각할 때 우리는 생명의 정점(頂點)인 인간 최초의 부부 아담과 이브에게 감사한다.

그러나 어떤 부부도 아담과 이브일 수 있다. 부부를 정점으로 하여 새로운 생명의 피라미드는 그 무한히 이어가고 퍼져갈 생명의 시작인 것이다. 그런 의미에서 부부는 언제나 인간의 출발인 것이다. 여자가 시집간다는 일은 이렇게 인간의 출발을 창조하는 과업인 것이다. 하지만 사람들은 이러한 인간의 근본문제에서 보다는 차라리 아내로서, 주부로서 남편과 가정과 그리고 그 주변에서의 일상생활에 관하여 더 큰 관심과 기대를 시집가는 여인에게 가지는 것 같다.

세상의 남편들은 아침에 집을 나설 때 잠깐 보여준 아내의 밝은 얼굴이 그날 하루의 모든 일에 신바람이 나게 만들어 주지만, 반대로 아내의 몇 마디 귀에 거슬렸던 잔소리가 엉뚱한 딴사람에게 불쾌한 음영(陰影)을 던지는 경우도 적지 않다. 하루의 일과를 마치고 돌아 왔을 때 아내의 상냥한 웃는 얼굴을 보는 것은 남편에게는 더할 수 없는 기쁨이다. 피로와 좌절감을 안고 침울한 상념 속에 빠져 들 때에도 아내의 이해 있고 정다운 한 마디의 격려와 위로는 남편에게는 어떠한 지도자의 설교를 듣는 것보다도 어떠한 철인(哲人)의 인생독본을 읽는 것 보다도 차분하고 생생한 효과를 주는 것이다.

아내는 남편에게 의욕과 무한한 힘을 주기도 하고, 반대로 비뚤어진 침울한 성격의 인간을 만들어 놓기도 한다. 그러기에 그 남자는 천하를 움직이고 아내는 그 남편을 움직인다고 하지 않는가. 또 주부로서 가사를 처리하고 부모를 받들고, 자녀를 양육하고 친척과 의 좋게 지내고 이웃과 정답게 사귀는 일 모두가 그 어느 것이나 주부의 힘에 매달리지 않은 것은 없다. 그리고 인생의 모든 행복의 원천과 즐겁고 부드러운 생활은 이러한 가깝고, 작고, 일상생활적인 것에 더 많이 존재하고 있는 것이 아닐까. 그렇다면 주부는 분명히 인간 생활에 있어서 행복의 제작자인 것이다. 이러한 인생의 중대사인 시집가는 길은 올바른 순서와 예절의 절차를 따라 정중하게 처리되어야 한다는 것이다.

여기에서 「주역」은 유교적인 윤리관에서 이 卦를 설명하고 있다. 유교적인 윤리에는 여자는 어디까지나 수동적이라야 하고, 뒤따르는 순종의 길을 지켜야 한다. 그러기에 여자는 친정에서는 아버지의 뜻을 따르고, 시집가면 남편의 지휘에 따르고, 과부가 되면 아들의 말에 따라야 한다는 三從의 道라는 것이 있는 것이다. 그러므로 시집가는 일도 신랑이 구혼하여 오고 부모가 허락하여 예절에 따른 모든 절차를 지켜서 여자는 오직 수동적으로 따라 가는 것이 도리인 것이다. 이러한 일이 예의에 맞는 행동일 뿐 아니라, 그 장래를 행복하게 해 주는 길이라고 생각하고 있는 것이다.

그런데 歸妹卦는 그러하지 않다. 歸妹卦는 震卦와 兌卦로 되었는바 兌卦는 소녀를 상징하고 또 즐겨한다는 것을 표현한다. 震卦는 장남을 상징하며 또 움직이는 것을 의미한다. 그러므로 여자가 먼저 즐거함으로써 남자를 움직여서 시집가는 상태인 것이다. 여자가 먼저 적극적으로 주도적인 태세로 남자에게 윙크하고 러브레터를 내고 프러포즈해서 시집가는 것은 도리에 어긋나고 순서를 그르친 행동인 것이다. 그러한 행동은 여자로서 온당하지 못할뿐 아니라 그러한 마음의 자세는 그의 결혼생활을 행복한 것으로 만들지 못한다는 것이다. 아내와 남편의 위치가 바뀌지기 때문이라는 것이다. 그래서 이 卦는 幸運의 卦는 아닌 것으로 되어 있다.

오늘날 우리는 누구도 이러한 윤리관에 무조건 찬동할 사람은 없을 것이다. 그러나 한 사람의 아내, 한 사람의 남편으로서 그들의 행복을 위한 가정생활에서 아내와 남편의 위치가 아내가 만사를 주재하고 주도하고 선수를 쓰는 위치에 있고 남편이 수동적이고 순종하는 위치에서는 경우와, 그 반대의 경우가 어느 것이 더 행복하고 유익한 것일까 하는 것은 생각하는 사람에 따라 반드시 일치하지는 않을 것이다. 하지만 가정의 오붓한 행복을 생각하는 많은 수의 아내와 그리고 남편들은 역시 남편을 중심으로 하고 아내는 협조하며, 남편은 능동적으로 움직이고 아내는 그것을 지키는, 그런 방향을 선택하고 있는 것으로 보여진다. 이 기회에 다시 한 번 생각해 볼만한 문제가 아닌가 한다.

27 풍괘(豐卦)

뇌 화 풍(雷火豐)	☳ 震	● ● ○
이하진상(離下震上)	☲ 離	○ ● ○

大象

우레와 번개가 함께 오는 것이 豐卦의 卦象이다.

君子는 이 卦象을 보고 밝은 판단으로 형옥(刑獄)을 판결하고 형벌을 집행하여 위령을 세운다.

卦辭

「豐」은 豐盛하다. 豊滿하다, 盛大하다는 뜻이다. 이 卦는 모든 발전과 번영과 성숙이 차고 가득하여 정점의 상태에 있는 것을 표현한다. 더할 수 없는 성운(盛運)을 의미한다. 太陽이라면 中天에 도달한 正午의 太陽을 상징하는 것이요, 달이라면 보름밤의 만월(滿月)을 의미한다. 꽃이라면 활짝 핀 五月의 모란의 모습이요, 새라면 소신껏 날아가는 가을 하늘의 기러기의 기상인 것이다.

김제·만경의 끝없는 평야에 토실토실하게 영근 탐스러운 벼이삭이 고개 숙인 채 황금빛 물결을 일렁이며 이어져 있는 성숙의 가을, 가도가도 능금밭인 과수의 바다에 알알이 붉게 빛나는 둥글고 귀여운 능금이 나무마다 가지마다에 주렁주렁 매달려 있는 결실의 계절, 이러한 豊盛하고 성숙하고 만족한 풍경이 바로 이「豊」을 표현한 것이다. 우리는 이러한 흐뭇한 해를 豊年이라고 부른다.

한 나라에 있어서도「豊」의 상태를 상상할 수 있다. 유교에서는 國家의 가장 완전하고 이상적인 상태를 이렇게 생각하고 있는 것 같다. 德性과 지혜와 능력을 겸비한 완전한 인격자인 成人이 제왕의 지위에 있어서 하늘의 태양처럼 존재하고, 王을 보필하는 어질고 착한 신하들이 별처럼 늘어서고, 王은 겸손한 마음으로 신하의 의견을 존중하고, 신하들은 王의 훌륭한 지도 이념에 협력하여 나라 안에 왕도정치(王道政治)를 구현하니 백성은 제각기 능력에 알맞은 생업을 얻어 안정을 얻고 살림은 넉넉하게 되어 생활이 즐거워진다. 백성의 생활에 여유가 생기니 도덕과 윤리와 예절이 존중되고 제도와 문화는 찬란하게 빛난다. 그리하여 王과 신하와 백성의 마음이 하나로 단결하게 되어 나라는 태평하고 백성은 편안하게 되니 외국에서도 모두 존경하고 감복하여 감히 침략할 생각을 가지지 못한다. 이러한 이른바 太平聖代가 유교가 그리는 理想的인 국가의 이미지이다. 이것이 바로 국가의「豊」의 상태인 것이다.

국가에 국한하여 생각할 것은 아니다. 회사에서나 단체에서나, 어느 사업에서나 어떤 영위(營爲)에서나 모두 제각기의 이상으로 하는 정점의 상태는 있는 것이다. 한 포기의 꽃, 한 마리의 새에서부터 국가 인류에 이르기까지 모든 그들의 노력은 결국 제각기의 그 정점의 상태에 도달하기 위하여 바쳐지는 것이 아닐까. 완전한 성숙을 지향하여, 극한의 대성을 동경하여 모두들 준비하고 분투하고 전진하고 성장 발전하는 노력을 계속하고 있는 것이 아닐까?

이른 봄에 조그마한 새싹을 내미는 모란은 잎이 생기고, 줄기가 나와 가지가 뻗고 꽃망울이 생기고, 커지고, 피기 시작하여 마침내는 그 탐스럽고 호화로운 활짝 핀 모란의 영화를 향유하게 된다. 어린 기러기가 물가에 나와 보고 반석 위에 올라 보고, 물에 오르고, 나무 위에 오르고 다시 언덕위로, 이렇게 높은 데로 노력을 계속하는 것은 마침내 푸른 하늘로 훨훨 날아가기 위한 꿈을 위해서였던 것이다.

언제 이루어질지 모르긴 하지만 유구한 역사를 통한 인류의 피눈물 나는 노력도 투쟁도 전진도 결국은 언젠가는 도달할 것으로 믿고 있는 선하고 바르고 복된 것만이 존재하는 완전사회를 동경하고 있기 때문이 아닐까? 이렇게 모두가 갈구하고 동경하는 상태가 바로 「豐」의 상태인 것이다. 그러기에 「豐」의 상태에 도달하려면 오랜 시간과 많은 준비의 계단을 올라 와야 하는 것이다. 그것은 노력의 누적 위에 피는 꽃인 것이다. 이제 그러한 완전하고 대성을 의미하는 豐卦를 당신은 얻은 것이다.

그러나 豐卦는 그대가 幸運에 도취하는 것을 안이하게 용인하지는 않는다. 완전에서는 더 이상의 완전이 있을 수 없고, 극한에서는 더 이상의 전진이 있을 수 없는 것이다. 그러기에「주역」은 여기에서 경계를 잊지 않고 있다. 해가 中天에 오르면 기울게 되고 달도 만월이 되면 이지러지기 마련인 것이다. 日月도 그러하니 하물며 사람이야 이 법칙에서 벗어 날 수 있겠는가. 라고 갈파하고 있다. 오직 현명하게(下卦 離는 불, 불은 밝은 것을 상징) 움직여(上卦 震은 우레, 우레는 움직이는 것) 현상을 지속하도록 노력할 뿐 이라는 것이다. 그러나 현상유지의 노력은 언제나 전진을 위한 노력보다 더욱 힘들고 어려운 일인 것이다.

이 이상 새로운 야심이나 기획을 가지지 말고 지금의 상태에 만족할 줄 알아야 한다. 그리고 다음에 가야 할 길을 위하여 미리 마음의 준비를 갖추고 있어야 허둥거리거나 失足하는 일이 없이 그 내리받 길을 고요히 지나갈 수 있을 것이다. 조금이라도 교만하거나 방심하는 일이 있어선 안된다. 한때 하늘에라도 날아오를 듯이 권세를 자랑하던 사람의 그 굉장한 저택이 지금은 거적으로 둘러져 있다. 사람의 그림자도 없다.

행운에 교만하지 말고 악운에 실망하지 말라는 것이 일관한 「주역」의 교훈인 것이다.

제4부

28. 진괘(震卦)

29. 항괘(恒卦)

30. 해괘(解卦)

31. 소과괘(小過卦)

32. 예괘(豫卦)

33. 소축괘(小畜卦)

34. 중부괘(中孚卦)

35. 가인괘(家人卦)

36. 익괘(益卦)

28 진괘(震卦)

진 위 뢰(震爲雷)　　：☳ 震　　●●○

진하진상(震下震上)：☳ 震　　●●○

大象

우레가 거듭거듭 겹쳐 오는 것이 震의 卦象이다.

君子는 이 卦象을 보고 근심하고 두려워하여 반성하고 수양한다.

卦辭

「震卦」는 우레를 의미하는 震의 괘형이 두개 겹쳐져서 성립되어 있다. 금방 하늘이 무너지고, 땅이 뒤짚힐 것 같은 천둥소리가 겹쳐 일어나는 상태를 상징한다.

古代 사람들에게 천둥은 공포의 대상이었다. 그들은 천둥을 하늘의 노여움의 폭발이라고 생각하고 있었다. 그러기에 무서운 천둥소리가 진동할 때에는 옷매무시와 몸의 자세를 바르게 하여 하늘의 성냄을 경외하는 것이 그들의 교양 있는 태도였던 것이다. 그들은 악질의 죄를 지우면 천벌(天罰)을 받아 벼락을 맞는다고 생각하기도

하였던 것이다. 진심으로 그렇게 믿었던 것이다.

고대 사람들이 천둥을 무서워하였던 것은 이해할 수 있다. 그들에게는 이 천지간에 있어서 가장 큰 음향은 천둥이었으며, 가장 강렬한 음향도 천둥이었던 것이다. 평소에 그들이 생각할 수 있는 크고 무서운 음향이란 고작 바람 소리, 비 소리, 맹수의 포효 정도 였을 것이다. 그러한 단순한 그들에게 어디서 생겨서 어디로 가는지, 무엇 때문에 생기며, 누가, 무엇이, 어디에서, 무슨 작용으로 그 큰 음향을 내는 것인지 알 수 없는, 형태도 보이지 않고 원인도 알 수 없는 그 큰 음향이 그들이 항상 두려워하고 있는 하늘에서, 허허공중에서 터져 나오는 것을 볼 때 그들이 놀라고 겁내고 낭패해하는 것은 당연하다.

그들에게는 천둥의 한마디만으로도 이미 공포와 전율을 견디기 어려운것 이었을 것이다. 그러한 그들이 군뢰(群雷)가 한꺼번에 겹치고 덮쳐서 폭탄이 쏟아지듯 진동해 오는 광경을 당하면 급하고 아찔하고 두렵고 떨리어 몸 둘 곳을 몰라 하고 정신을 가다듬을 여유를 잃어, 허둥지둥하였을 것도 상상할 수 있다.

震卦는 인간이 가장 당황하고 전율하여 제 정신을 못차릴 만큼 위급하고 겁나는 사태의 표본으로 이 卦를 예(例) 들었는지도 모른다. 그러한 위급하고 겁나는 순간에 있어서 조금도 평소와 다름없이 태연할 수 있다면, 마음에 동요가 없고, 얼굴빛에 변함이 없고, 그 행동에 침착과 여유를 가질 수 있다면, 그 사람은 진정 위대한 인물일 것이다. 그의 마음엔 신념이 있고 안정이 있어서, 안전과 위험에, 죽음과 삶에 태산처럼 움직이지 않는 큰 힘을 가진 사람일 것이다. 여기서 「주역」이 이미지로 하고 있는 인물은 태연하여 움직이지 아니할 뿐만 아니라, 유유히 자기의 할 일을 처리하고 있는 것을 묘사하고 있다.

우레의 포효 속에서 제사를 거행하여 절차나 예절을 그르치는 일이 없다. 제기(祭器)와 술잔을 떨어뜨리거나 실수하는 일도 없다. 그러한 인물이면 나아가 제왕이 되어 천하를 다스리고 종묘사직의 제주(祭主)가 될 수 있는 큰 그릇이라고 지적하고 있다. 이렇게 위난·공포의 분위기 속에서 태연할 수 있다면 그 위난이나 공포는 실상은 상상과는 달리 무난히 그리고 빠르게 지나가 버리는 경우가 많은 것이다. 우레가 노호하고 소리치지만, 사라지고 나면 금방 그런 일이 있었던가 의심이 날 만큼 흔적도 피해도 없는 것이다. 다시 태양은 밝게 비치고 산과 들은 아름답고, 세상은 정답기만 한 것이 천둥과 비바람이 한 차례 지나간 뒤의 풍경인 것이다. 사람들은 다시 웃고 이야기하며, 비가 그치면 해는 다시 나온다는 자연의 법칙에 감사하는 것이다.

震卦는 위급하고 어려운 경우에서는 침착하고 경건한 태도를 지녀 스스로를 지킴과 함께 굳은 신념과 태연한 기개를 가져 동요하지 말며 나아가 자신의 가야 할 바른길을 향하여 부단한 노력과 수양을 쌓으면 곧 새로운 전기를 마련할 수 있다는 것을 가르치고 있다.
인생의 일에는 이따금씩 무서운 천둥과 사나운 비바람에 부딪치는 경우가 있다. 그러나 동요하지 말고 기다리면 뜻밖에 푸른 하늘과 밝은 햇빛이 빨리 찾아온다는 것을 시사하고 있다. 하늘과 땅 사이에는 맑고 밝은 날씨가 더 많은 것이다. 이러한 신념과 태도로 인

생을 살아 갈 결심과 능력이 있는 자에게는 이 卦는 발전을 기약할
수 있는 성운(盛運)의 卦인 것이다. 그러므로 震卦는 발전을 의미한
다고 「주역」은 전제하고 있는 것이다.

29 항괘(恒卦)

| 뇌 풍 항(雷風恒)　　：☳ 震　●●○ |
| 손하진상(巽下震上)：☴ 巽　○○● |

大象

뇌명과 바람이 恒卦의 卦象이다.

君子는 이 卦象을 보고 자신의 서 있는 위치를 확립하여 방향을
바꾸지 않는다.

卦辭

「恒卦」는 우레를 의미하는 震卦가 위에 있고 바람을 의미하는 巽
卦가 아래에 있는 형태로 되어 있다. 우레와 바람이 겹쳐 있는 상태
를 상징하고 있다. 우레와 바람은 어느것이나 흔들고 움직이는 것이
다. 잠시도 고요히 머무르는 일이 없다. 이러한 움직이는 성질의 바
람과 우레가 겹친 것을 항(恒)의 상징으로 하고 있는 것이 이 恒卦
다. 일견 기이한 느낌이 든다. 恒은 항구하다는 뜻이다. 사물의 어느
상태나 작용이 언제까지나 한결같이 지속되고 있는 것을 표현하는

말이다. 중단되지 않고 변동되지 않고 길이길이 계속되는 상태를 우리는 恒常 이라고 표현하고 있다. 이러한 항구불변의 상태를 상징한 것이 바람과 우레가 겹친 卦로 되어 있기 때문이다. 그러나 거기에 「주역」의 철학이 있고 깊은 뜻이 있는 것을 엿볼 수 있다. 모든 것은 움직임으로써 그 상태를 길이 지속할 수 있다. 끊임없이 생동하고 성장하고 대체하고 전진하는 상태의 것만이 항구(恒久)할 수 있는 것이다.

우리는 곧잘 固定되고 靜止된 것이라야 항상 변함없는 상태를 계속할 수 있다고 생각하려 든다. 산은 움직이지 않고 고요히 제자리에 멈춰 있다. 작년이나 금년이나 항상 같은 모습으로 보이기 때문이다. 그러나 그것은 착각에 불과한 것이다. 엄격한 의미에서 보면 금년의 그 산은 이미 작년의 그 산은 아닌 것이다. 산은 부단히 마멸되며 손괴되고 있다. 한 번 마멸되고 손괴된 산은 다시 원형처럼 살아나고 성장하지 못한다. 영겁의 세월에서 마멸일로의 산이 그 존재를 항구하게 할 수는 없는 것이다. 암석도 같다. 바위나 돌은 항상 같은 것으로 존재할 수 는 없다. 바람에 부서지고 비에 씻기고 물에 닳아서 바위는 돌로, 돌은 모래로, 이렇게 변하는 것이다.

고정(固定)과 정지(靜止)는 무생을 의미한다. 무생은 곧 사멸이다. 사멸하는 것이 깊이 한결같을 수는 없다. 恒久할 수는 없다. 한번 사멸한 것은 다시 생성하고 복원할 수 없기 때문이다. 그러므로 오직 움직이는 것만이 恒久할 수 있다는 것이다.

이 卦는 卦辭에서 「천지의 법칙은 항구하여 그치는 일이 없다. 하나가 마치면 하나가 시작된다.」고 설명한다. 밤이 끝나면 낮이 시작되고 겨울이 가면 또 봄이 시작됨과 같이 부단히 움직이고 순환하고 있으면서 영원한 천지의 상태를 계속해 간다는 것이다.

물도 움직이지 않는 것은 부패한다. 그리고 마침내는 고갈하고 만다. 물이 항상 그 본성을 유지하고 존재를 계속할 수 있는 것은 흐르고 움직이는 물에서만 볼 수 있는 것이다. 그러기에 孔子는 강가에 서서 흐르는 물을 보고 「가는 것이 이와 같구나. 주야로 흘러서 쉬는 일이 없으니」하고 찬탄하였으며, 孟子는 「그 원천이 펑펑 솟아나와 밤낮을 가리지 않으며, 웅덩이를 채우고는 앞으로 나아가 바다로 가는구나. 그 근본이 있는 것은 이와 같다.」고 하여 원천이 솟아오르고 그리하여 부단히 흘러가는 물을 찬양하였다. 이렇게 움직이는 물만이 항상 그 상태를 존속할 수 있고 찬탄의 대상이 될 수 있는 것이다.

이러한 논리는 인간에게 그대로 적용될 수 있는 것이다. 한 사람의 선량한 인간이 그 선량을 한결같이 지속하려면 부단히 수양을 쌓고 노력하고 전진을 계속해야만 가능할 것이다. 수양이 정지되고 노력이 멈춰지고 전진의 의욕이 움직이지 아니하면 그 순간부터 그는 자만과 나태와 안이에 빠진 것이 된다. 그것은 이미 선량은 아닌 것이다. 현대인에 있어서도 이것은 진리인 것이다. 한 사람의 유능한 시민으로 살아가려면 항상 움직이는 세계와 인심의 동향을 살펴야 하고 판단해야 하고 이에 수반한 새로운 지식을 갖추어야 하고 수양을 쌓아야 하고 행동에 옮겨야만 비로소 한 사람의 유능한 시민으로서 자격을 지속할 수 있을 것이다. 그가 만일 한 지도자라면 그 마음과 노력과 행동은 더욱 폭이 넓고, 깊이가 깊고 끊임없이 활발히 움직여야 할 것은 물론일 것이다.

　한 사회나 나라의 경우도 같다. 활발히 움직이고 노력하고 전진하는 나라만이, 사회만이 그 발전과 번영과 존재를 길이 지속할 수 있을 것이다. 움직이는 우레와 바람으로 「恒」을 표현한 「주역」의 저자에게 그 현명을 위하여 찬사를 보낸다. 「恒心 있는 자를 만나보고 싶구나. 없는 것을 있는 척하며 빈 것을 가득한 척하며, 빈한하면서 부유한 척하여 걸꾸밈과 허영에 제 정신들을 잃고 있는 세상이니, 의젓한 마음이 한결같은 사람, 그러한 恒心 있는 사람이 이다지도 있기 어려운가.」라고 孔子는 말 하였다.

　우리는 이 恒卦의 계시를 솔직히 받아들이자. 그리하여 恒心이 있는 사람이 되자, 활동하고 노력하고 전진하여 우리의 발전이, 우리의 번영이, 우리의 행운이 恒常하고 또 恒久하기를 기대하자.

30 해괘(解卦)

<table>
<tr><td>뇌 수 해(雷水解)　：</td><td>☷ 震</td><td>● ● ○</td></tr>
<tr><td>감하진상(坎下震上)：</td><td>☵ 坎</td><td>● ○ ●</td></tr>
</table>

大象

우레가 진동하고 비가 쏟아지는 것이 解의 卦象이다.

君子는 이 卦象을 보고 백성의 과실을 용서하고 죄와 벌을 너그럽게 하여 그 고통을 풀어준다.

卦辞

「解卦」는 우레를 의미하는 震卦를 上卦로 하고, 물을 의미하는 坎卦를 下卦로 하여 구성되어 있다. 우레와 물을 상징한 것이다. 우레는 움직이는 것이요, 물은 험난(險難)한 것이다. 그러므로 「解」는 움직임으로써 험난에서 벗어나는 것을 상징한다. 「解」는 벗어나다, 해방하다의 뜻이기 때문이다. 그것은 봄의 우레요, 봄비인 것이다. 우레가 울고 비가 오면 봄이 오고 봄이 오면 겨울에서 해방된다.

겨울은 춥다. 삭풍과 눈보라와 서릿발과 얼음과 영하 20도를 오르

내리는 기온 때문에 하늘도 땅도 얼어붙는 고난의 계절이다. 겨울은 냉혹하고 잔인한 계절이다. 모든 생명은 위축하고 모든 성장은 정체한다. 하늘과 땅 사이는 삭막한 공포의 공간이며 산과 들은 죽음의 폐허처럼 살아 움직이는 것이 없었다. 그러나 이러한 고난 속에서도, 위축과 정체 속에서도 봄은 살아 있었던 것이다. 봄은 내면을 향하여 성장하고 축적되어 왔던 것이다. 봄의 에너지는 땅속 깊은 곳에서 부단히 내일을 준비하며 힘을 길러 왔던 것이다.

드디어 때는 왔다. 이제 성숙한 에너지는 인내의 뚜껑을 박차고 땅 위로 뛰어 나왔다. 다시 하늘로 치닫는다. 분노와 반항과 그리고 새로운 건설의 의욕으로 뭉쳐진, 그 고함은 폭탄처럼 폭발하고 맹수처럼 포효한다. 금방 하늘이 무너져 쏟아질 것 같고 땅이 흔들려 뒤집힐 것 같다. 이것이 봄 우레다. 이른 봄에 겨울을 깨뜨리고 소리치는 봄 우레다.

봄 우레의 기세는 대단하다. 그 누구도 감히 가볍게 여기지 못한다. 그러나 그 위세는 포악하지 않고 냉혹하지 않다. 그 우렁찬 목소리는 아버지의 꾸중처럼 두렵기는 하지만 어딘가 훈훈하고 관대한 데가 있다. 듣는 이의 가슴에 공포나 위축을 주지 않는다. 아니 차라리 가슴이 후련하고 숨이 후 내쉬어 지는 느낌을 준다. 어딘가 통쾌하다. 긴 겨울의 칩거(蟄居)에서 이른 봄의 우레를 듣는 순간이란 진정 통쾌한 것이다.

우레가 울면 비가 온다. 봄비다. 항상 눈만이 쏟아지던 하늘에서 비가 내리면 이 땅에는 봄이 온 것이다. 우레의 엄호사격을 받으며 겨울의 반항을 무찌르고 대지를 향하여 적중강하(敵中降下)를 감행하는 초봄의 비, 그러나 그것은 살벌하지 않고, 성질이 급하고 사납지 않다. 무한히 부드럽고 순하다. 하지만 그의 화살은 꺾이는 일이 없고 그의 전진은 중단당하는 일이 없다. 부드러우면서 모진(剛)것을 이긴다. 부드럽기 때문에 이기는 것이다. 사람들은 이것을 해동(解凍)비라고 부른다. 봄 우레는, 봄비는 모든 살려는 자의 편이요, 산 자의 편이다. 모든 생명 있는 자를 위하여 그들의 마음을 기쁘게 해 주고 성장을 이끌어 준다. 그러므로 모든 살아 있는 자는 다시 봄 우레와 봄비의 편이다. 그들과 협력하기를 기뻐하고 그들과 함께 자라나기를 노력한다. 그들의 의도는 날로 발전하고 성장한다. 그들은 마침내 이 땅 위에 봄을 완성하고야 말 것이다.

우레와 더불어 봄비가 살며시 오고나면 이 강산에 눈은 녹고 얼음은 풀리고 산과 들에는 아지랑이가 일고 봄물은 못마다 호수마다에 가득히 푸른 물결을 일렁일 것이다. 그러한 계절이 하루하루 짙어가면 매화, 개나리, 살구꽃, 복사꽃, 진달래가 차례로 피고 나무와 풀들은 새싹이 줄기로, 새눈이 잎으로 자라면서 가지가 뻗고 옆순이 벌어진다. 나비가 난무하고 새가 노래한다. 그리하여 봄은 무르익는 것이다. 이러한 부푼 희망과 약속된 번영을 발돋움 하면서 봄비와 봄우레는 이른 봄을 해동(解凍)하고 있는 것이다.

이렇게 우레와 봄비가 선구하는 봄을, 봄의 영광을 우리는 어떻게 설계할까? 1년의 계획은 봄에 있는 것, 우리는 진정 풍성하고 번영하고 알찬 봄을 수확하기 위하여 우리 스스로 봄을 갈고 봄을 부리고 봄을 심자, 봄은 빨리 가는 계절, 때를 잃지 말자, 때를 잃으면 모처럼의 노력도 보람이 없는 것이다. 들판 가득히 성장하는 온갖 곡식도 가지가지 열매 맺는 백 가지 실과도 저절로 이루어지는 것은 아니다. 제때에 갈고 뿌리고 심고 그리고 북돋우어야 된다. 그것은 봄에 해야 할 일이다. 봄은 한 때에 두 번 오지 않는다. 기회는 앞에 왔을 때 재빨리 잡아야 한다.

　人生살이도 이와 같은 것이다. 희망에 찬 幸運의 卦다. 대성으로 이끌기를 바라며 이 卦의 爻辭를 다시 한 번 옮겨 쓴다.
　「나아갈 길이 있거든 주저 말고 빨리 감이 좋다. 길은 이제 험난 에서 벗어나 순조로 향하고 있으니 나아가면 功이 있으리라.」

소과괘(小過卦)

大象

산 위에 우레가 우는 것이 小卦의 卦象이다.

君子는 이 卦象을 보고 행동은 지나칠 만큼 공손한 태도를 가지고, 상사(喪事)가 있을 때는 허례를 버리고 애도하는 마음에 치중하고 모든 비용은 지나칠 만큼 검소하게 한다.

卦辞

「小過卦」는 그 형태를 보면 上卦와 下卦가 서로 등을 지고 있는 모습이다. 서로의 지향하는 것이 다르고 서로의 마음이 괴리하고 있다. 또 上卦, 下卦 모두 陰爻가 중앙의 위치를 차지하고 있어서 훌륭하고 능력 있는 지도자는 지위를 얻지 못하고 자질구레한 인간들이 분수에 넘치는 권좌(權座)에 버티고 있는 상태를 표현하고 있다. 이렇게 上, 下의 마음이 협력할 수 없고 小人들이 기를 펴고 악이 선을 압도(壓倒)하는 세상에서는 훌륭하고 커다란 업적을 이루기를 기대할 수는 없다. 현명한 사람은 때와 환경을 판단할 줄 아는 것이다. 때가 아니면 기다려야 하고, 환경이 어긋나면 물러서서 스스로 지켜야 하는 것이다.

「小過」의 상황 속에서는 과잉의욕을 버려야 하고 확대와 전진을 시도하지 말아야 한다. 제각기 자신의 위치에서 자신의 능력을 절약하면서 일상생활과 그 주변의 작은 일에 착실하게, 小心하게, 작게 작게 살아가는 것이 안전하고 현명한 것이다. 그래서 「주역」의 저자는 이 卦를 「小過」라고 命名하고 있다.

「小過」는 작은 것이 지나친다는 뜻이다. 「주역」에서 陽爻는 큰 것, 陰爻는 작은 것을 표현한다. 이 卦는 陰爻가 네 개인데 陽爻는 두 개 밖에 없어서 작은 것이 지나치다는 것이다. 균형과 조화를 잃고 있는 상태요, 큰 것보다 작은 것의 세력이 강성한 것을 의미한다. 또 「小過」는 작게 지나간다는 뜻이기도 하다. 모든 일, 모든 생활에 있어서 가능성의 한계에서 시행하고 남는 힘을 축적하는 생활태도를 의미한다. 이것이 가장 내일을 발돋움하며 자신을 지키는 방법일 것이다. 그러기에 「주역」은 卦象에서 「행동은 지나칠 만큼 공손한 태도를 가지고, 상사(喪事)가 있을 때는 허례를 버리고 애도하는 마음에만 치중하고, 모든 비용은 지나칠 만큼 검소하게 하라」고 충고하고 있다. 그러므로 절약(節約)과 절제(節制)와 자숙(自肅)으로 차근차근히 소극적으로 살아가야 한다는 것이다.

이 卦에서는 불운에서 모면하는 것이 바로 최선의 길인 것이다. 그것은 곧 내일의 행운의 길로 통하는 한 방향 한길인 것이다. 또 이 卦는 나는 새의 모습을 하고 있다. 나는 새가 위로 날아오르는 것은 무리가 있다. 그것은 대기의 압력을 거슬러야 하기 때문이다. 그러나 아래로 내려오는 것은 순조롭다. 그것은 지구의 인력에 편승하기 때문이다. 제 힘을 돌보지 않고 자연에 역리(逆理)하면서 하늘로 오를 생각을 말고 순순히 땅을 향하여 날아 내리는 것이 새의 영리한 태도라는 것이다.

작게 가늘게 산다는 말은 견실하게 산다는 말과 통한다. 모든 화려하고 성대한 것은 작고 견실한 기초위에서 이루어진다. 한 도시를 작은 것으로 내려다보며 하늘높이 거만하게 버티고 선 거대한 고층건물도 센티미터와 밀리미터로 계산되는 작은 점과 선으로 그려진 치밀하고 차근차근한 설계도에서 생겨났으며, 바다를 가로 막고 있는 거창한 방파제도 한 개 한 개의 돌과 한줌 한줌의 모래와 시멘트의 누적인 것이다. 작고 견실한 것을 누가 감히 경멸할 수 있단 말인가. 머리가 어수선할 때는 고요히 담배 한 대를 피워 무는 여유를 가질 줄 알아야 하고, 어두운 밤이 오면 내일을 위하여 푸근히 단잠을 즐길 줄 알아야 한다. 하늘만 쳐다보고 가다간 넘어지기 마련인 것이다. 아래로 침착하게 발부리를 살펴 확고하게 두 다리를 세운 뒤라야 먼 산도 바라볼 수 있고 하늘도 쳐다볼 수 있는 것이다. 이러한 생활신조를 지켜 변함이 없다면 만사가 순조로운 것이다. 작은 것을 쌓아 올려 커다란 공든 탑이 된다. 장차 올 높고 크고 화려한 성공의 탑을 쌓기 위하여 지금은 작게 가늘게 살자.

이 교훈은 개인에도, 집단에도, 그리고 사업에도, 경영에도 한 번 심호흡(深呼吸) 하고 천천히 다시 생각해 볼만한 문제라고 믿는다.

예괘(豫卦) 32

뇌 지 예(雷地豫)　　: ☳ 震　　●●○
곤하진상(坤下震上)　: ☷ 坤　　●●●

大象

우레가 소리치니 천지가 떨치고 일어선다. 이것이 豫의 卦象이다.

옛날 착한 帝王은 이 卦象을 보고 음악을 지어 德을 찬양하고 또 그것을 연주하여 上帝께 아뢰고 아울러 조상의 신령에게도 제사하였던 것이다.

卦辞

「豫卦」는 우레를 의미하는 震卦가 위에 있고 땅을 의미하는 坤卦가 아래에 있다. 그래서 땅 위에 우레가 진동하는 상태를 상징한다. 긴 겨울이 가고 봄이 와서, 얼어붙었던 땅에 얼음이 풀리고 눈이 녹아, 흙에서는 촉촉한 김이 오르고, 개천에는 보안 물줄기가 도마뱀처럼 머리를 흔들며 기어가는 계절이 되면, 겨울 동안 위축과 폐쇄 속에 갇혔던, 그러나 부단히 내면으로 축적되고 있었던 생명의 큰

힘은, 천지자연의 에너지는 이제 모든 장애를 박차고 지각을 뚫고
힘차게 땅 위로 치솟아 오른다. 이 크나큰 힘의 폭발, 생명력의 거리
낌 없는 포효(咆哮), 그것이 바로 우레인 것이다. 어느 봄날의 오후,
처음으로 천지를 뒤흔드는 우레 소리를 듣는 것처럼 통쾌한 일은 없
다. 가슴이 후련해지고 호흡이 시원해진다. 함께 소리 높여 부르짖
고 싶어지고 일어나 뛰고 싶고 달리고 싶어진다.

　우레는 반드시 비를 부른다. 우레와 함께 오는 비는 언제나 호기
있게 쏟아지는 비다. 마음껏 아낌없이 퍼부어 주는 비다. 그 비에는
에너지가 넘쳐 있고 생명력이 살아 움직인다. 그러나 大地를 흠뻑
적셔 주는 봄비가 오면 하늘과 땅 사이는 온통 환희로 찬다. 풀에는
새싹이 나오고 나무에는 새 잎이 움튼다. 새들은 훨훨 하늘을 날고,
온갖 짐승들은 땅 위를 뛰며 달리며 생기발랄하여진다. 개나리가 피
고 종다리 노래하기 시작하면 봄은 본격적으로 무르익어간다. 이렇
게 모든 것이 함께 기뻐하고 즐거워하는 상태가 바로 이 豫卦의 卦
象인 것이다.
　「豫」는 기쁘다, 즐겁다 의 뜻이다. 땅 위의 모든 생물들이 봄비와
함께 소리치며 오는 우레를 기뻐하듯, 온 천하의 백성들이 함께 평
화와 행복을 즐겨하는 그러한 큰 기쁨을 의미한다. 겨울 동안 서리
며 눈이며 찬바람과 모진 얼음의 괴로움을 하나하나 참고 이겨 왔기
때문에 이제 화창한 봄이 더욱 즐거운 것이다. 오랜 세월을 두고 그
숱한 전쟁과 전쟁, 살육과 이산(離散)과 기아, 이러한 공포와 암흑
의 생활을 견디고 버티며 살아 이겨 낸 국민들이 이제 모든 위협에
서 벗어나 마음 놓고 일할 수 있고 배부르게 먹을 수 있고 베개를

높이 베고 잠잘 수 있는 생활의 즐거움, 그러한 천하가 함께 하는 기쁨을 의미하는 것이다. 온 천하와 함께 기뻐하는 기쁨보다 더 큰 기쁨이란 있을 수 없는 것이다. 이러한 기쁨이야 말로 君主의 기쁨이요, 신하의 기쁨이요, 백성의 기쁨인 것이다. 그러기에 孟子는 王者의 도리를 말하는 가운데「즐거움을 즐기되 온 천하 사람들과 함께 하며, 근심을 근심하되 온 천하 사람들과 함께 하면, 그러고서도 왕 노릇 하지 못한 사람은 아직 있어 본 일이 없다.」(樂以天下 憂以天下 然而不王者之有也-낙이천하 우이천하 연이불왕자지유야) 라고 하였다.

「豫」의 기쁨을 설명하는「주역」은 帝王이 천하를 다스리는 王道를 논술함이요, 오랜 전란 뒤에 오는 태평시대를 예찬하는 것이지만 여러 사람과 함께 기뻐하는 것이 진정한 기쁨이요, 가장 큰 기쁨이라는 것은 모든 지도자에게 지도이념이 될 것이며, 가정과 단체와 사회의 그 어느 곳에서도 염원되는 행복한 경지인 것이다. 지도자뿐만은 아니다. 어느 개인에게도 이러한 심경은 필요한 것이다. 원래 기쁨이니 즐거움이니 하는 일이 다른 사람들의 슬픔이나 고통과 나란히 있거나 더구나 남의 슬픔과 고통을 디디고 서서 얻어진 것일 때는 그것이 남에게는 질투의 대상이 되거나 저주의 과녁이 되기 마련일 것이며, 자신에게는 양심의 한쪽 눈을 굳이 감고 태연해 하는 고통을 참아야 하며, 나아가서는 남의 울음을 노래로 듣고 남의 저주를 축복으로 보는 악마의 뱃심을 가져야 할 것이니, 그 기쁨이 진지한 기쁨일 수는 없으며 온전한 즐거움이 될 수는 없는 것이다.

詩人 괴테는 「즐거움은 나누면 배가 된다.」고 하였다. 그렇다면 셋이 나누면 세배가 될 것이요 백이 나누면 백배가 될 것이다. 적어도 그것이 진실한 기쁨이라면 그것을 나눔으로 해서 기쁨이 감쇄되지는 않을 것이다. 한 가정이, 한 단체가, 한 사회가, 한 국가가, 그 구성원들과 함께 기뻐할 수 있는 경지에 이르면 그것에는 이미 행운이 깃들고 성취가 있고 평화가 있고 행복이 와 있는 것이다. 적어도 그것이 이제 꼭 올 것으로 기대되는 것이다.

이제 당신은 그러한 커다란 吉運의 卦를 뽑아 갖고 있는 것이다. 그러나 그 길운은 吉運의 卦를 뽑아 갖는 것만으로 이루어지는 것은 아니다. 그것은 그 吉運을 유도할 수 있는 법칙을 지키면 가능하다는, 아직은 가능성에 불과한 것이다. 이것이 일관한 「주역」의 법칙이요 또 교훈인 것이다.

어떻게 하면 「豫」의 큰 기쁨을 이룩할 수 있는가에 대하여 「주역」은 순리대로 움직이라고 가르치고 있다. 큰 기운의 에너지가 겨울 동안은 땅속에 잠복하여 그 힘을 기르다가 봄이 와서 모든 여건이 성숙한 때가 되면 땅 위로 터져 나오며 큰소리를 지르는 것이 우레다. 이것이 자연의 순서와 법칙인 것이다. 하늘과 땅이 자연의 법칙에 순응하여 움직이므로 해와 달이 운행을 그르치는 일이 없고 밤과 낮이 혼란하는 법이 없다. 겨울의 숲에 새싹이 나오기를 바라며 눈보라의 하늘에서 종달새의 노래를 기대하는 것은 자연계의 순서와 법칙에 역행하려는 어리석음에 불과한 것이다. 이와 같이 인간의 모든 일은 인간 본연의 이치와 정당한 도리에 따라 움직여야 성취할 수 있다는 것이다.

正義는 不義에 이긴다는 것은 인간에 있어서 커다란 원칙인 것이다. 그러나 不義의 힘이 正義의 힘보다 강대할 때는 약한 것이 강한 것을 이기지 못하는 것도 또한 무시할 수 없는 법칙인 것이다. 이러한 경우에는 우레가 땅속에서 봄을 기다리듯 힘을 기르며 순서를 기다려야 하는 것이다. 「주역」은 여기에서 아마 주(周)나라의 발전과정을 예로 들어 설명하고 있는 것 같다. 周나라는 오랜 세월을 두고 전란과 학정에 우는 백성들을 그대로 보면서, 힘의 성숙과, 천하의 민심이 武王에게로 돌아 와서 正義의 편이 더 강력해지는 시기를 기다려 비로소 주왕(紂王)을 정벌하여 천하를 태평하게 만들었던 것이다. 괴로움을 싫어하고 평안한 생활을 원하는 것은 백성들의 모두가 원하는 것이므로 백성을 학정에서 구출하고 전쟁의 도탄에서 태평한 세상으로 인도하는 일은 인간 본연의 이치에 순응한 움직임이요, 不義를 구축하고 正義를 바로 세움은 인간의 정당한 도리에 따라 움직인 것이다. 그러므로 武王은 능히 천하를 평정하고 太平聖代를 이룩하는 大業을 완성할 수 있었던 것이다.

이러한 원칙은 모든 일에 그대로 옮겨 놓아도 진리일 수 있을 것이다. 모든 이 卦를 점쳐 얻은 이는 각자 자기의 경우에 서서 어떤 것이 인간본연의 이치에 순응하는 것이며, 또 어떤 것이 인간의 정당한 도리에 따르는 것인가를 깊이 생각하여 모처럼의 盛運을 실지로 성취하기를 바란다.

33 소축괘(小畜卦)

<table>
<tr><td>풍천소축(風天小畜) :</td><td>☴ 巽</td><td>○○●</td></tr>
<tr><td>건하손상(乾下巽上) :</td><td>☰ 乾</td><td>○○○</td></tr>
</table>

大象

바람이 하늘 위에 분다. 이것이 小畜의 卦像이다. 바람은 아직 비의 전제에 불과하다. 비가 되어 만물을 적셔 주기에는 이르지 못한 것이다.

君子는 이 卦象을 보고 더욱 더 자신의 文德을 닦는다.

卦辞

당장에 한줄기 퍼부울 것처럼 비를 머금은 검정 구름이 나지막이 내리 덮고 있건만 좀처럼 비는 되지 않고 있다. 그러한 어둡고 후덥지근한 하늘을 쳐다보고 있을 때처럼 가슴 답답한 노릇은 없다. 「어서 좀 쏟아졌으면.....」이렇게 정체(停滯)와 기다림의 순간에 놓인 상태가 이 「小畜卦」의 상징이다. 그러나 이 停滯와 기다림의 상태는 멀지 않아 전진과 성취의 감격을 가져다 줄 가능성을 내포하고 있는 것이다.

　小畜이라 함은 조금씩 저축한다, 조금 동안 막아 둔다, 조금씩 기른다, 라는 뜻이다. 이제 검은 구름 속에는 비를 저축하면서 잠깐 동안 땅위로 내려가는 것을 막아 두고 있는 것이다. 그러나 그 비는 자꾸 큰비로 길러져 가고 있다. 멀지 않아 큰비는 내리고야 말 것이다. 기다리는 숨 막히는 순간 저 너머로 쏴 하고 쏟아지는 비를 보는 것은 진실로 통쾌한 일이 아닐 수 없다. 철학자(哲學者) 임어당(林語堂)은 그의 수필집 〈유한수필(有閑隨筆)〉속에 위대한 인상주의적(印象主義的) 비평가였던 中國의 한 學者가 추려 낸 것이라고 하면서 인생의 서른 세가지의 행복(혹은 통쾌한 일)을 열거하고 있다. 그 서른 세가지의 첫머리에 이런 것이 있다. 「하늘에 칠월의 태양이 이글이글 타고 있다. 한줄기의 바람도 한 조각의 구름도 없다. 뜰은 화로 속처럼 뜨겁다. 어디에서 지치고 있는지 새 새끼 한 마리도 보이지 않는다. 땀은 냇물처럼 전신을 흐르고 있다. 점심상을 받았으나 수저를 들기가 싫다. 봉당에 돗자리를 펴게 하고 누워 보았으나 돗자리는 금방 땀에 젖어 버린다. 파리 떼가 모여 들어 쫓아도 가지 않는다. 아주 지쳐 버리고 있는 판에 별안간에 우르르 천둥이 울고, 巨大한 검정 구름이 공중에 일어나 전선(戰線)으로 나가는 큰 군대의 행렬처럼 엄숙하게 다가온다. 보고 있는 사이에 빗물은 폭포인양 처마를 흘러내리고 있다. 땀은 멎고 더위는 사라지고 그리곤 파리 떼는 흩어져 버렸다. 나는 점심을 먹을 수 있었다. 이 얼마나 통쾌한 일인가.」과연 가슴이 후련한 느낌을 준다. 이러한 통쾌를 잉태하고 있는 것이 검정 구름이라면, 이 小畜卦는 바로 검정 구름 그것인 것이다.

「小畜卦」는 바람을 상징하는 손괘(巽卦)가 위에 있고 하늘을 의미하는 건괘(乾卦)가 밑에 있다. 하늘에 바람이 불고 있는 모습이다. 바람은 구름을 몰아오고 비를 부르는 것으로 믿어진다. 그러기에 古詩에 「山雨欲來 風滿樓-산우욕래 풍만루」라는 멋진 글이 있다. 금방 뿌연 빗줄기가 쫘 하고 소리치며 산을 넘어 달려들 것 같은 그런 때면, 산중에 있는 정자 마루에는 먼저 온통 바람으로 가득 찬다는 것을 詩的으로 표현한 것이지만 한편 바람은 비의 첨병(尖兵)이란 것을 말하여 주는 글이기도 하다. 이같이 바람은 비의 尖兵이기는 하지만 아직 그 힘이 미약할 때는 당장에 비를 부르지는 못한다. 小畜은 조금씩의 저축이다. 그 조그마한 저축으로는 지금 당장을 서둘러 보아도 비가 될 수는 없다. 큰 힘이 저축될 때까지 기다려야 한다. 이것이 천지자연의 법칙인 것이다.

사람도 자기의 올바른 생각이 아직 실천에 옮겨질 만한 힘을 갖추지 못하였을 때는 초조하거나 저돌(猪突)의 만용을 부리게 되므로 실망하지 말고 착실하게 차근차근 실력을 기르라는 것이 이 卦의 교훈인 것이다.

이 卦는 그 형태에 있어서 모든 陽爻속에 다만 하나의 陰爻가 섞여 있다. 그야말로 「萬綠叢中一點紅-만록총중일점홍」의 존재이다. 온통 푸른빛으로 뒤덮인 수풀 속에 붉은 꽃 한 송이와 같은 것이다. 그 한 송이 꽃의 아름다움이 숲 전체를 조화시키기에는 미약한 것이다. 모든 陽爻의 强剛一色의 지나친 행세를 오직 하나의 陰爻가 그 부드러움으로써 견제하고 있는 모습이다. 그러므로 이 卦는 小가 大를 견제하고 아내가 남편을 견제하는 형상인 것이다. 그러기에 그

견제하는 수단은 부드럽고 성의 있고 예의를 잃지 않는 것이라야 된
다. 내 마음의 정성으로 남의 마음의 벽을 뚫어야 한다. 그것이 정당
한 수단인 것이다.

16세기 무렵 기독교(基督敎)의 한 敎派는「목적은 수단을 신성하
게 한다.」고 주장한 일이 있다. 즉 바른 목적을 위하여 수단을 가리
지 않는다. 즉 옳지 못한 수단일지라도 그 목적이 신성한 것이면 그
수단은 신성한 것이 된다는 주장이었다. 그러나 그것은 정당한 주장
이 아니었다.「주역」에서는 정의의 목적을 위한 일일수록 그 수단은
정당해야 된다고 가르치고 있는 것이다. 지금 그대의 힘은 아직 약
하다. 여건의 성숙을 기다려야 한다.

이 卦를 얻은 이는 이 卦의 가르침을 각자의 경우에 추리하여 맞
추어 가질 것이다. 사업가일 경우도 있고 샐러리맨일 경우도 있고
가정주부일 경우도 있고 학생일 경우도 있다. 그 하는 일, 마음먹은
일이 각양각색일 것이다. 그러나 그 어느 경우에서라도 바른 마음으
로, 한결같은 노력으로 자신의 실력을 기르면서, 성의와 유순으로
남에게 대하면 멀지 않아 吉運이 열릴 것이다. 당신이 이 卦를 파탄
의 암시로 만들든지, 성공의 전체로 善用하든지 그것은 오로지 당신
자신의 선택에 달려 있다. 당신의 정신은 이것을 선택할 현명을 가
졌으며 당신은 당신 자신의 정신을 제어(制御)할 권능을 가지고 있
기 때문이다.

34 중부괘(中孚卦)

풍택중부(風澤中孚) : ☴ 巽　　○ ○ ●

태하손상(兌下巽上) : ☱ 兌　　● ○ ○

大象

못물 위에 바람이 불어 물결을 일으키는 것이 中孚卦의 卦象이다. 君子는 이 卦象을 보고 성의를 가지고 범죄를 재판하고 사형에 해당하는 죄수에게는 감형한다.

卦辭

「中孚卦」는 바람을 표시하는 巽卦가 上卦, 못을 의미하는 兌卦가 下卦로 되어 있다. 바람이 못 위를 불어 가는 상태를 표현한다. 바람이 못 위를 불면 못 물은 움직인다. 움직인 못 물은 파문을 일으킨다. 파문이 한 번 일면 파문은 파문을 낳고 그 파문은 다시 다른 파문을 낳아 수면에는 무수한 同心圓을 그리며 한 물결이 움직여 일면 물결이 뒤따르게 만든다는 것이다.

사람의 정성된 마음은 남의 마음을 감동시킨다. 마음과 마음이 맞닿아 감동이 일어나면, 그 감동은 다시 다음 사람의 마음을 움직이고, 그 다음 사람은 다시 그 다음 사람의 마음을 움직여 물 위에 파문이 퍼지듯, 가슴에서 가슴으로 퍼져 가는 상태를 상징한 괘다.

中孚의 「孚」字의 원형은 「조(爪)」아래에 「子」를 붙인 것으로 새가 날개 밑에 알을 품고 있는 모습을 상징한 글자라고 한다. 새가 알을 품고 있을 때의 그 순수하고, 경건하고, 집중된 일념, 한결같은 일관성. 이러한 어미 새의 지성은 마침내 알속에서 생명을 일깨워 한 마리의 병아리로 부화시키는 것이다. 비록 그것이 한 마리의 새일망정 그 진실 앞에 우리는 머리가 숙여지고 옷깃이 여며지는 느낌을 갖게 된다. 이것이 바로 참된 정성의 힘이요, 또 그것이 남의 마음에 감동을 주는 힘인 것이다.

「中孚」는 사람의 가슴 속에 있는 정성된 마음이란 뜻이다. 한 마리의 새의 참된 사랑이 그렇게도 큰 힘으로 사람의 가슴을 움직여 놓는 것이라면 하물며 사람의 가슴에서 솟아오르는 참된 정성이야 두말할 필요도 없다.

지성(至誠)은 하늘도 감동한다. 「주역」은 이렇게 역설하고 있다. 정성 어린 은덕은 돼지와 물고기에까지도 미친다고 주장하기도 한다. 정성된 마음이면 위로는 저 하늘까지, 아래로는 돼지, 물고기까지도 감동하지 않는 것은 없다는 것이다. 정성된 마음만 있다면 온 국민의 마음을 감동시켜, 그들로 하여금 즐거운 마음으로 지도자의 마음에 순종하게 만들 수 있고, 국민의 마음이 즐겁게 따라 온다면, 나라 안은 일치협력 할 수 있을 것이다. 전 국민의 마음이 일치 협력한다면 어떤 어렵고 벅찬 일일지라도, 목선(木船)을 타고 강을 건너가듯 순조롭게 수행할 수 있다는 것이다.

오늘날 한 나라를 경영해 가는 일은 그렇게 단순한 것은 아니다. 정치, 경제, 산업, 문화, 사회, 군사, 외교, 국가의 온갖 분야가 서로 연결되고 종합된, 복잡하고 거대하고 고도화된 시책 위에 수행되어 가고 있다. 그 어느 한 분야조차도 고도의 과학이 있고, 깊이 있는 학문의 체계가 서 있다. 이러한 기초 위에 정책이 수립되고 실천이 시도되곤 하는 오늘, 그 정성만 있으면 나라를 잘 다스릴 수 있다는 한 조각의 추상론이 우리에게 전폭적인 감명을 주지는 못한다. 차라리 그 낡고 귀에 익은 설교에 혐오(嫌惡)를 느낄지도 모른다. 그러나 다시 한 번 고요히 생각해 보면 오늘에도 필요한 것은, 아니 오늘이기 때문에 더욱 필요한 것은 사람의 정성된 마음인 것이다. 어떠한 정책도, 어떠한 제도도, 어떠한 수행도 그것을 다루는 것은 인간이기 때문이다.

정성이니 지성이니 하는 낱말이 진부하다면 양심이라고 해도 좋다. 책임감이라고 해도 좋고 애국심이라고 해도 좋다. 사심(私心)이 개재되지 않은 진정 순수한 가슴에서, 가슴의 양심(良心)에서 불타오르는 참된 정열, 그것 없이는 알맹이 있는 일이 성취될 수는 없다. 더구나 남의 마음을 움직여 동감을 가져오게 할 수는 없는 것이다. 역시 순수하고 열성으로 가득 찬 참된 마음이라야 사람들은 그의 하는 말, 하는 일을 믿게 되고 믿게 되어야 공감이 오고, 공감은 공감을 연쇄 작용하여 여론의 형성과 국민 대다수의 협력을 얻을 수 있는 것이 아닐까? 「주역」의 가르침은 의연히 경청할 만한 가치를 지니고 있는 것이다.

개인에게 있어서 성실한 참된 마음이란 진정 존귀한 것이다. 진실한 마음이 없는 곳에 참된 애인이 있을 수 없고, 진심의 우정이 없는 곳에 마음을 허락하는 벗이 있을 수 없고, 동지가 있을 수 없다. 속임수와 겉치레로 한때 세속적인 성공도 하고 출세도 할 수 있을지 모르지만 그것은 오래 지속될 수는 없다. 가면이란 반드시 벗겨지기 마련인 것이다. 설혹 오래 간들 그러한 공허하고 천박한 인생이 진정 행복할 수 있을까. 인생이 참된 애인도 없고 참된 벗도 없고, 남을 믿지 못하고 남에게 믿음 받지 못하고, 남의 눈치나 살피고 남의 허점이나 노리면서 살아가야 하는 그러한 인생이라면 그 얼마나 고독하고 불행한 것일까.

사람이 하는 일이라면 어떠한 경우, 어떠한 일에서라도 한 사람의 진정, 순후하고 성실한 참된 마음이 바쳐진 것이라면 언젠가는 반드시 그 성과가 빛을 뿜을 것이다. 인간에게 한 조각 정성된 마음이 없다면 인생은 그야말로 가면의 무도회에 지나지 않을 것이다. 인생을 하늘의 별처럼 영원히 반짝이게 해 주는 것은 그 가슴에 정성된 마음이 있기 때문인 것이다. 中孚괘는 人生을 가장 존귀하게, 아름답게, 그리고 행복하게 만들어 주는 卦다. 행운의 卦다.

35 가인괘(家人卦)

풍화가인(風火家人) : ☴ 巽	○ ○ ●
이하손상(離下巽上) : ☲ 離	○ ● ○

大象

바람이 불어서 나오는 것이 家人의 卦象이다.

君子는 이 卦象을 보고 말은 實行이 있고, 行動은 한결같이 道를 지킨다.

卦辭

「家人」은 집안사람이란 뜻으로 가족을 의미한다. 家人卦는 가정(家庭)을 상징한다. 家人卦는 바람을 의미하는 上卦의 巽卦와 불을 의미하는 下卦의 離卦로 구성되어 있다. 바람과 불을 가정의 상징으로 표한 것은 그 착상이 재미있다. 불이 타면 바람이 생긴다. 그렇게 생긴 바람은 다시 그 불을 부채질하여 크게 확대시키고 발전시킨다. 이것은 마치 가정이 바르게 다스려지면 거기에서 바른길이 시작되고 온갖 활동의 힘이 배양되어 국가와 사회로 뻗어 가고 성장하는 것이라고 보는 것이다. 가정을 국가 사회의 한 기본 단위로 생각하고 있다. 그러므로 가정이 바르게 다스려져야 나라가 잘 다스려지고 나라가 잘 다스려져야 온 천하가 안정될 수 있다는 것이다. 가정을 국가 사회의 기본으로 생각하는 견해는 2500여년전의 「주역」이 뜻하는 것이나, 오늘에서의 뜻하는 것이나 별로 이견(異見)은 없는 것 같다.

뜻하는 것은 아마 인간 본연의 심정에서 자연스럽게 일어나는 순수한 여정을 기초로 하여 세워진 인간 최초의 단체이기 때문일 것이다. 가정은 제도 이전의 것이다. 가정은 제도에서 탄생한 것은 아니다. 인간의 가슴에서 탄생한 것이다. 인간에게 애정이라는 것이 존재하던 첫날, 이미 그들의 가슴에서부터 가정은 존재하여 왔던 것이다. 그들 원시인들은 사랑하는 남녀끼리 또는 그들의 자녀들과 함께 있기를 원하였을 것이기 때문이다.

인류역사의 발전과 더불어 가정은 성장하면서 줄기차게 인간에게 무한한 공헌을 남기면서 오늘에 이르렀던 것이다. 가정은 항상 인간에게 따뜻한 행복을 공급하고, 휴식과 위안을 얻게 해 주는 보금자리였으며 밖에서의 온갖 활동과 분투를 위한 조약의 발판이었으며 실력을 축적하는 창고였고, 수양의 도장이었다. 사회를 지도하고 나라를 다스리는 방법을 체득하는 실험장이기도 하였던 것이다. 이러한 가정의 고마움은 현대인에게도 같다. 차라리 인간 사회가 복잡하여 갈수록 가정은 더욱 소중한 존재일 것이다. 이렇게 인간과 가정은 불가분의 관계에 있는 것이다. 인간이 존재하는 한 가정은 존속할 것이요, 또 존속해야 할 것이다.

　가정의 중심은 주부이다. 가정이 잘 다스려지고 원만하려면 주부가 그 위치를 바로 지켜야 된다고 「주역」은 주장하고 있다. 가정에서는 남자의 임무와 여자의 책임이 구분되어 있다. 남자는 밖에서 일하고 여자는 안에서 일한다. 여기에는 엄격한 한계가 있어서 서로 침범하여서는 안된다. 침범하면 그 가정은 어지러워진다. 그것은 마치 하늘과 땅이 서로 자기의 맡은 일만을 수행할 뿐 서로의 한계를 넘겨보는 일이 없기 때문에 천지의 모든 운영은 순조로울 수 있음과 같다는 것이다. 그러기에 여자는 바깥일에는 간섭하지 말 것이며, 자기의 맡은 집안일에 충실해야 한다. 음식을 만들고 공급하는 것이 여자의 가장 큰일이다. 항상 유화한 마음과 종순하는 태도로 남편을 내조해야 할 것이며, 무슨 일이나 자신이 적극적으로 계획을 수립하고 나아가 자신이 그것을 해치우려는 생각은 말아야 한다. 몸가짐은 항상 절도 있고 조심성 있게 할 것이며 함부로 큰 소리로 웃어 대고 좋아서 어쩔 줄 모르는 개방적인 태도를 가져서는 안된다. 「주역」은 이 卦의 卦辭와 爻辭에서 이렇게 설명하고 있다.

　이것은 수천 년 전 사람의 가정관이요, 또 여성관인 것이다. 현대인에게 그대로 수긍될 수는 없다. 거기에는 비판되어야 하고 비난받아야 할 견해가 있다. 그러나 또 동감을 가지게 하는 점도 적지 않다. 우선 가정은 주부가 중심이 되어야 한다는 견해가 그러하다. 가정이 영원히 인간의 오아시스로 행복의 보금자리기를 원한다면 가정은 항상 여자의 마음과 손으로 만져져야 할 것이다. 여자의 마음이라야 사랑이 알뜰할 수 있고, 여자의 손이라야 어루만짐이 섬세하게 구석구석까지 골고루 미칠 수 있기 때문이다. 그러기에 사랑을 맡은 비너스는 여신인 것이다. 또 가정을 운영해 가는데 남녀의 일에 분담이 있어야 한다는 견해도 찬성이다. 여자가 가정 내부의 살림살이를 맡아야 한다는 것은 남자 또는 여자 자신의 행복을 위하여, 그리고 남녀의 타고난 정신적 육체적 조건으로 보아도 그것이 순리이며 원칙이 아닐까 한다. 남자는 밖으로 활동하여 생산을 맡고 여자는 안에서 일하여 소비를 담당한다. 남자는 밖으로 고격하고 여자는 안에서 지킨다. 공격과 수비가 兩全하여야 협동으로 승리할 수 있는 것이다. 남자로 하여금 뒤돌아보는 걱정 없이 공격에 나갈 수 있게 하고, 돌아 와서는 내일을 위하여 에너지를 축적할 수 있게 하는 가정을 창조하는 임무는 주부에게 있다. 집안일을 분담하는 것은 결코 여자의 지위를 저하시키는 까닭은 되지 않는다. 도리어 여자를 숭고한 존재로 만든 원인이 되는 것이다.

우리들의 가정을 행복 되게 하기 위하여 이 낡은 「주역」의 가정관 속에서 현대인의 민주주의적 지성의 양심에 받아들일 수 있는 새로운 타당성이 발견되기를 기대한다. 그리고 가정을 잘 다스리기 위하여 먼저 자신의 수양에 힘써야 한다. 「주역」의 견해에도 고요히 음미하기를 빈다.

36 익괘(益卦)

<table>
<tr><td>풍 뢰 익(風雷益)　　　　:</td><td>☴ 巽</td><td>○ ○ ●</td></tr>
<tr><td>진하손상(震下巽上) :</td><td>☳ 震</td><td>● ● ○</td></tr>
</table>

大象

바람과 우레, 이것이 益의 卦象이다.

君子는 이 卦象을 보고 善을 보면 바로 자신에게 옮겨 가지고 허물이 있으면 곧 고친다.

卦辭

「益」은 위 것을 덜어서 아래에 보태는 것을 상징하는 卦다. 이러한 논리는 이 卦의 형상에서 온다. 益卦의 형상을 보면 上卦에서 第四爻인 陰爻를 떼 내어 下卦의 陰爻인 第三卦, 第二卦에 보태 주는 것 같은 모습으로 보인다. 위 것을 덜어서 아래에 보탠다는 것은 윗사람이 아랫사람을 위하여 성의와 노력을 경주(傾注)하는 상태를 의미한 것이다. 한 나라가 발전하고 번영하려면 제 몸을 돌보지 않는 신하들의 충성과 모든 마음을 하나로 묶어 놓은 국민의 협력이 있어야 비로소 가능한 것이다. 그러나 그러한 충성과 협력이 솟아나게 만드는 힘은 君主 자신에게 있다. 그것이 바로 君主의 아랫사람을 위하는 성의와 노력인 것이다. 君主의 위치는 높기 때문에 그의 마음의 자세는 바르면 바른대로, 기울면 기운대로 바로 모든 백성의 눈앞에 가차 없이 노출된다. 또 모든 가슴속에 영상(映像)한다. 마치 태양이 하늘 높이 있기 때문에 천하의 모든 눈이 그것을 보고 있음과 같다. 한 조각의 검은 구름이 태양을 가려도 그 그림자는 온 천하에 광명을 흐리게 만든다.

　君主는 권력과 위세를 가졌기 때문에 한 번 성내어 만인을 울게 하고, 한 번 상을 찌푸려 만인의 얼굴을 어둡게 만들기는 쉽다. 그러 나 천하 만인의 마음이 진심에서 감동하여 호응하게 만들기는 진정 어려운 일이다. 마음은 형체가 없기 때문에 강요할 수도 벌할 수도 없는 것이다. 오직 자진하여 호응하게 할 뿐이다. 그것은 참된 성의 와 부단의 노력만이 그렇게 할 수 있을 뿐이다. 그러나 한 사람이 한 사람의 마음을 감동시키는 일도 성의와 노력만이 가능한 것이다. 천하 만인의 마음을 하나로 모으려면 만인의 마음을 감동시켜야 한 다. 만인 제각기의 마음을 상태로 만 가지의 마음을 감동시킬 수 는 어떠한 성의와 노력으로도 불가능한 것이다. 그러므로 君主는 먼저 만인이 다 같이 원하는 마음의 최대 공약수를 찾아내야 한다. 그리 하여 그 마음의 공약수를 향해 성의와 노력을 경주해야 한다. 마치 태양이 땅 위의 모든 생물이 함께 원하고 있는 열과 빛을 보내 줌으 로써 그들을 생성, 발전시키고 있음과 같다. 천하만민이 다 같이 원 하는 마음의 공약수 그것은 바로 민심의 동향이란 것이다. 현명한

君主는 민심의 동향을 잘 살펴서 그 지향하는 방향을 따라 이것을 바르게 인도하는 것이다. 이것이 「그 성질에 따르면서 지도한다.」 (因其性而導之-인기성이도지)라고 하는 민심지도(民心指導)의 대원칙인 것이다.

益卦는 우레를 의미하는 震卦가 下卦, 바람을 의미하는 巽卦가 上卦로 되어있다. 우레는 움직임을 상징하고 바람은 따르는 성질을 가진 것으로 「주역」은 설명한다. 그러니 下卦는 움직이는 것, 上卦는 따르는 것이니 아래의 움직임을 위에서 따르는 것이 된다. 이것이 곧 君主는 민심의 동향에 따라 정치를 하는 것이 「益」이 계시(啓示)하는 君主道인 것이다.

백성의 마음이 무엇을 원하는가에 따라 백성의 이익과 행복을 위하여 성의를 다하고 노력을 바치는, 그러한 정치를 하라는 것이다. 그러한 정치를, 위 것을 덜어서 아래에 보내는 정치라고 이 卦는 설명하고 있다. 그러기에 君主 자신에게는 박(薄)하게 하고 民生을 후(厚)하게 하라고 하였고 「은덕(恩德)이 태양처럼 위에서 아래로 내려간다.」고 하였다. 이렇게 윗사람이 아랫사람들을 위하면 아랫사람들은 즐겁게 윗사람의 마음에 호응할 것이니 어떠한 어렵고 벅찬 일이라도 능히 극복할 수 있고 나라는 발전한다는 것이다.

益卦는 君主의 政治道를 啓示한 것이지만, 이것은 국가에 국한한 가르침은 아니다. 가정에서 그러하고 회사에서 그러하고 단체에서 그러한 것이다. 현대인에게도 이것은 교훈이 될 가치를 가지고 있는 것이라고 생각된다. 상하의 협력으로 크게 발전을 기대할 수 있는 행운의 卦다.

제5부

37. 손괘(巽卦)

38. 환괘(渙卦)

39. 점괘(漸卦)

40. 관괘(觀卦)

41. 수괘(需卦)

42. 절괘(節卦)

43. 기제괘(旣濟卦)

44. 둔괘(屯卦)

45. 정괘(井卦)

37 손괘(巽卦)

손 위 풍(巽爲風)　：　☴　巽　　○○●

손하손상(巽下巽上)：　☴　巽　　○○●

大象

바람이 바람을 따른 것이 巽卦의 卦象이다.

君子는 이 卦象을 보고 항상 겸손한 마음으로 거듭거듭 성의를 피력(披瀝)하여 일을 처리한다.

卦辭

「巽卦」는 巽卦가 겹쳐서 이루어졌다. 巽은 바람을 상징한다. 바람이 불고 또 부는 상태를 표현한다. 바람에도 여러 가지가 있다. 돌이 굴러 가고 나무가 통째로 뽑히고 부러지고, 집이 쓰러지고, 바다 물을 밀어 올려 해일(海溢)을 일으키는, 그러한 닥치는 대로 걸리는 대로 부수고 꺾고 뒤엎고 거슬러 붙이는, 맹렬하고 사나운 바람이 있다. 태풍이 그러하다. 또 모든 것이 얼어붙고 모든 것이 위축하여 떨고 있는 겨울, 그 죽음의 광야를 또다시 찢는 듯한 금속성 휘파람

소리와 함께 싸늘하고 냉혹하고 무자비한 눈초리로 노리며 칼날처럼 날카롭게 할퀴고 찌르며 그리고 걷어차며 유린하며 불어 닥치는 살벌한 바람도 있다. 이름도 사나운 삭풍(朔風), 엄동에 위세를 부리는 朔風이 그러하다. 여름 하늘에 별안간 먹구름을 몰고 오며 적진으로 달려드는 천병만마의 군대 같은 위세로 비를 퍼붓고, 산과 들을 온통 홍수의 세계로 만들어 놓은 일진광풍(一陣狂風)도 있다. 그러나 이러한 난폭하고 살벌하고 미친 듯이 날뛰는 것은 바람 본연의 마음은 아니다. 바람의 정상적인 심정은 아닌 것이다. 이따금「나도 성내면 이럴 수도 있다.」고 자기를 언제나 샌님이나 색시처럼 얌전하기만 하고 무력한 존재라고 얕보지 말라는 시위에 불과한 것이다.

바람의 본성은 善한 것이다. 바람의 性善說을 주장함으로써 새로운 학파(學派)를 수립하려는 야심은 내게는 없다. 하지만 바람의 천성은 정녕코 부드럽고 겸손하고 종순한 것이다.

바람은 남에게 두려움을 주고 피해를 입혀 미움을 받고 저주의 대상이 되기를 원하지 않는다. 바람은 남과 충돌하기를 싫어한다. 남과 마주치면 언제나 제 편에서 태도를 부드럽게 하여 겸손하게 그 옆으로 비켜 간다. 제 힘보다 훨씬 약하고 가냘픈 것에 대하여는 더욱 섬세하고, 정답고, 조심성 있는 손길로 곱게 어루만져 주는 것이 그의 고운 마음씨인 것이다. 그러기에 늘어진 실버들 가지를 바람은 꺾는 법이 없고 어린 새잎이나 방긋이 피는 꽃봉오리를 못 본 체 지나가는 일이 없다. 언제나 고요히 다가 와서 한 번 머리를 쓰다듬어 주고 미소를 보여주고 그리곤 자리를 뜬다.

巽卦가 상징하는 바람은 이러한 부드럽고 겸손하고 마음 착한 본연의 자세의 바람인 것이다. 「巽」은 「遜」과 같다. 겸손하다, 순종한다는 뜻이다. 이 巽字로 바람을 표현한 「주역」의 생각은 바람의 性善說과 일치하는 사상인 것이다. 「巽」의 바람은 산들산들 부는 봄바람을 의미한다. 모든 것이 젊고 새로운 생명의 동산에 봄향기 봄기운을 듬뿍 몰고 와서 싱싱하고 따사롭고 새큼한 감촉을 안겨 주는 그러한 봄바람의 모습인 것이다.

봄바람은 몇 번이고, 몇 번이고 불고 또 불어서 제 가슴에 품고 있는 善하고 복된 꿈을 땅 위에 이루어 간다. 봄바람의 그 정답고 상냥한 손길은 어린 꽃봉오리의 붉은 입술을 방실 열어 놓기도 하고, 눈을 반짝이며 땅 위로 고개를 내밀고 있는 새싹들의 고사리 주먹을 달랑달랑 흔들어 주기도 하고 시냇가의 버들가지를 하늘하늘 춤추게도 한다. 고요한 봄 호수위에 잔잔한 비단 물결을 그려 놓기도 하고, 하늘을 오르고 있는 종달새의 날개를 살며시 부축해 주기도 한다. 처녀의 다홍치마를 배불뚝이처럼 둥그렇게 팽창시켜 놓기도 하고, 젊은 신사의 넥타이 자락을 깃발처럼 펄럭여 주기도 한다. 그리하여 봄을 살아 움직이는 것으로 만들고, 봄의 풍경을 조화되고 다채로운 것으로 꾸며 준다. 모든 것이 즐거하고 모든 것이 아름다운 그러한 봄을 꾸미는 것이 봄바람의 꿈인 것이다. 봄바람은 모든 것에 호의를 지니고 있다. 또 모든 것은 봄바람을 반가와 한다.

봄바람은 연약하고 언제나 부드럽고 상냥한 태도로 살아가고 있지만 그 힘은 크다. 바람이 넓은 들을 살랑살랑 불어 갈 때면 모든 풀과 꽃송이와 나뭇가지 들은 그 앞에 고개를 숙인다. 부드럽고 겸손한 것, 그것은 항상 강강(强剛)한 것보다 더 큰 힘을 가진다. 겸손하기 때문에 남의 의견을 존중할 줄 안다. 그러므로 훌륭한 지도자를 얻을 수 있고 서로 협력할 수 있다. 또 부드럽기 때문에 항상 남의 마음에 호감을 준다. 그러므로 남의 마음과 서로 연결될 수 있다. 남과의 협력에서 그리고 마음의 연결에서 오는 힘이란 진정 큰 힘인 것이다. 그러기에 살아 있는 것은 모두 부드럽고, 진실로 자신이 있는 자는 항상 겸손한 것이다.

「주역」이 이 巽卦를 통하여 겸손하고 부드러운 것의 중요성을 우리에게 계시(啓示)하고 있다. 부드럽고 겸손하다는 말은 자신의 이상이나 신조를 포기하고 남의 의견에만 추종하여 연합하거나 눈치를 살피라는 뜻은 아니다. 그것은 벌써 겸손은 아니다. 그것은 무원칙이요, 비굴이요, 아첨인 것이다.

자신의 이상과 신념에는 추호의 동요도 있을 수 없다. 꿋꿋이 지키면서 그의 실현을 위하여 전진할 것이다. 다만 그 과정과 수단에 있어서는 항상 봄바람처럼 부드럽고 겸손한 태도를 가지고 몇 번이고 거듭 노력을 쌓아 가면 조금씩 쌓은 공이 마침내는 큰 공을 이룰 것이라는 것이다. 겉으로 부드럽고 겸손하고 속마음은 단단한 것을 「外柔內剛」이라고 하여 유교에서는 이상적인 생활태도라고 생각하고 있다. 현대인에게도 충분히 적용될 수 있는 글인 것이다.

38 환괘(渙卦)

<pre>
풍 수 환(風水渙)   ：☴ 巽   ○ ○ ●
감하손상(坎下巽上) ：☵ 坎   ● ○ ●
</pre>

大象

바람이 물위를 부는 것이 渙의 卦象이다.

옛날 어진 君主는 이 卦象을 보고 上帝를 제사하고, 조상의 종묘를 세웠던 것이다.

卦辭

「渙卦」는 바람을 표현하는 巽卦가 上卦, 물을 의미하는 坎卦가 下卦로 되어 있다. 바람이 물위에 불고 있는 것을 상징한다. 바람이 불어 물위를 덮고 있는 티끌과 여러 가지 어지럽고 지저분한 물건들을 말끔히 쓸어버리는 상태를 의미한다. 오예(汚穢)를 걷어 버리면 물은 다시 맑고 깨끗해질 것이요, 물결을 불러 일이키면, 정체(停滯)에서 부패하고 있던 수면에서는 다시 생동이 올 것이다. 이것이 渙卦의 모습이다.

「渙」은 흩어진다. 풀린다의 뜻이다. 날이 새면 어둠이 흩어지고, 봄이 오면 얼음이 풀리는 그러한 상태를 의미한다. 날이 새면 햇빛 가득한 희망과 환희의 새로운 하루는 시작되는 것이요, 봄이 오면 생성하고 번영하고 성숙하는 화려한 계절의 서막은 열리는 것이다. 지금 그러한 순간에 서 있는 것이다. 「주역」 64卦 중에서 이 渙卦처럼, 속 시원한 해방감에 후우 큰 숨을 내뿜게 하고 밝은 희망의 의욕으로 가슴 설레게 하는 卦는 없다.

渙卦, 그것은 못 견디게 지루하던 긴 장맛비가 하루 저녁에 씻은 듯이 개이고 구름은 사라져, 하늘은 다시 바다처럼 푸른데 둥근 보름달이 둥실 떠 있는 것을 보는 순간, 그 순간의 심경을 상징한 것이요, 비좁고 답답한 철사그물 속에 갇혀 있던 두루미가 그 괴롭던 구속을 벗어나 막 무한대한 창공을 향하여 훨훨 날아오르는 순간, 그 순간의 상태를 상징한 것이기도 하다.

이러한 상태, 이러한 심경에 도달하는 그 순간, 이 순간보다 더 반짝이고 더 찬란하고 더 존귀한 것이 있을 수 있을까. 하늘의 별도, 땅위의 꽃도, 바다 속의 진주도 이렇게 사람의 가슴을 새파란 광선으로 반짝여 주지는 못할 것이다. 이처럼 찬란할 수도 없을 것이다. 渙卦를 한 나라의 획기적인 발전 상태에서 설명하고 있다.

한 나라가 지금까지의 정체(停滯)와 위난(危難)이 풀어져 새로운 발전의 전기를 마련하는 상태라고 표현하고 있다. 한 나라가 누적된 비정(秕政)과 사회악으로 말미암아 발전은 정지되고 안과 밖으로부터 일어나는 위험과 고난을 가져오게 되기까지에는 악의 부리는 이미 깊이 내려 있는 것이며, 위난의 근원도 간단한 것은 아닌 것이다. 惡이란 잡초와 같아서 그 번식률은 강하고 생명력은 악착 같은 것이다. 한 번 뿌리를 내리면 좀처럼 뽑혀지지 않는 것이다. 이 악의 뿌리가 뽑히기 전에는 내외의 위난은 모면할 수가 없다. 한 나라의 위난이란 것은 그 나라 안에 뿌리를 내리고 있는 악에서 돋아나온 옆가지이기 때문이다. 이러한 악과 위난을 깨끗이 뿌리째 뽑아 버림으로써 停滯와 위기에서 벗어난다는 일은 새로운 한 국가를 건설하는 만큼이나 힘들고 어려운 일인 것이다. 이러한 어려운 일을 능히 단행할 수 있다면 그 나라는 그 순간이 바로 새로운 발전과 번영의 계기가 될 수 있을 것이다. 예부터 이러한 사업을 중흥(中興)이니 재건(再建)이니 하여 높이 평가하고 있는 것이다. 이러한 위대한 再建이나 大改革은 언제나 아무나 이룩할 수 있는 일은 아니다. 평범한 노력이나, 항례적인 思考로써 가능한 것도 아니다. 우연히 이루어질 수 있는 일은 더욱 아니다.

渙卦는 그 형태를 살펴보면 帝王의 위치로 되어 있는 第五爻에 陽爻가 있고, 下卦에서도 陽爻가 中央의 위치에 있으며, 모두 陰爻가 陽爻의 옆에 있어서 陰陽이 서로 호응하는 상태를 보인다. 그래서 「주역」은 剛爻가 중앙의 위치를 얻으니 그 기세가 막힘이 없고 유효(柔爻)가 곁에 위치하여 위와 뜻을 같이하여 협력한다고 설명하고 있다. 이것은 뛰어난 능력과 과감한 용단성과 강력한 지도력과 현명한 사고를 가진 임금이 帝王의 지위에 있고, 이와 뜻을 같이하는 신하들이 그 주변에서 협력하고 또 백성들이 호응하는 것을 상징한다. 그러한 왕이 있고, 그러한 신하가 있고 또 그러한 백성이 있어야만 비로소 大改革을 통한 中興의 대업을 이룩할 수 있다는 것이다. 능력 있는 지도자가 중심이 되고 그와 뜻을 같이하는 동지가 있고 또

하는 일이 국민의 호응을 얻게 된다면, 현대에 있어서도 大改革도, 國家再建도 가능한 것이 아닐까. 또 이러한 논리는 국가에 국한된 것은 아니다. 어떠한 사회, 단체, 가정에서도 事理는 같은 것이다.

개인에게 있어서도 지금까지의 불우와 고난과 정체와 혼미 속에 신음하는 좌절감과 실의에 찬 생활에서 갇혔던 새가 그물을 벗어나 듯, 장맛비 갠 하늘에 보름달을 보는듯한 새로운 희망의 밝은 세계로 나서는 일은 우연히 이루어지거나 저절로 와지는 것은 아닐 것이다. 사고(思考)와 판단과 용기와 노력이 바르게, 그리고 꾸준하게 쌓아진 기초 위에서만 기다릴 수 있을 것이다.

당신은 그러한 과정을 꾸준히 걸어 온 보람이 있어 지금 막 밤과 낮의 경계선에서 한걸음 여명(黎明)의 방향으로 넘어 선 순간에 있다. 이젠 마음껏 가슴을 펴도 좋다. 힘껏 뛰어도 좋다. 태양의 거리를 향하여 전진하라.

39 점괘(漸卦)

<table>
<tr><td>풍 산 점(風山漸)　：</td><td>☴ 巽</td><td>○○●</td></tr>
<tr><td>간하손상(艮下巽上)：</td><td>☶ 艮</td><td>○●●</td></tr>
</table>

大象

산 위에 나무가 점점 자라고 있는 것이 漸의 卦象이다.

君子는 이 卦象을 보고 먼저 자신의 德을 길러서 점차로 한 나라의 풍속을 善한 것으로 인도하여 간다.

卦辭

「漸」은 漸進의 상태를 나타내는 卦다. 「漸」은 나무를 상징하는 巽卦를 上卦, 산을 의미하는 艮을 下卦로 하여 구성되어 있다. 산에 나무가 자라나고 있는 모습을 상징한 것이다. 산에서 자라고 있는 나무들은 성큼성큼 뛰듯이 눈에 보이게 성장하지는 않는다. 비약도 급진도 생각하지 않는다. 그러나 부단히 성장하고 있다. 차근차근하게 순서를 따라 점차로 조금씩 조금씩 커가고 있다. 잠시도 쉬거나 머뭇거리지 않고 확실한 걸음걸이로 한 계단 한 계단 높은 계단을 올라가듯 점점 자라 오르고 있다. 오르고 또 오르면 언젠가는 저 하늘높이 오를 것을 나무는 믿고 있다. 초조하지도 않거니와 게으르지도 않다. 언제 보아도 지치는 일이 없고, 언제 보아도 덤비는 일이 없다. 무한한 신념과 무진장한 생명력이 항상 그를 꿋꿋하고 싱싱하게 하여 준다. 바람이 불거나, 비가 오거나, 맑거나 흐리거나, 한결같이 변함없는 자세로 묵묵히 자신의 성장을 계속하고 있다. 동구(洞口)를 가로 막으며 성곽처럼 자리 잡고 있는 크나큰 느티나무의 巨木도 열 길, 스무 길 까마득한 낙낙장송도 모두 이렇게 조금씩 성장하여 왔던 것이다. 정말 나무의 성장하는 생태는 점진하는 일의 무서운 힘을 우리에게 실증으로 보여주고 있는 것이다.

이러한 漸進의 상태를 「주역」은 다시 기러기에서 설명하고 있다. 어린 기러기가 하늘 높이 날아오를 꿈을 간직한 채, 처음은 물가에, 다음은 반석 위에, 그 다음은 뭍에, 뭍에서 다시 나무 위에, 나무 위에서 언덕 위에로 이렇게 낮은 곳에서 높은 곳으로 가까운 곳에서 먼 곳으로 점차로 순서를 가지고 진출한다. 그리하여 마침내는 넓고 높고 먼 하늘 길을 소신껏 훨훨 날아가게 된다.

푸른 가을 하늘을 하얀 날개 빛을 또렷이 부각(浮刻)시키면서 행열(行列)을 간추려 날아가는 멋진 기러기 떼의 비상을 보면 그 자유롭고, 막힐 데 없고, 구애됨이 없이 뜻대로, 힘대로 기를 펴는 모습이 가슴을 후련하게 하여 준다. 그러나 그러한 기러기의 꿈은 하루 아침에 이루어진 것은 아니었던 것이다. 부단의 노력과 성장을 쌓으면서, 점진(漸進)의 계산을 차례로 올라섰던 것이다. 새가 공중을 날기까지에는 몇 번이고 몇 십 번이고 연습을 거듭하여야 한다는 것이다. 사람의 일도 이와 같은 것이다. 이렇게 순서를 따르고 과정을 거쳐 차근차근한 그리고 끊임없는 걸음걸이로 전진하면 그 앞길은 순조로울 것이며, 나아가서는 지위를 얻고 일을 수행하여서는 공을 세울 수 있다고 「주역」은 가르치고 있다. 한걸음 한걸음 신중하게 딛는 발에 실수가 있을 리 없고, 실수 없는 걸음걸이로 쉬는 일이 없으면 정체(停滯)가 있을 수 없고, 좌절이 있을 수 없다. 거기에는 오직 조금씩이나마 전진과 발전이 있을 뿐이다.

인간의 모든 성공은 그것이 가치 있고 크고 귀한 것이면, 그만큼 멀고 높은 곳에 있는 것이다. 이 성공을 지향하는 인간의 먼 여정(旅程)은 한때 만인의 박수갈채를 받으며, 통쾌하게 내닫는 단거리 선수 같은 돌진(突進)에서보다는, 묵묵히 어지러워지지 않는 보조(步調)로 꾸준히 달리는 장거리 선수 같은 끈기에서 얻어지는 것이 아닐까. 전자는 빠르지만 오래 갈 수는 없다. 그러나 후자는 느리긴 하지만 오래오래 지속할 수 있기 때문이다. 긴 인생의 경주에서는 누가 앞서느냐가 문제가 아니고, 누가 실격하지 않고 마침내 성공이라는 賞品이 매달려 있는 문안에 들어서느냐가 문제인 것이다. 문안에 들어서기만 하면 늦거나 빠르거나 누구에게나 상품은 주어지는 것이다. 그러기에 인생을 멋지게 성공적으로 그리고 행복하게 사는 길은 오직 한 가지만의 꿈을 안고 그 꿈을 향하여 한 가닥 한길을 의욕과 희망으로 설레는 가슴을 어루만지며 방황하지 않고, 중단하지 않고, 변함도 없고 한눈도 팔지 않는 채 꾸준히 걸어가는 그러한 인생일 것이다. 그의 꿈은 반드시 이루어질 것이다. 그 꿈이 아무리 멀다 해도 한평생 가는 길이 한 방향을 향하여 한줄기의 길을 쉬지 않고 한걸음 한걸음 거리를 좁혀 간다면 마침내는 도달하고야 말 것이다.

　그 꿈이 사회와 국가를 위하여 어떤 공헌을 할 수 있는 지위를 원하는 것이라면 「漸進의 功」은 그것을 얻게 해 줄 것이다. 그 꿈이 어떤 사업의 수행을 원하는 것이라면 「漸進의 功」은 그것을 이루게 해 줄 것이다. 이러한 점진의 공적은 개인의 인간문제에 국한한 것은 아니다. 인류가 이루어 놓은 찬란한 문화도 무수한 漸進의 계단을 밟아 온 것이요, 한 나라 한 사회의 전통과 번영도 하루아침에 이루어지는 것은 아니다. 인간사회의 모든 정상적인 그리고 순조로운 성장은 漸進의 법칙에 의거하지 않음이 없다.

　그러나 「주역」은 여기에서 경고를 잊지 않고 있다. 아무리 漸進의 법칙이 성공에의 큰길이라고 하나, 그것은 오직 바르고 옳은 일에 대해서만 무궁한 전도를 열어 줄 뿐이라는 것이다. 不義와 악을 위한 漸進이란 있을 수 없는 것이다. 언제나 不義와 악은 한때의 현상인 것이다. 영속하지는 못한다. 사회에는 정의가 있고 인간에게는 양심이 있기 때문이다. 사회와 다수의 사람들은 항상 정의와 양심의 편에 서기 마련인 것이다.

　우리는 이 漸卦에서 인생을 성공적으로 그리고 행복하게 살아 갈 수 있는 길을 다시 한 번 생각하자.

40 관괘(觀卦)

<table>
<tr><td>풍 지 관(風地觀)</td><td>: ☴ 巽</td><td>○ ○ ●</td></tr>
<tr><td>곤하손상(坤下巽上)</td><td>: ☷ 坤</td><td>● ● ●</td></tr>
</table>

大象

바람이 땅위를 불어 가는 것이 觀卦의 卦象이다.

옛날 착한 帝王은 이 卦象을 보고 두루 天下를 순시(巡視)하여 백성의 상태를 살피고 교화(敎化)를 베풀었다.

卦辭

「觀卦」는 下卦는 땅을 의미하는 坤, 上卦는 바람을 의미하는 巽으로 구성되어 있다. 땅 위에 바람이 불고 있는 상태를 상징한다. 바람이라면 얼핏 폭풍이나 태풍 같은 나무를 부러뜨리고 지붕을 날려 버리는 사나운 바람을 연상하거나, 꽁꽁 얼어붙은 겨울날, 매섭게 나무 끝을 불어가는 삭풍을 생각하기 쉽다. 이 觀卦의 상태를 그러한 어지럽고 사나운 바람으로 해석하는 사람도 없지 않다. 그러나 이 卦 전체의 느낌으로 보아 그러한 바람으로 생각할 수는 없다. 차라리 풀잎도 꽃봉오리도 즐겁게 어루만져 주는 따뜻한 봄바람 이거나, 첫여름의 밝은 햇빛이 눈부시게 쏟아지는 사이로 신록(新綠)의 싱그러운 향기를 불어다 주는 五月의 훈풍 같은, 그러한 바람이「觀」이 상징하는 바람이라고 느껴진다. 이것은 마치 나라에 德이 높은 君王이 있고, 그를 보필하는 훌륭한 신하들이 있어서 바른 정치와 국민을 심복시킬 수 있는 敎化가, 땅 위에 좋은 바람이 불듯이 나라 안을 감싸 주는 흐뭇한 상황과 같은 것이다.

孔子는 政治를 말하는 가운데「그대 스스로가 착하고자 하면, 백성은 저절로 착하여지는 것이니 君子의 德은 바람이요, 小人의 德은 풀과 같은 것이다. 풀 위에 바람이 불면 풀은 반드시 머리 숙인다.」라고 하였다.

(子欲善 而民善矣 君子之德風 小人之德 草 草上之風 必偃-자욕선 이민선의 군자지덕풍 소인지덕 초 초상지풍 필언) 〈論語〉

이렇게 바람이 고개 숙이는 풀 위를 불어 가듯, 나라의 政治의 혜택과 교화의 영향이 백성의 위를 불어 가는 상황을 살피는 것이 觀卦의「觀」의 의미인 것이다. 그러므로 이 卦는「大象」에서「바람이 땅 위를 불어 가는 것이 觀卦의 卦象이다. 옛날 착한 帝王은 이 卦象을 보고 고루 천하를 순시하여 백성의 상태를 살피고 敎化를 베풀었다.」고 하였다.

「觀」은 본다는 뜻이다. 그러나 그것은 철저히 관찰한다는 뜻이다. 자세히 살피고, 깊이 연구하고, 고요히 사색하고, 반성하는 것을 뜻한다. 그러므로 평범하게 심상히 보아 넘기는 그러한 본다는 것과는 다르다. 매우 의미심장한 것을 가진 글자다. 그러므로 사람이 어느 事物에 대하여 살피고 생각하고 연구한 결과에서, 자기의 신조로 삼는 것을 그 사람의 人生觀이니 國家觀이니 道德觀이니 하고 부르는 것이다.

나라의 정치하는 자는 백성의 상태를 이렇게 관찰하고 그 상황의 기초 위에 적절한 시책을 베풀어야 한다는 것이다. 다시 말하면 상황에 따라 그에 맞는 시책을 실행하라는 것이다. 이것이야말로 현대에 있어서도 정책수립자들에게 중대한 교훈이 아닐 수 없다. 甲이란 나라의 좋은 정책이, 乙이란 나라에도 반드시 좋은 정책이 될 수 는 없다. 서양의 훌륭한 문화가 동양에서도 그대로 서양에서처럼 훌륭한 성과를 기필할 수는 없는 것이다. 선진국가의 생활방식이라고 하여 그것이 후진 국가에서 모두 모방해야 된다는 것은 어리석은 일일 것이다. 甲회사와 乙회사 사이가 그러하고, 甲단체와 乙단체 사이에서도 그러하다. 그들 서로의 상황과 여건이 꼭 같을 수 없기 때문이다. 감기 든 사람과 위병 앓는 사람에게는 각각 처방이 달라야 할 것이다. 이러한 상식적이고 명백한 논리는 우리들 모두가 알고 있다. 그러나 우리들은 이따금 시행착오를 저지르는 경우가 많다. 이것이 바로 주체성의 상실인 것이다.

「주역」이 이천 수백년 전에 이미 상황을 살피고 거기에 적응한 대책을 세우라고 가르친 것은 놀라운 일이 아닐 수 없다. 「주역」은 다시 나아가 관찰하는 방법론까지 제시하고 있다. 帝王이 天下 백성의 상태를 살필 때는 높은 곳에 서서 「크게 살피라」고 가르치고 있다. 즉 높은 곳에서 내려다보는 자세로 시야를 넓게 하여, 크게 고루 살피라는 것이다. 높은 것에 서면 먼저 자신의 위치를 정확히 정할 수 있고, 대세를 파악할 수 있는 것이다. 그러므로 무엇이 가장 으뜸인가에 대하여 원칙과 대강령을 세울 수 있다. 지엽말절(枝葉末節)에 속하는 작은 문제에 구애하여, 큰 것을 그르치는 과오를 면할 수도 있고, 어느 一方에 편파하게 기울거나 작은 일로써 천하의 대세를 제멋대로 유추(類推)하는 독단에서 벗어날 수도 있다. 그러므로 균형과 통일과 공평과 조화를 가져오게 하는 소지(素地)를 만들 수 있는 것이다.

하필 帝王이나 위정자(爲政者)의 경우만은 아니다. 인간은 이따금 자신의 걸어가고 있는 길을 스스로 높은 위치에 서서 내려다보는 심경으로, 고요히 반성하여 보는 고답적인 태도를 잊어서는 안된다. 인간은 자신도 알지 못하는 동안에 작고, 편당적이고 이기적이고 우물 안 개구리로 떨어져 버리는 경향이 있는 것이다. 높은 곳에 서서 크게 관찰한다는 것은 정녕코 인간에게 성장과 발전을 가져오게 하는 한 계기가 될 것이다.

「주역」은 다시 논리를 전진시키고 있다. 훌륭한 제왕이 위에 서서 크게 천하를 관찰하려 할 때, 어떠한 마음의 준비를 가질 것인가에 대하여, 겸허하고 중용적(中庸的)이고 公正한 태도를 가져야 하며, 무엇보다도 성의가 있어야 한다고 설명하고 있다. 아무리 천하대세를 크게 살핀다고 하여도, 겸허한 마음이 아니면 주관에 사로잡히고 독단에 떨어질 위험성이 있다. 중용적(中庸的)인 사고방식이 아니면 지나치거나 미치지 못하는 과오를 범하기 쉽다. 그리고 公正한 태도가 아니면 균형과 조화와 공명정대한 판단을 기대할 수는 없는 것이다. 그렇게 된다면 모처럼의 「크게 관찰」한다는 일이 아무런 의미도 효과도 없는 것이 되고 말 것이다. 겸손, 중용, 공정, 이러한 태도는 現代의 어떠한 지도자에게도 필요한 좌우명이 아닐 수 없다. 우리는 오직 그러한 지도자가 적은 것을 한탄할 뿐이다.

모든 이러한 아름다운 마음과 훌륭한 태도로 결국은 성의가 있어야만 실천될 수 있다는 것도 이론(異論)의 여지가 없는 것이다. 마음속에서 우러나는 해 보겠다는 참된 성의가 없다면, 모든 것은 공허한 전시효과에 그치고 말 것이다. 그러므로 「주역」은 이 성의를 특히 강조하고 있다. 마치 우리가 조상이나 신명에게 제사 올릴 때의 경건한 마음과 같은 그러한 정성을 바쳐야 한다고 하였다. 더구나 신에 대함과 같은 경건한 마음을 가지되 이제 막 손을 씻고 신 앞에 나아가서 제물을 바치려는 직전의 순간과 같은 그러한 정성된 마음을 가지라고 가르치고 있다. 경건한 정성이 가장 고조(高調)되었을 순간을 가리킨 것이다.

천하의 상황을, 백성의 실정을 크게 살피는 데 있어서 이렇도록 조심성 있고 순일하고 두려워하는 그러한 성의로써 하라고 강조하고 있는 것이다. 帝王이 그러한 마음으로 있으면 그 경건하고 의젓한 태도는 백성이 우러러 보게 되고, 천하의 인심이 그에게로 심복하여 다가오게 되므로, 上下와 백성이 한마음으로 화합하고 협조하고 단결하여 나라가 크게 발전하고 번영한다고 이 卦는 제시하고 있다.

정성을 중시한 것은 「주역」만은 아니다. 儒敎에서는 일관(一貫)하여 인간의 모든 일의 근본이 「誠」에 있다고 성(誠)을 지극히 높이 평가하고 있다. 〈中庸〉에서도 「오직 천하의 지성(至誠)이고서야 능히 천하의 대경(大經)을 경륜할 수 있고, 천하의 大本을 세울 수 있으며, 天地의 화육(化育)을 알 수 있다.」고 한 구절이 있다.

(唯天下至誠 爲能經綸天下之大經 立天下之大本 知天地之化育-유천하지성 위능경륜천하지대경 입천하지대본 지천지화육)〈中庸〉

모든 관찰도 사색도 실천도 결국은 성의가 있어야 하고, 성의가 있으면 못 이룰 것이 없다는 것이다. 모든 이 觀卦를 점쳐 얻은 이는, 그리고 모든 지도적 지위에 있는 이는「주역」의 이 의미 깊은 교훈을 다시 한 번 고요히 음미하여 주기를 바란다. 이것은 틀림없이 그대에게 幸運의 열쇠가 될 것을 믿는다.

41 수괘(需卦)

<table>
<tr><td>수 천 수(水天需)　：</td><td>☵</td><td>坎</td><td>●○●</td></tr>
<tr><td>건하감상(乾下坎上)：</td><td>☰</td><td>乾</td><td>○○○</td></tr>
</table>

大象

需卦는 물의 상징인 坎卦가 하늘을 의미하는 乾卦 위에 있는 상태로서 구름이 하늘에 있는 것을 의미한다. 구름은 아직 비가 되어 大地를 적셔 주기에는 이르지 못하고 있다.

君子는 이 卦象을 보고 성숙의 시기를 여유 있는 모습으로 몸과 마음을 기른다.

卦辭

「주역」의 논리는 상식적이면서도 재미가 있다. 「需卦」는 물을 상징하는 坎卦가, 하늘을 의미하는 乾卦의 위에 있다. 하늘 위에 올라가 있는 물이라면 구름일 수밖에 없다. 구름은 아직 비는 아니다. 비 직전의 존재인 것이다. 구름이 비가 되어 땅 위의 만물을 적셔 주기까지는 조금 더 여건의 성숙을 기다려야 한다. 이 눈앞에 다가

온 기회의 직전에서 또 한 번 신중히 성숙을 기다리는 그 순간의 상태가 이 需卦의 卦象인 것이다. 需는 順자와 같은 뜻으로 기다린다는 말이다. 「屯」이나 「蒙」이나 「需」가 모두 때를 기다린다는 것을 보여주는 卦다. 그러나 그들의 卦가 지니고 있는 기다린다는 의미에는 정도의 차이가 있다. 거기에는 점진적인 발전의 단계가 표시되어 있다. 「屯」은 천지가 창조의 활동을 개시하는 첫 단계로서 그 기운이 배태되었을 뿐 아직 혼돈 속에 잠복하고 있는 상태를 표시한 것이요, 「蒙」은 생명이 배태상태에서 발전하여 형태가 생성하기는 하였으나 아직 어리고 가냘픈 미약한 존재로 있는 것을 의미한다. 샘물이 땅에서 솟아나왔으나 아직 웅덩이 안에 있는 상태이며 새싹이 새로운 생명체로 형성되기는 하였으나 아직 땅속에서 꿈틀거리는 모습을 보여준다. 그러나 「需卦」는 이러한 단계에서 한층 더 높은 발전의 단계에 도달한 상태이다. 샘물이라면 이제 막 둑을 넘어서려는 직전이요, 새싹이라면 지각 표피의 바로 한 꺼풀 밑까지 솟아 올라온 그러한 성취 직전의 상태를 의미한다. 그러니 기다리는 최후의 순간이요, 성숙의 바로 문턱에 있는 것이다. 이 최후의 5분간을 다시 한 번 신중하고 조심성 있게 힘을 모으며 기회의 무르익음을 기다리는 것이 「需卦」의 卦象인 것이다.

천지자연이 창조와 생성 발전의 과정에 있어서 이와 같은 신중한 조심성이 있다는 것을 「주역」은 인간에게 가르쳐 주고 있다. 인간은 여기에서 깨닫는 것이 있어야 하겠다. 무엇 한 가지가 성취한다는 것은 그다지 쉬운 것은 아니다. 거기에는 노력의 누적과 발전의 단계를 밟고 오는 성숙의 시간이 필요한 것이다. 그러기에 로마는 하루아침에 이루어질 수는 없는 것이다. 인간만사는 때가 오지 않으면

인간이 제 아무리 몸부림치며 서둘러 보아도 갓난아기를 걷게 할 수
는 없는 것이다.

(萬事分己定 浮生空自忙-만사분이정 부생공자망) 인생살이를 읊
은 이런 시가 있다 「인간의 온갖 일은 모두 이미 그 분수가 정하여
져 있는 것인데 사람들은 공연히 저 혼자 악착같이 바삐 설치고 있
다. 그러나 바삐 설친다고 그대로 되는 것은 아니다.」대략 이런 뜻
이다. 흔히들 이 詩를 숙명적으로 해석한다. 인간의 운명은 처음부
터 결정되어 있는 것이니 되는 그대로 살아 갈 수밖에 어쩔 수 없다
고 체념하는 해석을 하고 있다. 그러나 해석을 달리해보자.

(萬事分己定) 이란 것은 「모든 일에는 성숙하는 시기가 있는 것이
다.」라고 보는 것이 옳다고 믿는다. 자신의 역량과 노력의 정도에
따라 성과의 크고 작음이 정하여지고, 일의 성질에 따라 성숙의 시
기는 정하여지는 것이다. 그러기에 성숙의 시기가 오기 전에는 인간
의 힘으로는 어찌 할 수 없는 것이다. 이것을 사람들이 宿命이라고
잘못 생각하고 착각하는 것뿐이다. 시기의 성숙을 기다리는 것은 과
학적 검토에서 오는 현명이요, 우주자연의 이치를 깨닫는 예지인 것
이다. 결코 체념이나 요행을 기다리는 마음은 아닌 것이다. 옛날부
터 현명한 사람들은 때를 기다릴 줄 알았던 것이다.

(草堂春睡足 窓外日遲遲 大夢誰先覺 平生我自知-초당춘수족 창외
일지지 대몽수선각 평생아자지) 이것은 〈三國志〉에서 우리의 숱한
경탄과 박수갈채를 받고 있는 제갈공명이 아직 남양 땅의 시골집에
있을 때의 심경을 읊은 시라고 한다. 「초당 안에서 늘어지게 낮잠을

자고 있는데 창 밖에는 봄날의 해가 한없이 길다. 큰 꿈을 누가 먼저 깨달을 것인가. 내 평생의 일은 내가 스스로 이미 다 짐작하고 있다.」이런 뜻이다. 그 천하를 주름 잡을 만큼 큰 역량과 재지와 포부와 경륜을 가슴에 간직하고 있으면서도 때가 오기를 기다리며, 초조하거나 동요함이 없이 시골의 초가집에서 늘어지게 낮잠을 자고 있다는 그 유유자적(悠悠自適)한 심경을 우리는 높이 평가하고 싶다. 그는 때가 무엇인가를 아는 현명을 지니고 있었던 것이다. 모든 준비가 이미 다 되었건만 아직도 신중히 시기의 성숙을 기다리는 자신만만하고 여유 있는 기다림, 이것이 바로 「需」가 상징하는 기다림인 것이다.

때 오기를 기다린다는 일이 어느 때의 것인들 소중한 일이 아닐까마는 이 최후 五分間의 기다림이야말로 가장 중요한 순간인 것이다. 맹수는 공격직전의 찰나에 다시 한 번 움츠려 몸을 도사리는 것이다. 성공이 목첩(目睫)에 와 닿았을 때 사람은 흔히 소홀하거나 초조하거나 경거망동하는 예가 있다. 그러기에 아홉 길 쌓아 올린 공든 탑도 마지막 흙 한 삼태기의 잘못 때문에 무너지고 만다는 속담이 있다. 이러한 실패를 경계하는 것이 이 卦의 교훈인 것이다.

때를 기다린다는 말은 그저 막연하게 멍하니 기다리기만 한다는 것은 정녕코 아닌 것이다. 준비가 없으면 기다릴 「때」는 없는 것이다. 땐 굴뚝이라야 연기가 나는 것이며, 심은 씨앗이라야 싹 나기를 기대할 수 있는 것이다. 기다린단 말은 힘을 기른다는 말이다. 준비한다는 말이다.

하늘에 솟은 태산도 한걸음 한걸음 차례로 올라가면 마침내는 頂

上에 도달할 때가 올 것이다. 한걸음 한걸음 올라가면서 頂上에 도달할 시간을 계산하는 것이 때를 기다린다는 참된 뜻이다. 산 밑에서 쳐다만 보고 있는 이에게 頂上의 시간은 없다. 기다릴 때가 없는 것이다. 이 卦는 이러한 한걸음 한걸음을 쌓아 올려 온 보람으로 이제 정상의 일보(一步) 앞까지 도달하고 있는 것이다. 조금만 침착하게 기다리면 크게 성공하리라. 大吉運이 눈앞에 와 있다.

절괘(節卦)

수 택 절(水澤節) : ☵ 坎　●○●
태하감상(兌下坎上) : ☱ 兌　●○○

大象

못에 물이 있는 것 이 節卦의 卦象이다.

君子는 이 卦象을 보고 먼저 법률제도를 마련하여 국민의 질서를 세운 뒤에 도덕적 행동을 논의한다.

卦辭

「節卦」는 물을 표현하는 坎卦가 上卦, 못을 의미하는 兌卦가 下卦로 되어 있다. 못 안에 물이 있는 것을 상징한다. 물을 아무 데로나 함부로 제멋대로 흐르고 범람하게 버려두어서는 물로서의 이용가치는 없다. 도리어 피해가 있을 뿐이다. 물은 이것을 못이라는 제한된 위치 안에 멈추게 하여 넘치지도 않고 고갈하지도 않도록 조절하여야 항상 맑은 물을 가득 담고 있어서 거기에 고기를 기르고, 배를 띄우고, 밭과 논에 물을 댈 수 있는 것이다. 적절한 한계 안에 멈춰

서 절도(節度)를 지키는 상태를 상징한다.

「節」은 마디라는 뜻이다. 마디는 한계를 의미한다. 어느 한계에서 매듭을 짓는 것을 말한다. 節卦는 인간생활에 절도(節度)와 절제(節制)의 중요함을 가르친 卦다. 節卦는 陽爻와 陰爻가 다 같이 세 개씩으로 되어 있다. 어느 한쪽이 치우치거나 모자라는 일이 없다. 이것은 균형과 조화를 상징한다. 또 上卦에서도, 下卦에서도 모두 陽爻가 중앙의 위치를 점령하고 있다. 꿋꿋하고 의젓한 마음을 가지되 항상 중용(中庸)의 위치를 지키라는 것을 의미한다. 균형과 조화도 중앙의 위치도 모두가 節度와 節制를 지키는 결과를 의미한다. 인간이 節制와 節度를 지킬 줄 알고 있다는 것은 인간이 새나 짐승과 구별되는 귀중한 특징의 하나일 것이다.

節度라 함은 인간이 지켜야 할 알맞은 법도요, 節制라 함은 알맞게 한정하는 일이니, 감성적(感性的)인 욕구를 理性의 제어로 조화시키는 것을 말한다. 인간은 節制와 節度를 지킴으로써 인간 자신을 유지하고 인간 상호간의 관계를 조화시키는 것이다. 인간은 스스로 자신의 동물적인 욕구를 節制할 줄 알기 때문에 맛 좋은 음식과 향기로운 술도 어느 한계에서 그칠 줄 안다. 너무 기뻐함으로써 실신하지 않고 너무 성냄으로써 이성을 상실하지 아니한다. 그리하므로 인간은 자신의 건강과 생명을 유지할 수 있는 것이다. 사람은 또 자신의 욕구충족을 위한 행동이 남에게 침해를 주지 않는 한계에서 멈춰야 한다는 節制를 지킬 줄 알기 때문에 인간의 사회생활은 성립되는 것이요, 공존과 협력이 가능한 것이다. 알맞은 한계라는 것은 지나치지도 않고 모자라지도 않는, 그러한 위치를 말하는 것이니 이것이 곧 유교에서 가장 중시(重視)하는 중용(中庸)의 길인 것이다.

　인간의 모든 中庸의 길을 지킴으로써 정상상태를 유지할 수 있고, 순조로운 발전을 기대할 수 있고, 평화와 안정을 얻을 수 있고, 모든 善한 것, 福된 것을 성취할 수 있는 것이다. 모든 이러한 것들은 항상 균형과 조화와 그리고 협력 위에서만 기대할 수 있고, 그 균형과 조화와 협력은 바로 中庸 그것에서 얻어지기 때문인 것이다. 개인의 마음의 자세, 몸가짐에서부터 가정과 단체와 사회와 국가, 더 크게는 인류 전체에 이르기까지 사람의 일은 그 어느 한 가지도 이 원칙에서 예외일 수는 없는 것이 아닐까. 지나치다는 것은 알맞은 한계선을 넘어선 것이요. 모자란다는 것은 알맞은 한계선까지 미치지 못한 것이니 어느 것도 中庸은 아니다. 너무 모질고 꼿꼿하면 부러지고, 너무 부드러우면 늘어져 버리는 것이다.

　겸허와 공손이 미덕이기는 하나 한계를 지나치면 비굴에 떨어지기 쉬운 것이며, 한계를 넘어서 권력을 남용하거나 권세를 자세(藉勢)하여 교만하기에 이르면 곧 몰락이 그를 찾아온다는 것을 우리는 많은 경험에서 알고 있다. 괴롭고 어려운 경우에 꿋꿋하게 참고 견디며 「백설이 만건곤할제 독야청창」하게 의젓이 절개를 지키는 것은 높이 평가 되어야 옳다. 하지만 이 고절(苦節)도 한계를 넘어서면 이미 정상적인 것은 아니다. 세상의 모든 사람에게 권장할 만한 中庸의 道는 아니다. 苦節이 지나치면 그 앞길은 막혀 버리기 때문이다. 세상의 모든 사람에게 끝까지 고목(枯木)처럼 말라 버리는 고고(孤苦)의 절개를 요구할 수도 없거니와, 그렇게 되기를 바라서는 안된다. 인간의 영원히 생성 발전하는 것이기 때문이다. 인간은 그러한 苦節에서 벗어 날 것을 노력하여야 할 것이다. 나라에 있어서 中庸의 道는 더욱 중요하다. 독립된 한 나라가 군대를 가지는 것은 필요하다. 그러나 지나치게 武力에 치중하면 軍國主義에 떨어지기 쉽다. 제2차 대전에서우리는 군국 일본이나 나치스 독일의 최후가 어떤 것이었던가를 잘 알고 있다. 그 반대로 학문과 예술을 존중하는 것은 매우 경하할 만한 일이다. 하지만 지나치면 나라의 기풍은 文弱에 빠지게 된다. 우리는 朝鮮王朝의 숭문천무(崇文賤武)의 풍습이 어떠한 폐해를 가져 왔던가를 뼈저리게 경험하고 있다.

나라 안에서 검소와 절약을 권장함은 찬양될 수 있는 정책이다. 그러나 그것도 한계를 지나칠 수는 없다. 인간은 역사의 진전에 따라 생활이 향상하는 것이다. 인간은 그 향상하는 생활을 향유하고 즐기는 것으로 보람을 느낀다. 그 생활의 향상 때문에 인간은 의욕을 가지고, 인생이 살맛이 있고, 나라는 번영하여지고, 문화는 발전하곤 하는 것이다. 검소와 절약이 미덕이라고 하여 수놓은 옷은 사치다. 옷감에 무늬를 없애라. 넥타이는 뭣 때문에 매느냐, 짚신을 신자, 무명옷만 입자, 책은 글자가 있으면 그만이다, 화려한 장정은 왜 하느냐, 액세서리는 필요 없다. 실내장치는 사치다. 이렇게 따져 간다면 결국 인간의 생활은 원시로 되돌아가야 할 수 밖에 없을 것이다. 그러나 그것은 오늘날에 알맞은 검소와 절약의 한계는 아닌 것이다.

이렇게 中庸의 道를 지키는 일은 소중하다. 결국 인간의 모든 일은 알맞은 한계에서 법도가 설정되고 그 법도 위에 질서가 지켜져야 하는 것이다. 이것이 곧 「節卦」의 교훈인 것이다. 현대에 있어서도, 아니 現代일수록 이 원칙은 엄연한 진리인 것이다. 다만 그 알맞은 한계선이라는 것이 시대에 따라 그 위치의 설정이 달라질 뿐이다.

현대의 자유민주주의의 찬란한 문화도 그 뿌리를 파고 들어가 보면 결국은 이 알맞은 한계선이라는 질서 위에서 피고 있는 꽃이 아닐까. 그것이 바로 節度요 節制인 것이다.

「節」의 교훈에서 우리는 우리 자신과 인간 상호간의 행복을 키워 가자.

43 기제괘(旣濟卦)

<table>
<tr><td>수화기제(水火旣濟) :</td><td>☵ 坎</td><td>● ○ ●</td></tr>
<tr><td>이하감상(離下坎上) :</td><td>☲ 離</td><td>○ ● ○</td></tr>
</table>

大象

물이 불 위에 있어서 왕성하게 타고 있는 불을 꺼버리려고 하고 있는 것이 旣濟의 卦象이다.

君子는 이 卦象을 보고 환란(患亂)이 일어날 것을 경계하여 예방에 노력한다.

卦辞

「旣濟卦」는 물을 의미하는 坎卦가 上卦, 불을 의미하는 離卦가 下卦로 되어 있다. 물은 아래로 흐르는 성질이 있고, 불은 위로 타오르는 성질이 있다. 물이 위에 있으므로, 그 마음은 아래로 향하고 있고, 불이 밑에 있으므로 그 마음은 위를 지향하고 있다. 이리하여 물과 불의 마음은 서로 만나게 되고 서로 교차하게 되는 것이다. 또 물을 솥이나 가마에 넣어 놓고 그 아래에 불을 때면, 물과 불은 그

기운이 서로 합쳐서 물건을 삶고 익히는 작용을 이룩할 수 있는 것
이다. 이렇게 旣濟卦는 각기 정당한 위치를 얻고 서로 협력하는 상
태를 상징한다. 또 旣濟卦의 형태는 모든 爻가 하나하나 정당한 위
치에 있다. 단 한 개도 바른 위치가 아닌 것은 없다. 이 모든 爻들은
하나하나가 음양상응(陰陽相應)의 관계를 이루고 있다. 이렇게 모든
효가 바른 위치에서 上·下卦가 서로 호응하는 상태를 가진 것은「주
역」64卦중 오직 이 旣濟卦에서만 볼 수 있다. 이것은「주역」의 법칙
에서 가장 이상적인 형태로서 최선과 완전의 미를 표현하는 것이다.

「旣濟」는 완성을 의미한다. 모든 것이 이미 더할 수 없는 완전하
고 최선인 상태를 성취하고 있는 순간을 표현하고 있는 卦다. 개인
의 경우라면 인생의 모든 물과 불과 바람과 비의 역정(歷程)을, 위난
(危難)과 곤고(困苦)의 모든 과정을 완전히 지나고, 이제는 공을 세
우고 이름을 떨치는, 모든 것이 흐뭇하고, 모든 것이 만족한 그러한
경지를 의미한다.

나라의 경우라면 王과 신하와 모든 국민 한 사람 한 사람이 모두
자신의 능력과 소질에 적당한 지위와 직업을 얻고, 서로의 마음이
한 사람의 예외도 없이 서로 호응 상태에 있어 전체가 하나로 협력
하게 되어 나라는 평화와 번영과 기쁨으로 가득 차 있는 상황을 의
미한다. 이러한 가득 차 있는 상태, 절정에 도달한 상태에서는 이
이상 다시 향상이 있을 수 없고 발전이 있을 수 없다. 오직 현 상태
대로 길이 변함없이 지속되기를 바랄 뿐이다.

그러나 현상유지라는 상태는 오래 지속되기 어려운 것이다. 그것
은 전진도 없고 후퇴도 없는, 한 위치에서의 정지 상태인 것이다.
완전무결이라는 중력을 지닌 채 고요히 한 상태대로 한 위치에서 정

지하고 있다는 것은 전진하기보다 더욱 어려운 것이다. 마치 나는 새가 날아오르지도, 앞으로 나가지도, 아래로 내려가지도 않고 날개를 편 채 고요히 제자리에 멈춰 있는 것과 같고, 헤엄치던 사람이 팔 다리의 움직임을 정지한 채 움직임을 변경하지 않고 그대로 물 위에 떠 있는 일과 같은 것이다. 결코 오래 지속될 수는 없는 것이다. 완전상태에서 현상유지가 깨어지면 불완전의 전락이 있을 뿐이요, 정상에서 떠나면 내려가는 길이 있을 뿐인 것이다. 마침내는 그렇게 되지 않을 수 없는 것이 운명의 기정사실이다. 조선왕조 제22대 정조대왕은 활쏘기를 하면 한 번에 쉰 발의 화살을 쏘아 마흔아홉 발을 명중시킨 것이 열두 차례나 되는 명궁의 기록이 있다. 다섯 발씩 연달아 잘 맞추다가도 마지막에는 꼭 한발이 부족했다. 마지막 한발은 허공이나 숲을 향해 활을 내고는 언제나 완벽의 쉰 발을 맞이하지는 않았다. 정조대왕은 인간은 완벽한 경지에 오르면 다음은 그보다 못한다는 『주역』의 「旣濟卦」를 너무나 잘 알고 있던 군왕이었다.

이것이 「주역」의 변하고 바뀌는 법칙이다. 「주역」은 이 卦에서 처음은 길하고 뒤에는 어지럽다고 설명하고 있다. 그 누구의 힘으로도 이 법칙을 거부할 수는 없다. 인간이 할 수 있는 최선의 길은 오직 어떻게 하면 현상유지의 시간을 좀 더 연장할 수 있는가 그 길을 발견하는 것뿐이다. 인간이란 최고의 상태에 있으면 교만이 생기고, 만족한 환경에 놓이면 해이해지기 쉽다. 이 교만과 해이를 경계하면서 자세의 균형을 유지하기에 안간힘을 기울이는 길이 있을 뿐이다.

둔괘(屯卦) 44

수 뢰 둔(水雷屯)　　：☵ 坎　　●○●
진하감상(震下坎上)　：☳ 震　　●●○

大象

우레가 구름 밑에 있어서 아직 진동할만한 기세에 도달하지 못하고 있다. 이것이 屯의 卦象이다.

君子는 이 卦象을 보고 이러한 질식 상태를 타개하기 위하여 國家 經濟의 큰 뜻을 세운다.

卦辭

「屯卦」는 물을 상징하는 坎卦가 위에 있고, 우레를 의미하는 震卦가 아래에 있는 형태로 되어 있다. 이것은 마치 태초에 천지가 창조된 뒤에 陰電과 陽電의 기운이 배태되었으나 아직 그것은 물 밑에 잠재하면서 앞으로의 큰 힘으로 자라고 있을 뿐, 물을 뚫고 치솟아 우레로서 소리치며 하늘을 달릴 만한 힘을 갖추지는 못하고 있는 그런 순간의 상태를 보여주고 있는 것이다.

「屯」이라 함은 정체(停滯)를 의미하는 말이다. 정체란 움직여야 할 것이, 또 장차 움직이고야 말 것이 아직 여건의 제약 때문에 움직이지 못하고 있는 상태이다. 또 屯은 고민을 의미하는 글자이기도 하다. 그러니 이 屯卦는 고난을 상징하는 卦이기는 하나 이것은 단순한 고난만을 의미하는 것은 아니다. 屯卦는 새로운 탄생을 위한 진통의 고난이요, 앞으로의 비약을 준비하는 정체인 것이다. 지금은 물 밑에 있지만 배태된 우레는 반드시 하늘을 치솟아 큰 소리를 치고야 말 것이다. 둑으로 가로 막힌 강물은 정체하고 있지만, 장차 둑을 뚫을 만한 힘이 축적되면 물은 반드시 흘러가고야 말 것이다.

이른 봄에 어린 새싹이 흙속에서 꿈틀거리지만 때가 오면 지각을 뚫고 땅 위로 터져 나오기 위하여 힘을 기르고 있을 뿐이다. 이것은 고난의 시간이기보다는 준비의 시간인 것이다. 준비의 고난이 크면 클수록 그 성과는 큰 것이다. 새 생명의 탄생을 위하여 어머니는 10개월의 고난과 목숨을 건 분만의 진통을 겪어야 하는 것이다. 그러나 그 고난이 얼마나 거룩한 것이며, 새로운 탄생이 있을 때의 어머니의 행복감이 얼마나 큰 것인가를 우리는 생각해야 한다.

봄 동산을 찬란하게 장식하는 잎과 꽃들의 영화도 봄이 오던 날 아침에 갑자기 피어난 것은 아니다. 기나긴 겨울 동안을 눈 속에서, 찬바람 속에서 얼어붙은 흙속에서부터 나무의 마음은 부지런히 봄을 준비하여 왔던 것이다. 영화는 그 준비의 보답인 것이다. 이러한 천지자연의 이치를 인간에게 보여주는 것이 바로 이 屯卦인 것이다. 위대한 교훈이 여기에 있는 것이다. 하늘과 땅이 생긴 뒤 최초의 창조가 시작되는 현상이 「屯」의 고난이듯이, 인간의 모든 일의 성취에는 고난이 선행조건인 것이다. 인류가 이루어 놓은 대사업이나 큰 공적치고 피눈물 나는 고난이 전체가 되지 않는 것이 없다. 인류의 모든 문화도 문명도 피와 땀과 희생의 누적에서 오지 않는 것이 있는가? 인간의 역사는 진실로 고난의 기록인 것이다.

고난은 인간에게 성취와 행복을 가져다주는 위대한 존재인 것이다. 다만 인간이 이에 굴복하지 않고 실망하지 않고 이것을 극복할 만한 인내와 노력이 있느냐 없느냐가 문제일 뿐이다. 인내와 노력, 이것은 인간의 고난을 성공적으로 바꿔 놓는 마술사이다. 미다스왕의 손에 잡히는 온갖 것은 무엇이나 황금으로 변해 버리게 하는 그리스 로마 신화의 디오니소스신이 선물해준 능력과도 같은 것이다. 이것은 과거 인류 역사가 한결같이 증언하고 있다. 구구하게 누구의 예를 들 필요도 없고, 어느 사건을 보기로 들춰 낼 나위도 없다. 인간의 역사가 고난의 기록이라면 인간의 모든 성공의 역사는 인내와 노력의 기록인 것이다.

이것은 오늘날 우리의 현실에 있어서도 생생한 진리인 것이다. 시험에 이기려면 공부하는 고난을 참아야 하며, 한 사람의 훌륭한 운동선수가 되려면 고된 수련(修鍊)의 고비를 넘겨야 영광의 금메달을 획득하는 것이다. 그리고 인내와 노력과 더불어 성공에 도달하는 길은 때를 기다릴 줄 아는 일이다. 때를 기다린다는 말은 성숙의 시기를 기다린다는 말이다. 세상의 모든 일은 이루어질 수 있는 여건이 성숙하지 않고는 되지 않는다. 아무리 고난이 심하고 인내하기 지루할지라도 그 성숙의 시기를 기다려야 한다. 벼는 가을이 와야 익고, 물은 온도가 영하로 내려가야 얼음이 된다.

옛날 송나라의 한 농부가 들에서 자기네의 곡식이 뜻대로 자라지 않는 것을 보고 초조한 마음에 당장 곡식의 줄기를 손으로 하나하나 뽑아 올려 키 크게 해 놓고는 잘했다는 태도로 집에 돌아가 자랑을 늘어놓았다. 아들이 당황하여 밭에 따라가 보니 곡식은 이미 모두 고사하고 말았더라는 이야기가 있다. 시기의 성숙을 알지 못하는 어리석음을 풍자하는 유명한 이야기지만 이 같은 어리석음이 송나라의 그 한 사람에게만 국한한 것은 아니다. 우리는 우리의 소중한 일을 초조와 조급한 마음 때문에 손으로 곡식의 이삭을 뽑아 올리는 잘못을 얼마든지 저지르고 있는 것이다.

이 屯卦의 卦辭에서 거듭거듭 고난을 참고 꾸준히 노력하면서 때 오기를 기다릴 것을 강조하고 있다. 이것은 단순한 설교를 하는 것은 아니다. 천지자연의 이치를 들어 그 진리를 설명하고 있는 것이다. 솔직히 말해서 屯卦는 「주역」 64卦중에서 困卦, 坎卦, 蹇卦와 더불어 四大難卦(네 가지 苦難을 보여주는 좋지 못한 卦)중의 하나이다. 현재는 고민과 혼란속에 쌓여 있는 惡運이다. 그러나 이 고난은 앞으로의 大成을 배태하는 고난의 惡運이기에 이것을 극복하기만 하면 大吉한 운을 약속하여 기대할 수 있는 것이다. 이 卦를 얻은 이는 그 자신의 정신력의 정도에 따라 惡運으로 종말할 수도, 악운을 大吉運으로 발전시킬 수도 있는 것이다.

정괘(井卦) 45

수 풍 정(水風井)　：☵ 坎　　●○●
손하감상(巽下坎上)　：☴ 巽　　○○●

大象

나무위에 물이 있는 것이 井卦의 卦象이다.

君子는 이 卦象을 보고 백성을 위로하고 권장(勸奬)하고 도와준다.(巽은 바람, 나무를 의미한다. 곧 나무의 두레박에 물이 담긴 것을 상징 하는 井卦이다)

卦辞

「井」은 우물이다. 우물은 인간의 생활에 없어서는 안되는 소중한 것이다. 사람은 물을 마시지 않고는 생명을 유지하지 못한다. 물을 공급하여 주는 것이 우물인 것이다. 우리는 우물을 고마워한다. 현대의 도시인들은 우물에 대한 고마움을 잊어 가고 있다. 아쉬운 노릇이다. 상수도라는 문화시설이 생겼기 때문이다. 상수도는 분명 인간의 생활을 놀랄 만큼 편의하게 하여 준다. 인류 문화의 커다란 발전임에 틀림이 없다. 그러나 우물이 아쉽다. 수도에서는 어딘가 허전함을 느낀다. 수돗물에서는 우물에서처럼 맑고 새롭고 이가 시린 짜릿한 찬 맛을 찾아 볼 수는 없다. 금속의 수도꼭지에서 쏴아 하고 쏟아지는 물소리에서는 돌 사이로 들릴 듯 말 듯 솟아 나오는 속삭임 같은 샘 소리를 느낄 수는 없다. 수도에서는 우물에서처럼 금방 얘기라도 나눌 것 같은 생동하는 분위기도, 혈관이 서로 이어져 있는 것 같은 정다움도 찾을 수는 없다. 수도, 거기에는 낭만도 전설도 없다. 그저 사무적일 뿐이다. 이웃끼리도 한 우물을 먹고 산다는 이웃사촌의 인정은 옛이야기로 사라져 간다. 우리는 우물을 잊을 수 있을까.

인류의 생활은 물과 더불어 시작되었을 것이다. 원시인이라는 인간의 조상들은 사냥으로, 방목으로, 어로로, 그들의 유랑생활을 이어 가는 동안 그들은 항상 물 있는 곳을 찾아 다녔을 것이다. 그리하는 사이에 그들은 물 있는 곳에 생활의 근거를 주었을 것이요, 점차로 정착하게 되었을 것이다. 그들은 홍수의 위험이 있고, 곳에 따라서는 가물면 물이 말라 버리는 흐르는 물가에서 살기 보다는 언제나 맑고 깨끗한 물이 가득 샘솟고 있는 그리고 안전한 샘터를 찾아 살기를 더 좋아하였을 것이다. 그들은 드디어 천연의 샘물을 우물로 만들고 또 새로운 우물을 개척하곤 하였을 것이다. 인간이 샘물에다가 우물이라는 인공을 시설하기에 이른 것은 인류의 생활에 놀라운 발전을 가져왔던 것이다. 그들은 우물을 중심하여 자연발생적인 부락이 구성되고 부락이 생기니 공동생활이 시작되고 추장이 생기고 다른 부락과의 교섭이 일어나 싸움이 있고 또 협력관계가 생기곤 했을 것이다. 정착하게 되니 마침내는 농경에 눈을 뜨게 되었을 것이다. 이렇게 따지고 보면 인류의 사회생활도 문화도 그리고 역사도 우물과 더불어 시작되고 우물과 더불어 있어 왔던 것이다. 인간이 우물을 쓰기 시작한 것이 과연 언제부터였는지는 알 수 없다. 그러나 古代 인류가 우물을 쓰기 시작한 뒤로 몇 천 년, 몇 만 년 혹은 몇 십만 년을 인간은 면면히 우물과 더불어 살아 왔다. 그 유구한 세월을 우물은 인류의 목을 축여 주고 마음을 적셔 주고, 정서를 길러 주고 생명을 키워주던 것이다. 오늘날 우리가 우물에 향수를 느끼는 것이 잘못일 수 있을까.

인간의 생활이 있어 온 이래 우물은 인간에게 있어서 생명의 원천이었으며 행복의 상징이었음은 누구도 부인할 수는 없다. 그러한 우물을 상징한 것이 이 井卦인 것이다.

고대로부터 우물은 독점하지 않는 것이 인간의 한 선량한 관습이었던가 보다. 우물은 언제나 맑고 시원한 물을 가득 담고 있어서 불어나지도, 줄어들지도 않는다. 퍼서 쓰면 쓸수록 새로운 맑은 물이 고이는 것이다. 언제나 누구나가 오는 사람, 가는 사람 무도가 자유로이 마실 수 있도록 개방되어 있다. 우물은 사람들이 어서 많이, 더 많이 마서 주기를 기다리고 있는 것이다. 물은 눈앞에 있다. 그 차고 깨끗한 옥 같은 물이 금방 마실 수 있는 기회를 제공하고 있다. 그러나 물은 저절로 입에 들어오는 것은 아니다. 이것을 퍼 올려야 마실 수 있는 것이다. 그러기 위해 어느 우물에나 두레박이 준비되어 있는 것이다. 인간의 앞에 제공된 행복의 기회는 이렇게 모든 준비를 갖추고 기다리고 있다고 생각하니 가슴 설레지 않는가! 그러하건만 어떤 사람들은 바로 그 우물의 앞에 서 있으면서 물을 퍼 올리겠다는 의욕과 두레박을 조종하는 약간의 기교와 그리고 거기에 소요되는 조그마한 노력을 가지지 않기 때문에 물을 마시지 못하게 그들은 더욱 목이 마르고 피로를 느껴야 한다는 것이다.

井卦는 의욕과 노력이 있는 자에게는 대성을 약속하는 행운의 卦다. 그러나 그렇지 못한 자에게는 凶運의 卦인 것이다. 행운이냐 흉운이냐는 오직 그 자신의 선택에 있을 뿐이다.

「주역」에서는 이 우물의 물을 나라 안의 유능한 인재에 비유하고 있다. 인재는 우물과 같다. 이것을 발굴하여 쓰면 쓸수록 새로운 인재는 얼마든지 있는 것이다. 이러한 인재를 쓰기만 하면 나라는 발전하고 번영할 수 있는 것이다. 이것을 거두어 쓰지 아니하면 아까운 인재는 초야에서 썩는 것이요 나라도 발전의 기회를 잃는다는 것이다. 재미있는 비유이다. 그러나 우리는 이 우물 속을 인간의 양심(良心)이라고 생각할 수도 있고, 인간의 생명력이라고 해석할 수도 있을 것이다. 한 고을은 옮길 수 있어도 우물은 옮길 수 없다고 말하고 있다. 경주군이 월성군이 될 수도 있고, 고양군의 일부가 서울특별시로 될 수도 있다. 도청소재지나 시청소재지를 딴 곳으로 옮길 수는 있다. 그러나 우물은 옮길 수 없는 것이다. 고을의 도색이 옮기거나 명칭이 바뀌거나 땅속에 줄기차게 샘솟는 근원이 뿌리박고 있는 우물은 예나 이제나 변함이 없는 것이다. 이와 같이 인간에「도덕은 변하여도 양심은 변하지 않는다는 것이다」윤리관이 바뀌고 문물제도가 변천하여도 인간의 양심이란 것은 변할 수 없는 것이다. 인간의 생명력이나 정신력도 마찬가지다. 땅속에 뿌리 박은 우물이 마르지 않듯이 우주의 무한대의 에너지와 연결되고 있는 인간의 생명력은 쓰면 쓸수록 고갈하는 일이 없는 것이다. 우리는 良心의 우물에서 무진장한 선(善)을 퍼 낼 수 있고, 생명력의 원천에서 계량할 수 없는 에너지를 떠 올릴 수 있는 것이다. 우리가 의욕과 노력을 가지면 사회를 윤택하게 하고 자신을 복되게 할 가능성은 있는 것이다. 우리는 우물이 소중한 것을 알자. 이따금씩 준설하고 수리하자. 그리하여 인생의 우물을 퍼 올리자.

제6부

46. 감괘(坎卦)

47. 건괘(蹇卦)

48. 비괘(比卦)

49. 대축괘(大畜卦)

50. 손괘(損卦)

51. 비괘(賁卦)

52. 이괘(頤卦)

53. 고괘(蠱卦)

54. 몽괘(蒙卦)

46 감괘(坎卦)

감 위 수(坎爲水)   : ☵ 坎   ●○●
감하감상(坎下坎上) : ☵ 坎   ●○●

大象

홍수가 겹쳐겹쳐 오는 것이 坎의 卦象이다.

君子는 이 卦象을 보고 항상 德行을 닦고 교육에 전념한다.

卦辞

「坎卦」는 물을 의미하는 坎卦가 겹쳐서 이루어졌다. 물이 거듭하는 것을 상징한다. 물이 거듭한다는 것은 험난(險難)이 겹친다는 뜻이다. 무시무시한 검푸른 물굽이가 소용돌이치는 심연(深淵)이 금방 사람을 삼켜 버릴 듯이 커다란 입을 벌리고 머리를 치켜 든 채 달려드는 광경이란 진정 공포의 도가니가 아닐 수 없다.

사람이 그러한 위험과 공포 속에 던져진다면 그것이 단 한 번의 시련일지라도 이미 견디기 어려운 노릇이다. 그러한 위난이 앞에서도 심연, 뒤에 심연으로 겹쳐져 있다면 그것도 수난의 절정이요, 절망의 찰나인 것이다. 그러한 위난 중첩한 상태를 상징하는 것이 바로 이 坎卦의 괘상(卦象)이다.

「坎卦」는 四大難卦(困卦, 屯卦, 坎卦, 蹇卦)중의 하나이다. 국가라면 내우(內憂)와 외환(外患)이 겹쳐 일어나고, 君主와 신하의 마음은 불신과 혐오로 맞서고, 백성은 기아와 도탄에 신음하는 매우 곤란한 사태가 거듭거듭 발생하여, 거의 국가로서 버티어 나갈 수 없을 정도에 이른 상태를 생각하게 한다.

개인의 경우라면 인생의 지극히 험난한 고비와 심각한 불우의 경지에 놓여 있는 경우를 의미한다. 그야말로 날은 저물고 길은 먼데 광야에서 맹수와 마주치는 길손과 같은 난경을 상상하게 하는 것이다. 凶하고도 불운한 卦다.

인간은 누구에게나 이러한 불운한 경우에 봉착하기를 원치 않는다. 그러나 인간이 원하고 원치 않고를 아랑곳하지 않고 이러한 난경에 빠지는 경우도 인간에게는 있는 것이다. 그것이 자신의 잘못에 원인하는 경우도 있고, 자신의 힘으로는 어찌 할 수 없는 불가항력의 원인에서, 또는 자신과는 아무런 관련도 없는 자신을 깨닫지 못하는 사이에 그러한 불운 속에 던져져 있는 경우도 있다. 사람들은 이것을 운명이라고 부르기를 좋아한다. 그렇게 부름으로써 차라리 일종의 가냘픈 자위(自慰) 같은 것을 얻으려고 하는 것 같다.

운명이라는 이름 밑에서 가냘픈 자위를 찾는 다는 것은 「어쩔 수 없다.」고 단념하는 마음이다. 인간의 그러한 불행을 운명이라고 불러도 좋다. 하지만 운명이란 과연 어쩔 수 없는 것일까? 어떠한 불운의 앞에서도 어쩔 수 없다고 인간은 단념하는 자유 밖에 없단 말인가? 단념한다는 것은 절망하는 마음이다. 절망한다는 것은 스스로 내일을 부정하는 자신의 종말을 선언하는 행위이다. 그렇다면 이 卦는 한 인간의 영원한 종말을 폐쇄하는, 뚫을 수 없는 벽을 의미하는 것이 된다. 그러나 그것은 「주역」이 말하는 진리는 아니다. 「주역」이 거듭거듭 설명하고 있는 천지자연과 인간만사의 운행 법칙으로 그러한 것은 아니다. 「궁하면 변하고 변하면 통한다.」는 것이 「주역」의 원칙이요 논리인 것이다. 어떤 것도 변치 않는 것은 없다. 영원한 종말이란 있을 수 없다. 벽(壁)은 뚫을 수 있는 것이며 또 뚫어질 수 있는 것이다.

인간이 坎卦的 상황 속에 놓였을 때 여기에 대처하는 인간상은 세 가지의 형이 있다. 하나는 벽을 쳐다보는 순간 스스로 쓰러져 다시 일어서지 못하는 정신적 뇌일혈 환자가 있다. 그는 가장 하급에 속하는 패배형의 인간상이다. 다음은 운명에 묵묵히 순종하면서, 참고 견디는 질긴 마음으로 내일을 기다리며 고요히 그러나 절망하지 않고 살아가는 인간이 있다. 그는 소극적이긴 하지만 벽은 뚫어질 수 있음을 믿고 사는, 희망의 기름으로 생명을 내연시키고 있는 불사조형의 인간이다. 제 2급의 인간상에 속한다. 그러나 제 1급의 인간상은 불굴의 용감성과 침착하고 진지한 성실성과 상황 파악의 치밀한 계산으로써 나아가 운명을 개척한다. 벽이 뚫어지기를 기다리지 않는다. 스스로 나아가 그 벽을 분쇄하려 한다. 운명이란 괴물은 용감한 자 앞에선 밀려 난다. 성실한 자 앞에선 비켜선다. 그리고 치밀한 계산으로 공격하는 자 앞에선 손을 든다. 운명은 다만 그를 겁내는 자를 겁나게 해 주기 위하여 그 앞을 막아 설 뿐이다. 결코 뚫리지 않는 벽은 아닌 것이다.

그러므로 「주역」은 坎卦에 대처하는 길은 친절히 설명하고 있다. 물은 험난하다. 그러나 먼저 그 물의 본성을 알아야 한다. 물은 구멍만 있으면 흘러 나간다. 물은 차서 넘치도록 기다리고 있지 않는다. 그리고 물은 어떠한 경우에도 낮은 곳으로 흐른다. 이러한 물의 성질을 알면 거기에 대처하는 방법이 생길 수도 있는 것이다. 이것은 사리와 상황을 바로 파악하라는 말이다. 직면하고 있는 위난의 본질을 먼저 규명하라는 가르침인 것이다. 그리고 마음속에 剛强한 신념을 가지고 흔들리지 말며, 성의를 변하지 아니하고 전진하면 난관을 돌파할 수 있고 앞길에 성공이 있어 남의 존경과 찬사를 받을 수 있을 것이라고 격려하고 있다. 나아가서는 험난을 방향전환 시켜 나를 지켜주는 성곽과 구름으로 만든다면, 그 효용은 클 것이라고 가르치고 있다. 다시 요약하면 어떠한 중첩된 위난도 현명과 정신력으로 이것을 극복할 수 있고, 난관을 극복한 뒤에 오는 성공이야말로 고난이 크면 클수록 더욱 빛나고 가치 있는 것이다. 그것은 스스로 행복될 뿐 아니라 남의 존경과 찬사의 대상이 될 수 있는 것이다. 난관은 그것을 잘 대처하는 사람에게는 성공의 계기가 되며 행복의 모체가 되는 고마운 존재일 수도 있는 것이다. 그리고 나아가서는 적을 격파하는 데 그치지 않고 적을 내 편으로 만드는 일은 더욱 현명한 노릇이다. 난관은 이것을 극복할 뿐 아니라 도리어 나를 위하여 유효한 것으로 역용할 수도 있다는 것이다.

우리가 「주역」을 믿으므로 坎卦의 불운도 걱정하는 것이라면, 坎卦에 대처하는 「주역」의 처방도 우리는 믿어야 할 것이다. 「주역」이 가르쳐 주는 처방을 믿는다면, 坎卦의 불운에 실망할 것은 없다.

坎卦가 인간의 심각한 불행을 표시한 것이라면, 坎卦의 卦辭는 인간을 이러한 불행에서 건져 내주는 구명정(救命艇)이라고 할 수 있기 때문이다. 「주역」에는 이러한 불길한 卦를 전화위복(轉禍爲福)시키는 방법을 가르치고 있기 때문에 「주역」은 존재 가치가 있는 것이요, 우리가 「주역」을 읽는 의의가 있는 것이다.

당신의 불운을 행운으로 만들기 위하여 「주역」의 가르침을 깊이 생각하고, 진실로 받아들이기를 바란다.

건괘(蹇卦) 47

수 산 건(水山蹇)　：☵ 坎　●○●
간하감상(艮下坎上)：☶ 艮　○●●

大象

험한 산위에 급류(急流)가 흐르고 있는 것이 蹇의 卦象이다.

君子는 이 卦象을 보고 위난에 직면하면 멈춰서서 자신을 반성하고 德을 닦는다.

卦辞

「蹇卦」는 물을 의미하는 坎卦를 上卦로 하고 산을 의미하는 艮卦를 下卦로 하여 구성되어 있다. 큰 강물과 높은 산이 겹쳐 있는 상태를 상징한 것이다. 「蹇」은 험난(險難)을 의미한다. 「蹇」은 「주역」 64卦중 四大難卦(困卦, 屯卦, 坎卦, 蹇卦)의 하나이다. 그러므로 여기에서 표현하고 있는 험난은 보통 이만저만한 그런 험난은 아니다. 험난 중의 험난을 의미한다.

여기에 깎아 세운 듯한 천길 절벽이 있고, 그 위에 다시 가파르고 날카롭고 하늘을 찌를 듯한 높은 봉우리들이 겹겹으로 겹쳐서 있는, 처다보기만 하여도 숨이 막히는 그런 험난한 산이 있어서 앞길을 가로 막는다고 생각해보자. 눈앞을 가로막고 있는 거대한 벽. 네팔 히말라야의 안나푸르나의 거대한 산의 절벽. 그것은 이미 오를 수도, 넘을 수도 없는 절망의 장벽이 아닐 수 없다. 이러한 엄청난 천험(天險) 앞에서는 인간의 힘은 너무나 미약한 것이다. 도전이니 정복이니 하는 낱말이 얼마나 외람되고 철없는 지껄임인가를 깨닫게 된다.

이것만으로도 아직 「蹇卦」의 위난이 끝난 것은 아니다. 산 너머에는 또 강이 있다. 수심은 깊고 물결은 사납다. 검푸른 급류가 소용돌이치며 분류(奔流)한다. 양쪽 언덕은 층암과 단애, 산이 높기 때문에 강과 주변은 항상 어둡고 음침하다. 천마의 맹수의 포효 같은 성난 물소리는 산울림을 겹쳐서 빈 커다란 동굴 같은 하늘에 닿고 있는 산과 산 사이의 공간을 온통 노호(怒號)의 도가니로 만들고 있다. 이 강을 누가 감히 건널 수 있단 말인가. 이렇게 무섭고 엄청난 위험과 난관에 직면하였을 때 인간은 어떻게 대처해야 할 것인가? 「험난이 앞에 있다. 험난한 것을 보고 능히 가던 길을 멈추는 자는 지혜 있는 사람이다.」 「주역」은 이렇게 가르치고 있다.

인간의 능력엔 한계가 있다. 한계 안의 능력을 가진 인간이 한계를 초월한 힘을 발휘할 수는 없다. 인간은 인간으로서 최선을 다하고 최대의 능력을 발휘하면 그것으로써 만족한 것이다. 그것을 초월한 것은 이미 인간의 책임분야는 아닌 것이다. 인간의 힘으로는 도저히 불가능한 것을 가능하게 해 보려고 만용을 부린다면, 그것은 인간 자신을 알지 못하는 외람된 어리석음에 불과한 것이다. 그러기에 孟子도 「태산을 옆에 끼고 북해바다를 뛰어 건너는 일은 불가능한 일」이라고 말하였다. 「나의 사전에는 불가능이라는 글자는 없다.」고 외친 나폴레옹도 알프스를 넘기 전에 험하고 어렵긴 하지만 거기에는 길이 있음을 확인하였던 것이다. 그것은 매우 어려운 일이었으나 불가능은 아니었던 것이다. 인간의 능력한계를 초월한 불가능은 열 명의 나폴레옹이 있어도 가능하게 할 수는 없는 것이다. 이 불가능을 불가능인 줄 아는 것이 인간의 지혜요 현명인 것이다.

인간은 헤어날 수 없음을 알면서 스스로 위험 속에 몸을 던지는 경우가 있다면, 그것은 옳고 바른 일을 위하여 불의에 굽히지 않는 의지와 절개를 위하여서만 찬양될 수 있고 수긍될 수 있을 뿐이다. 아무런 의의도 보람도 없는 일에 무모하게 위험 속으로 뛰어 든다면 그처럼 어리석은 일은 없다. 어리석을 뿐만이 아니다. 그것은 인간의 존재가치를 부정하는 당돌한 반역이요, 생명의 존엄성을 모독하는 어리석은 죄악인 것이다. 인간이란 끝까지 무엇인가 보람을 위하여 노력을 계속해야 하는 것이다. 인간이 이루어 놓은 찬란한 공적은 모두 이러한 노력의 누적인 것이다. 이러한 노력을 이유 없이 스스로 포기한다는 것은 인간이 태고로부터 오늘에 이르기까지 면면히 이어 오는 커다란 협동을 향하여, 충성을 거부하는 것이다. 그것은 바로 인간의 존재 가치를 부정하는 것이다. 그러기에 반역인 것이다. 그리고 인간의 생명이란 神만이 창조할 수 있는 오직 하나요, 또 한 번 밖에는 다시 향유할 수 없는 소중한 것이다.

생명은 무한한 신비와 온갖 능력과 지혜를 갖추어 갖고 있다. 생명은 그 자신이 스스로를 주체하고 관리할 줄 아는 독립된 살아 있는 존재이다. 시계처럼 태엽을 감아 주는 일이 없고, 자동차처럼 운전사가 따로 없지만, 생명은 제대로 살아 움직이며, 사고하고, 판단하고, 행동한다. 인간의 생명과 같은 존재는 없는 것이다. 이렇게 생명은 존엄한 것이다. 땅 위의 어떠한 존귀한 것과도 바꿀 수 없는 것이 생명인 것이다. 생명이란 무엇보다도 중시되어야 하고 어느 것보다도 보호되어야 할 것이다. 그러므로 생명을 낭비한다는 것은 생명 자체에 대한 범죄가 아닐 수 없다. 극복할 수 없는 위난 앞에 한 걸음 물러서는 것이 비굴일 수는 없다. 또 그러한 위난을 향하여 무작정 전진하는 것이 용감일 수는 더욱 없다.

인생을 살아가는 길에는 나라에서, 사회에서, 어떤 사업에서, 계획의 수행에서, 때로는 어느 인생문제에서 이러한 넘어 갈 수 없는 험난에 봉착하는 경우가 더러는 있는 것이다. 그럴땐 우리는 여기 「주역」이 주는 「蹇」의 계시를 진실로 받아들이는 것이 가장 현명한 태도일 것이다.

「위난에 직면하면 멈춰서 자신을 반성하고 덕(德)을 닦는다.」라는 궁하면, 변하고 변하면 통한다는 「주역」의 법칙을 믿으면서 내일을 기다리자.

수 지 비(水地比)　：　☵　坎　　　●○●
곤하감상(坤下坎上)　：　☷　坤　　　●●●

大象

大地가 그 위에 물을 담고 있다. 이것이 比의 卦象이다.

古代의 훌륭한 帝王은 이 卦象을 보고 제후(諸侯)를 만국(萬國)에 봉하여 大地가 물을 포용하고 물이 大地의 가슴에 안기듯이 서로 친애하고 화합하였다.

卦辭

「比」字는 「人」字가 두 개 나란히 서 있는 모양을 나타낸 것이다. 사람들이 서로 모여 정답게 협조하고 있는 모습을 표현한 象形文字이다. 그래서 比는 人和를 상징하는 卦다.

「比」는 물을 의미하는 坎卦를 上卦로 하고, 땅을 의미하는 坤卦를 下卦로 하여 구성되어 있다. 땅 위에 물이 있는 형상이다. 大地는 물을 안아 주고, 물은 땅을 적서 주면서 兩者는 친애하고 협력하여 만물을 생성하고 화육하여 아름다운 자연계를 성취한다. 이런 의미에서 比卦는 人和를 상징하는 卦가 된 것이다. 이 卦는 오랜 전쟁이 끝난 뒤에 전쟁에 괴로웠던 백성들이 平和를 갈구하는 마음으로, 서로의 마음과 힘을 모아 화기애애한 따사롭고 행복한 생활을 건설하려고 협력하는 상태를 보여준 것이다. 기나긴 겨울이 지나가고 봄이 왔을 때 비로소 봄이 얼마나 행복하고 따스한 고마운 존재인가를 느끼듯이, 사람의 마음은 그 살벌하고 잔인한 전쟁을 겪고 나면, 비로소 살의와 적개심에 찬 갈기갈기 찢겨진 사람의 마음이 얼마나 견디기 어려운 고통이며, 하나하나로 뿔뿔이 흩어진 사람들의 몸과 마음이, 얼마나 고독하고 보잘 것 없고, 가엾은 존재인 것을 통감하게 되는 것이다. 그래서 사람들은 마음과 마음이 마주 닿는 人和의 세계를 원하게 된다. 이때처럼 사람들의 갈망이 화기애애한 人和에 쏠릴 때는 없는 것이다.

그러나 人和는 전쟁 뒤의 인간의 허전한 가슴을 메우기 위해서만 필요한 것은 아니다. 인간의 생활이 존재하는 한 언제나 人和는 소중하며 존귀한 것이다. 원래 사람이란 고립하여 살지 못한다. 옛사람이 「人」字를 서로 의지하여 일어서는 모습으로 만들어 놓은 것은 인간의 본성을 잘 파악한 현명이라고 감탄한다. 서로 의지하고 사는 것이 인간이다. 서로 의지해야만 살 수 있는 것이 인간이다. 이 의지하고 산다는 것이 바로 人和라는 것이다. 땅과 물이 서로 화합하여, 大地를 생명으로 충만하게 하고 꽃과 열매와 새의 노래로 아름답게 꾸미게 해 주듯이, 인간을 따사롭고 아늑한 평화 속에 살게 해 주는 것도 인화의 힘이요, 인간이 정다운 마음씨와 포근한 애정에 싸여 행복할 수 있게 해 주는 것도 人和의 힘이요, 인간이 마음을 모으고 힘을 합하여 큰일을 성취하고 훌륭한 공적을 남기게 해 주는 것도 따지고 보면 모두 그 근본은 人和에 있는 것이다. 人和를 떠나서 인간에게는 平和가 있을 수 없고 행복이 있을 수 없고 성공이 있을 수 없다.

그래서 孟子는 백성의 마음을 얻으면 천하를 얻은 것이며 백성의 마음을 잃으면 천하도 잃는다고 하여 天下의 얻고 잃는 것도 人和의 힘이라는 것을 갈파하였다. 그는 또 天時가 地利만 못하고 地利는 人和만 못하다고도 하였다. 역사상 훌륭한 통치자는 신하와 백성의 마음을 모아 잡을 줄 알았으며, 훌륭한 장수는 부하와 사졸의 힘을 지휘자 중심으로 단결시킬 줄 알고 있었던 것이다. 그러기에 「주역」에서는 人和를 이룩하는 데는 첫째 여러 사람의 마음을 한 곳에 집중시킬 수 있는 求心力의 중심체가 있어야 한다는 것이다. 그래서 훌륭한 君主가 그 중심체가 되어야 하며 그 君主는 正道로 天下를 다스리는 신조(信條)를 가졌으며 또 자신의 백성과 신하를 아끼고 사랑하여 그들과 친화하여 그들의 마음을 집중시킬 만한 인력(引力)을 가진 인물이라야 된다는 것이다. 그리하면 어진 신하들이 진화하는 마음으로 그를 보필하고 협력하게 되는 것이며, 백성들도 흠모하는 마음을 일으켜 심복하여 온다는 것이다. 개중에는 처음에는 반항하는 태도를 취하던 자들도 점차로 귀순하여 와서 드디어 人和를 大成한다는 것이다.

이러한 논리는 정녕코 現代에 있어서도 성립될 수 있는 것이다. 사람은 막연하게 군집하는 것만으로 人和가 성립되는 것은 아니다. 人和는 목적의식의 일치(一致)에서 온다. 그 목적을 위하여 마음을 같이하고 행동을 같이하는데 협동이 이루어지는 것이며, 협동을 통하여 人和와 단결은 굳어져 가는 것이다. 협동에는 협동을 이끌어주는 주장이 있어야 하고 지도자가 있어야 하는 것이다. 어느 단체의 주장(主將)이나 지도자가 멤버의 人和와 단결을 유지시킬 만한 인격과 역량이 부족하다면 협동은 부서지고 말 것이다. 이러한 협동의 원리는 국가에도 단체에도 회사에도 공장에도 통용될 수 있을 것이다.

다음은 이미 이루어 놓은 친화 협력하는 마음을 확대하고 발전시키면서 길이 한결같이 하여 변함이 없게 하라고 「주역」은 설교하고 있다. 아무리 훌륭한 친화 협조의 정신과 행동도 일관성이 없고 지속되지 못하면 성과는 없는 것이다. 너무나 상식적이고 누구도 알고 있는 논리이다. 또한 너무나 명백하고 이견(異見) 할 수 없는 진리인 것이다. 그리고 人和를 실천하는 과정에는 항상 성실을 지녀야 하며 윗사람은 교만하지 말고 겸허한 태도와 관대한 도량을 가질 것이며, 아랫사람은 충심(衷心)을 가지고 바른 방법으로 보필하고 협조하며 지도에 따르라고 가르치고 있다. 이 또한 현대인에게도 좌우명(座右銘)이 될 수 있는 훌륭한 잠언이 아닐 수 없다. 인간은 사회적 동물이다. 人類社會가 연륜(年輪)을 쌓아 갈수록 인간이 구성하는 집단생활은 확대하여 가고 발전하여 갈 것을 믿는다. 이 무한히 지속되어 가고 성장해 갈 인류의 집단과 함께 이 比卦의 「주역」의 진리는 길이 그 빛을 더해 갈 것을 또한 믿는다.

모든 이 比卦를 얻은 이는 이 卦辭가 보여주는 진리와 교훈을 순순히 받아 들여, 각자의 경우에 응용하여 지키면 반드시 큰 성공을 기대할 수 있을 것이다.

대축괘(大畜卦) 49

산천대축(山天大畜) : ☶ 艮　　○ ● ●
건하간상(乾下艮上) : ☰ 乾　　○ ○ ○

大象

하늘이 산속에 있는 것이 大畜의 卦象이다.

君子는 이 卦象을 보고 옛 사람의 말과 과거의 행적을 많이 고찰하고 참고하여 자신의 德을 기른다.

卦辞

「大畜卦」는 그 형태가 산을 의미하는 艮卦가 위에 있고 하늘을 의미하는 乾卦가 밑에 있다. 하늘이 산 밑에 있는 모습이다. 위에 있어야 할 높은 하늘이 밑에 있어야 할 산 아래에 있는 것은 「주역」의 논리로 보아 매우 吉한 것이 된다. 즉 하늘이 겸손한 마음으로 산의 의사를 존중하고 산의 마음을 보살펴 산의 아래로 몸을 낮추며, 산은 아래에 있으면서도 그 마음과 정성이 위로 하늘을 향하여 바쳐지고 있기 때문에 하늘의 마음은 아래로, 산의 마음은 위로 그리하여

서로 마음이 합치고 서로 호응하여 上下가 일치 협력할 수 있다는 것이다.

　이것은 곧 한 나라에 君主는 신하와 백성의 인격과 의사를 존중하고, 신하와 백성은 君主를 성의를 바쳐 보필함으로써 上下가 협력할 수 있는 상태를 상징하는 것이 된다. 그리고 大畜은 크게 축적(蓄積)한다, 크게 기른다의 뜻이다. 창고에 곡식을 쌓아 둔다. 사람이 실력을 기르고 있다는 따위와 같은 뜻이다. 그러므로 大畜卦는 산이 그 속에 하늘의 큰 에너지를 받아 축적하고 있는 상태를 의미한다. 산이면 그것만으로 이미 높고 크고 무게 있는 의젓한 것이다. 그야말로 태산교악(泰山喬岳) 같은 존재인 것이다. 그러한 泰山喬岳의 존재가 다시 그 널찍하고 믿음직한 가슴 속에 하늘을 축적하고 있다면 그 축적되는 힘이 얼마나 크며, 그 힘이 발휘할 역량이 얼마나 엄청난 것인가를 생각할 때, 하늘의 기운과 땅의 마음이 서로 호응하는 상태를 「大畜」이라는 글자로 표현하고 있는 「주역」의 사고(思考)에 감탄한다. 진실로 태산이 하늘로부터 받아 축적하고 또 기르고 있는 것은 크다. 태산은 하늘에서 비를 받아 그 뱃속에 저장한다. 그리고 太陽의 열과 광선과 공기와 공기속의 산소와 탄산가스와 온갖 영양소를 섭취한다. 그리하여 산은 나무를 기른다. 또 물을 기른다. 나무는 마음껏 뿌리를 내리고, 둥치가 커지고 가지가 많고, 잎이 무성하고 꽃이 피고 열매를 맺는다. 온갖 풀들은 우거지며 성장한다. 제각기의 생명과 제각기의 개성을 주체하면서 제 아무리 작고 초라한 풀 한포기 꽃 한 송이일지라도 뚜렷이 제 개성을 보유하고 제 생명을 발전시키며, 살아가고 있다. 누구도 감히 작은 풀이라고 하여 그 생명을, 그 개성을 간섭하지 못하며, 간섭받지 않는다. 하나하나가 하

느님에게서 받은 생의 존엄성 앞에 모두가 일대일의 독립된 존재로
살아가고 있다. 그러나 그들은 고립을 원하지는 않는다. 모든 나무
들은, 온갖 풀들은 공동의 立地 위에서 共存하고 있다. 서로 의존하
고 있다. 그러함으로써 다채롭고 조화 있는 공존의 생활을 즐긴다.
번영과 미관과 위대한 신비롭기까지 한 존엄성마저 향유한다. 이것
은 나무 한 그루 한 그루, 풀 한 포기 한 포기가 제 힘만으로 이루어
놓은 것은 아니다. 이 모든 것을 낳아 주고 젖 먹여 주고 안아 주고
키워주는 「산의 기르는 힘」이 위대하기 때문이며 하늘이 산에게 공
급하는 은혜가 무한대하기 때문인 것이다.

한 번 비행기를 몰아 아프리카의 산악지대 상공을 날아 보라. 가
도 가도 끝이 없는, 정말 끝이 없는 나무의 바다, 정글의 태평양을
굽어보라. 너무나 엄청나고 어마어마한 크고 존엄한 공경에 놀라지
않을 수 없을 것이다. 이러한 광경을 가슴에 안은 채 묵묵히 그러나
의젓이 서 있는 것이 바로 이 모든 것을 길러 주고 있는 산인 것이
다. 나무의 바다만은 아니다. 풀의 바다도 마찬가지다. 구태여 아프
리카를 지적할 것도 없다. 가까이 한라산의 중턱이나 지금은 길이
막힌 백두산 기슭의 광막한 草原을 생각하라. 그 길이길이 자란 가
을 풀들이, 사람의 키를 강물에 조약돌처럼 삼켜 버리는 그 무성하
고 길게 높게 빼난 풀들이 가을바람에 大海의 물굽이처럼 물결치며
끝없이 아득히 펼쳐 있는 광경을 상상해 보라. 그러나 그 숱이 많은
해변의 모래알만큼 이나 많은 그 한 포기 한 포기의 풀들이 제각기
하나하나의 제 목숨을, 제 뿌리를, 제 줄기를, 제 이파리를 펴며 살
아가고 있다는 사실을 생각해 보라. 이 모든 것을 길러 주고 있는

「산의 기르는 힘」, 「축적한 에너지」가 얼마나 크며 하늘의 보살핌
이 얼마나 위대한가를 우리는 감탄하지 않을 수 없다.

　이런 것이 곧 「大畜」의 상황인 것이다. 그러나 「大畜」의 상황은
여기에 그친 것은 아니다. 산은 그 큼직한 뱃속에 저축한 하늘의 비
로써 샘을 솟게 하고 시내를 흐르게 하고 하천을 넘치게 하고 강과
그리고 바다를 왕양한 존재로 만들어 주면서 그칠 줄 모르는 새로운
원천을 제공하고 있다. 그리고 수해(樹海)와 초원에는 그 많은 짐승
과 새들과 온갖 동물들이 제각기의 생활을 즐기며 번식하고 있고,
바다와 하천에는 어패(魚貝)와 海草가 살고 있다. 강물은 다시 관개
의 수단을 거쳐 곡식을 기르고 채소를 기르고 그리하여 인간을 기른
다. 이와 같이 산과 하늘의 협력으로 수행되는 축적과 육성의 힘은
크다. 이러한 자연 법칙을 배우고 본떠서 힘을 기르고 크게 어진 사
람을 양성하고 백성을 무성하게 기르라고 가르친 것이 바로 大畜卦
가 爲政者에게 모든 지도자에게 주는 교훈이요, 계시요, 그리고 이
상의 이미지인 것이다.

　「주역」의 저자가 「大畜」의 자연 법칙을 설명한 것은 정작 인간의
爲政者에게 그러한 정치의 이미지를 주기 위한 목적에서였을 것이
다. 그러나 그것은 반드시 위정자나 지도자에 국한하는 것은 아니
다. 어느 개인에게도 이 교훈은 적용되는 것이다. 어떤 의미에서는
우리들 한 사람 한 사람은 자신 마음속에, 자신 생활속에, 자신 나름
의 王國을 가지고 있고, 세계를 가지고 있는 것이다. 우리는 수양을
쌓고 지식을 기르고 친구를 사귀고 자금을 저축하고, 모든 실력을

충실하게 준비하는 것이 곧 제 가슴속의 왕국, 제 생활 속의 세계를
발전시키는 필요한 원동력이 되는 것이다. 어떻게 축적하고 기르는
힘의 원동력이 기계의 회전을 시작하듯, 움직일 때가 되면 큰 호수
를 맨 몸으로 건너는 것 같은 벅차고 위험한 일과 대결하여도 순조
롭지 않은 것이 없을 것이라고 이 卦는 장담하고 있다. 우리는 여기
에서 배우는 바 있고 느끼는 바 있다면 우리는 우리의 인생을 행운
의 길로 향하게 하는 계기가 될 것을 믿는다.

50 손괘(損卦)

산 택 손(山澤損)	☶	艮	○ ● ●
태하간상(兌下艮上)	☱	兌	● ○ ○

大象

산 밑에 못이 있는 것이 損卦의 卦象이다.

君子는 이 卦象을 보고 성냄을 징계하고 욕심을 억제하여 理想의 大成을 지향한다.

卦辭

「損卦」는 아래 것을 덜어서 위 것에 보태는 것을 상징한다. 이러한 논리는 이 卦의 형상에서 온다. 이 卦의 형상을 보면 下卦의 第三爻가 陰爻로서 그 모습이 마치 下卦에서 第三爻를 떼 내어 上卦의 第四爻, 第五爻의 陰爻에 보태 주고 있는 것같이 보이기 때문이다. 아래 것을 덜어서 위 것에 보탠다는 것은 아랫사람이 윗사람에게 봉사하는 것을 의미한다. 인간관계에 있어서 봉사하는 길은 두 가지로 구분할 수 있을 것이다. 하나는 아랫사람이 윗사람을 위하여 받들어

섬기는 일이요, 다른 하나는 윗사람이 아랫사람에게 선의를 수행하는 일이다.

윗사람이 아랫사람을 위하여 특별한 선의를 수행하는 일은 특지(特志)인 것이다. 찬양되어야 하고 바람직한 일이긴 하지만 그러나 그것은 꼭 해야 한다는 의무는 아니다. 特志는 어디까지나 자발적인 것이요, 강요될 성질의 것은 아니다. 그러나 아랫사람이 윗사람의 뜻을 받들어 봉사한다는 것은 당위(當爲)에 속한다. 반드시 지켜져야 할 사회질서인 것이다. 그것은 한 공동생활의 유기적인 기능을 생리하는 작용인 것이다. 인체의 모든 신경이 두뇌에 봉사함과 같은 것이다. 만일 체내의 모든 신경이 뇌의 의사에 대하여 파업을 감행한다면 인체의 생리기능은 정지하거나 장해를 일으킬 것이다. 어떤 단체에 있어서 윗사람이 종합하고 판단하고 결정하고 명령하는 권한을 가진 자의 의사가 아랫사람들에 의하여 고분고분 수행되지 않는다면, 그 단체의 질서는 파괴되고 행정은 마비될 것이다. 그러나 상향의 봉사도가, 체내의 모든 신경이 두뇌의 명령에 호응하듯 움직인다면 그 단체의 모든 활동은 순조로울 것이다.

이렇게 상향의 봉사도는 소중한 것이다. 이러한 봉사도를 「주역」은 아래 것을 덜어서 위 것에 보태는 일이라고 설명하고 있다. 이것은 아랫사람의 희생이나 손실의 누적 위에 윗사람의 보람이나 이익이 구축되어야 한다는 그러한 일방통로의 논리는 아닌 것이다. 이것은 어디까지나 아랫사람의 위치에서 아랫사람 자신의 마음의 자세와 결의를 강조한 것이라고 봐야 할 것이다.

아랫사람은 윗사람을 위하여 자신의 이익을 즐거이 희생할 각오와 성의를 가져야 한다. 이러한 성의의 구현이 바로 아래 것을 덜어서 위에 보태는 일이다. 윗사람에게 보탠다는 것은 진정 윗사람을 위하여 힘이 될 만한 그러한 바른 도리를 위한 봉사라야 한다. 그러므로 아첨이나 과잉충성 같은 것이 윗사람을 위한 충성이 될 수는 없다. 뇌물을 바치거나, 그른 것을 옳다고 비위를 맞추는 따위는 더욱 그러하다. 그런 일들은 진정 윗사람에게 힘을 보태지 못하기 때문이다.

윗사람의 하는 일이 바르고 옳은 것이면 아랫사람은 그 일을 돕기 위하여 노력과 성의를 다하여 봉사하여야 한다. 윗사람의 하는 일이 옳지 못한 것이면 그것을 하지 못하게 하기 위하여 자신의 일신상의 위험이나 때로는 희생을 무릅쓰고 바르게 진언해야 한다. 이런 일이 진정 아래 것을 덜어서 위 것에 보탠다는 상향의 봉사도인 것이다. 그러기에 진정한 윗사람에게 보탬이 되는 일은 그 나타난 형식이나 눈에 보이는 구체적 이익의 크고 적음에 있는 것이 아니고, 오직 그 참된 성의에 있는 것이다. 라고 「주역」은 설명하고 있다.

신을 제사하는 의식에 있어서 풍성한 제물과 성대한 예의 형식을 갖추었어도 거기에 성의가 없다면 차라리 단 두 개의 대나무 그릇에 담은 간소한 제물일망정 성의를 다한 제사만 못한 것이라고 비유하고 있다. 오직 성의를 가지고 바른 도리를 지켜 윗사람에게 충성을 다하라, 그리고 꾸준한 마음으로 변함이 없게 하라고 가르치고 있다. 그리하면 상하의 마음이 화합하게 되고 협력하게 되어 만사가 순조롭게 된다는 것이다.

결국 이 卦가 계시하는 것은 小我를 희생하여 大我를 살리고, 사사로운 이익보다 공공의 이익을 중시함으로써 손(損)하여 도리어 커다란 익(益)을 성취하는 길인 것이다.

<h1 style="text-align:right">비괘(賁卦) 51</h1>

<pre>
산 화 비(山火賁)   : ☶ 艮   ○●●
이하간상(離下艮上) : ☲ 離   ○●○
</pre>

大象

산 아래 불이 타고 있는 것이 賁卦의 卦象이다.

君子는 이 卦象을 보고 모든 정치를 밝게 하고 구태여 형옥(刑獄)을 결정하지 아니한다.

卦辭

「賁卦」는 산을 의미하는 艮卦가 위에 있고 불을 의미하는 離卦가 아래에 있다. 그래서 산에 불이 타고 있는 것을 상징한다. 그리고 「賁」는 꾸민다, 장식한다, 아름답게 한다는 뜻이다. 산이 불타고 있는 광경은 아름다운 것이다. 그 불이 크면 클수록 더욱 아름다운 것이다. 도대체 불타는 광경은 어느 것이나 아름답다. 네로는 로마의 시가에 불을 지르게 하고는 그 무수한 불줄기가 새빨간 혀를 날름거리며 전 시가를 삼키고 타오르는 모습을 궁형의 계단 위에 높이 서서 황홀한 눈으로 바라보며 그 아름다운 광경을 어떠한 용어를 써서 멋지게 표현할까를 생각하며 시상에 잠겼다고 하거니와, 네로 아닌 모든 사람의 눈에도 큰 불이 활활 타오르는 광경은 역시 아름다운 것이다. 그래서 이 卦는 山火의 상징을 「賁」 즉 장식한다, 아름답게 한다는 것으로 표현하고 있는가 보다.

아름답게 꾸민다는 것은 사람의 눈과 마음을 기쁘게 해 준다. 그 것을 美 라고 한다. 美는 사람에게 밝은 꿈을 가지게 하고 사람의 생활에 빛을 던져 준다. 인간 사회를 화려하고 세련되고 운치 있는 것으로 만들어 준다. 어느 의미에서는 인류생활의 역사는 美를 창조하고 유지하고 발전시키기 위한 노력의 과정인지도 모른다. 이 美의 창조를 위한 노력의 누적이 바로 문화인 것이다. 하늘에는 별이 있어서 아름답고 땅에는 꽃이 있어서 곱다면 문화는 인간 사회에 있어서 별이며 꽃이라고 할 수 있을 것이다.

그러나 그 하늘의 별처럼, 땅의 꽃처럼 인간사회를 수놓아 주는 문화도 그 정도를 지나치면 도리어 해독을 가져온다. 인심은 사치와 향락에 빠지기 쉽고 사회의 풍조는 형식과 허례에 치우치기 마련인 것이다. 사치와 향락에 빠진다는 것은 허영과 퇴폐(頹廢)를 의미한다. 거기에는 벌써 자제와 반성을 기대할 수 없다. 자제와 반성이 없는 마음, 그것은 내리받이 길을 굴러 떨어지고 있는 수레바퀴처럼 몰락하는 마음인 것이다. 그리고 실질 없는 형식은 생명 없는 가화(假花) 같은 것이다. 제아무리 세련(洗練)된 예절과 감미(甘美)로운 언어를 구사할지라도 그 마음에 존경하는 생각이 없고 성의 있는 구석이 없다면, 그것은 공허한 몸짓에 불과한 것이다. 결코 사람의 마음을 한 치도 움직일 수는 없는 것이다. 사람의 마음과 마음이 맞닿을 수 없는 사회, 그것은 불신의 사회인 것이다. 사람이 서로 믿지 못하는 사회에 공허한 제도와 예의와 문물 따위의 번문욕례(繁文縟禮)만이 잡초처럼 무성한들 그것이 어찌 문화의 아름다움이라고 할 수 있겠는가. 그것은 벌써 참된 의미의 문화는 아니다. 그것은 문화의 가상(假像)에 불과한 것이다. 그러므로 이 卦에서는 이러한 폐단에 빠지지 아니한 문화, 문명이 그 정도를 지나치지 않는 경제에서 머무르는 것이 옳은 문화라고 강조하고 있다.

賁卦는 上卦와 下卦를 통하여 강(剛)을 의미하는 陽爻가 셋, 유(柔)를 의미하는 陰爻가 셋씩 있어서 陰과 陽, 剛과 柔가 알맞게 섞여, 형태의 미관을 이룩하고 있다. 또 賁卦는 少陽을 의미하는 艮卦와 少陰을 의미하는 離卦로 형성되어 「주역」의 논리로 보아도 陰陽이 서로 조화되어 균형을 이루고 있다는 것이다. 이렇게 陰과 陽이 서로 조화되고 剛과 柔가 서로 균형된 상태는 천체의 운행현상을 의미한다. 해와 같이 운행을 그르치지 않고 밤과 낮이 순서를 어기지 않는 것이 바로 이 陰陽의 조화인 것이다.

그러므로 인간의 문화에 있어서도 本質의 質과 外觀의 文이 균형을 이루고 참된 문화, 건전한 문화일 수 있는 것이다. 그러기에 孔子도 「質이 文보다 치우치면 조야(粗野)하고 文이 質보다 치우치면 文弱에 흐르나니 文과 質이 혼연일체 조화를 얻어야 비로소 君子라 할 수 있다.」

(質勝文則野 文勝質則史 文質彬彬 然後君子-질승문즉야 문승질즉사 문질빈빈 연후군자) 〈論語〉 라고 하였다. 이 卦는 그 효사(爻辭)

속에서 「화려하다. 그러나 또 소박하다」고 설명하고 있다. 화려하면서도 소박(素朴)한 일면이 있고 소박하면서도 화려함을 잃지 않는 그러한 문화야말로 문화의 극치가 아닐 수 없다.

이것을 剛과 柔로 설명하여도 같다. 剛은 剛強한 것이요, 柔는 柔한 것이다. 사회가 건전하려면 剛強한 기둥이 없을 수 없고, 사회가 평화하려면 柔和한 분위기가 아닐 수 없다. 그러나 이 두 가지는 공존하여야 하고 조화되어야 한다. 剛強이 지나치면 모나기 쉽고 모가 나면 부딪치기 마련이다. 그것은 벌써 충돌하는 마음들이다. 柔和가 지나치면 늘어지기 쉽다. 축 늘어진 마음이면 그것은 이미 스스로 가눌 수도 없고, 거두어 잡을 수도 없는 상태인 것이다. 그러기에 「지나치게 剛하면 부러지고 지나치게 柔하면 늘어져 못 쓰게 된다.」는 것이다.

이러한 文化觀은 현대에 있어서도 높이 평가될 수 있는 견해가 아닐까 한다. 더구나 朝鮮王朝 五百年 동안 우리의 조상들의 지나친 형식과 文弱에 떨어졌던 문화생활의 피해를 유전받고 있는 우리로서는 다시 한 번 깊이 생각해 봐야 할 문제가 아닐까 한다.

이 卦는 한 나라, 한 시대의 문화를 설명하고 있긴 하지만 이것은 회사의 운영에 있어서도, 개인의 처세에 있어서도 계시(啓示)하는 바 있다. 당신의 결의와 노력 여하에 따라 이 卦로 하여금 싱싱하고 건전한, 떠오르는 아침 해 같은 발전도상의 아름다움으로 만들 수도 있고, 아니면 몰락 직전에 있는 퇴폐하고 쇠잔한 사양(斜陽)의 잔광(殘光)으로 전락시킬 수도 있는 것이다. 그것은 오직 당신의 정신이 선택할 뿐인 것이다.

산 뢰 이(山雷頤)　：☶ 艮　　○●●
진하간상(震下艮上)　：☳ 震　　●●○

大象

산 아래 우레의 에너지가 축적되고 있다. 이것이 頤의 卦象이다.
君子는 이 卦象을 보고 말을 조심하고 음식을 절제한다.

卦辞

산을 의미하는 艮卦와 우레를 의미하는 震卦가 모여서 형성된 이
卦를 「頤」라고 命名한 것은 재미있다. 이는 턱이라는 글자다. 이卦
의 모양을 보면 꼭 턱과 같이 생겼다. 맨 아래의 第一爻와 맨 위에
있는 第六爻는 陽爻여서 마치 아래위의 잇몸 같고, 그 사이에 있는
네 개의 爻는 모두 陰爻로서 마치 이빨처럼 보인다. 그래서 턱이라
고 한 것이다. 즉 艮의 형태는 위턱, 震의 형태는 아래턱과 같다. 더
구나 上卦인 艮은 산의 상징이므로 움직이지 않는 것이요, 下卦인
震은 우레이므로 움직이는 것이다. 사람이 음식을 씹을 때나 말을

할 때에 항상 움직이는 것은 아래턱이다. 그러니 山雷를 합친 卦를 「頤」라고 한 것은 아주 적절한 착상(着想)이라고 감탄한다.

　사람은 턱을 움직여 음식을 먹고 영양을 섭취한다. 그리하여 그 신체를 기른다. 그러한 의미에서 頤卦는 기른다는 것을 상징하는 卦다. 이러한 모양으로 이름을 짓고, 卦의 이름에서 끌어내어 다시 卦의 의미를 부여하는 「주역」의 소박하고도 비약하는 논리를 보고 있으면 마치 말꼬리 놀이를 듣고 있는 듯한 느낌이 든다. 일종의 실망 같은 것을 느끼게 된다. 이러한 어린애 장난 같은 논리 앞에 우리는 거기에서 크면 나라와 사회의 장래를 점쳐 보려 하고, 적어도 한 사람의 운명을 계시 받으려고 하다니 진실로 어처구니 없는 노릇이로구나 하고 스스로 쓴 웃음을 금치 못한다. 그러나 한편 돌려 생각하면 이렇게 차곡차곡 따지려 드는 우리의 생각부터가 부질없는 노릇인 것이다. 원래 「주역」이란 수학의 算式처럼 계산할 수 있는 것도 아니요, 논리학의 해설처럼 조리 정연하기를 기대할 수도 없는 것이다. 차라리 그렇게 계산할 수 없고 조리 정연 하지 않는 곳에 「주역」의 매력이 있고 예언서(豫言書)다운 점이 있는 것이 아닐까 한다. 처음부터 우리는 陰陽의 논리가 과연 천지자연의 법칙과 인생만사를 지배하는 원리가 될 수 있는가의 여부에 대하여는 답변할 만한 자신을 가지고 있는 것은 아니다. 또 음양의 논리가 진리라고 가정하더라도 「주역」 64卦중 누가 제비 뽑듯 뽑아 낸 그 중의 한 卦가 어째서 그 사람의 운명을 계시하게 되는가? 「주역」이 말하는 陰陽의 이치와 占卦를 뽑는 사람의 그 순간의 마음 또는 운명과의 사이에는 어떠한 연결이 있고 어떠한 영감의 양도체(良導體)가 존재하기에 그 우연히 뽑아진 卦가 그 사람의 운명이라는 설명이 성립되는가? 이렇게 생각한다면 누구도 우리가 이해할 수 있도록 이것을 설명할 능력을 가진 사람은 지금까지는 한 사람도 없었던 것이다. 그저 그것은 신비에 속하는 일이요, 불가사의 한 일이라고 설명할 수밖에 없는 것이다. 우리는 지금 주역이 무엇인가를 따지는 것이 아니고 「주역」에서는 무엇을 어떻게 설명하고 있는가를 읽고 있는 것이다. 현대인은 점술(占術)을 경멸한다. 그러면서도 일면 占術에 대한 유혹을 끊지도 못하고 있다. 여기에 인간의 인간다운 구석이 있는 것이다. 그러나 우리는 「주역」을 읽을 때 단순한 점술서로서 읽는 것은 아니다. 「주역」이 설정한 어느 문제에 대해 설명하고 있다. 卦辭 속에는 교훈과 경계가 있고 철학이 있고 무엇인가 계시가 있다. 우리는 그것을 음미하고 있는 것이다.

頤卦는 기르는 것을 상징한 卦다. 산은 풀과 나무와 짐승을 기르고, 바다는 고기와 해초를 기른다. 사람은 음식을 섭취하여 그 육체를 기르고 수양을 쌓아 그 정신을 기른다. 하늘과 땅은 만물을 기르고 聖人은 어진 인재를 기르고 백성을 기른다. 이와 같이 천지자연의 생성화육에서부터 한 개인의 성장과 발전에 이르기까지, 개인의 수양에서부터 한 나라, 한 시대의 융성에 이르기까지 기른다는 일의 공적은 크다. 기른다는 것은 곧 내일의 대성과 번영을 준비하는 것이다. 그러므로 모든 개성과 번영은 기른다는 것을 모체로 하여 탄생한 아들인 것이다.

이 위대한 효능을 가진 기른다는 사업은 간단히 저절로 이루어지는 것은 아니다. 하늘과 땅이 천지 만물을 기르는 데는 하늘과 땅이 서로 호응하고 협력하여야 비로소 가능한 것이다. 그와 마찬가지로 한 나라가 어진 선비를 기르고 백성을 기르는 일은 지도자와 그를 돕는 자, 上下의 마음과 힘이 합치고 뭉쳐져야 비로소 가능한 것이다. 아래턱과 위턱이 서로 의사가 합치고, 아랫니와 윗니가 서로 맞아야 음식을 저작(咀嚼)할 수 있음과 같은 것이다. 이 아랫니와 윗니가 서로 맞아서 협력하려면 먼저 그 음식물이 입안에 들어 갈 수 있고 이가 능히 咀嚼할 수 있는 것이라야 하며 또 그것은 사람에게 영양을 줄 수 있는 것이라야 咀嚼할 가치가 있는 것이다. 그와 같은 논리로 한 나라의 上下가 협력하려면 먼저 바른 도리를 위한 것이라야 하고, 또 그것이 가능한 일인가, 그리고 그 일이 나라에 유효한가를 선택하여야 한다. 그러므로 이 卦는 卦辭에서 무엇을 기를 것인가를 잘 살펴서 그 원칙이 정하여지면, 그것에 따라 스스로 길러야 할 바를 선택하여 노력하라고 설명하고 있다. 현명한 사람, 즉 유능한 인재를 기른다는 것은 한 사람에게서 완전을 기대하여서는 안된다. 신 이외에 전지전능한 자는 존재하지 않기 때문이다. 한 사람에게 한 가지의 장점이 있으면 버리지 말아야 한다. 사람을 기른다는 것은 먼저 사람의 소중함을 알아야 하고, 한 가지의 작은 능력이라도 그 특기를 소중히 여길 줄 알아야 비로소 사람을 기를 수 있는 것이다.

옛날 중국의 제(齊)나라에 맹상군(孟賞君)이라는 선비를 좋아하는 왕이 있어서 자기 집에서 숙식(宿食)하는 사람이 三千이나 되었다. 그 중에서는 닭 울음의 흉내를 잘 내는 자까지도 그 한 가지의 기능을 아껴서 소중히 대우하고 있었다. 어느 때 孟賞君이 진(秦)나라 임금에게 감금되어 죽음의 직전에 놓였을 때, 秦나라 임금의 총애하는 여자에게 잠깐 속임수로 秦나라의 왕실창고에서 훔친 물건을 뇌물로 주고 벗어나 도망치는 판인데 함곡관(函谷關)이란 관소(關所)에 왔을 때 아직 밤중이어서 관문이 닫혀 있었다. 뒤에는 잡으려고 秦나라 군사가 쫓고 있었다. 그때 한 수행원이 닭 울음소리를 했더니 온 성중의 닭들이 그 소리에 따라 울음을 울었다. 그리하여 관문은 열리고 孟賞君은 목숨을 보전하였다는 이야기가 역사에 적혀있다. 하잘 것 없는 재능도 중대한 공헌을 할 수 있다는 본보기로 가끔 사람의 입에 오르내리곤 한다.

그리고 또 이 卦는 大象에서 君子는 이 卦象을 보고 말을 조심하고 음식을 절제한다고 설명하고 있다. 이것은 한 사람의 수양과 건강을 기르는 요점을 설명한 것이다. 물론 이 길을 확대하고 연장하여 나라의 힘을 기르고 천하의 백성을 기르는 길로 나가게 하는 기초로서 먼저 修身의 道를 설명한 것이다. 유교에서는 修身 齊家 治國 平天下 라고 생각하고 있기 때문이다. 수양의 요점으로 말을 조심하고 건강의 요점으로 음식을 절제하라고 한 것은 그야말로 급소 중의 급소를 파악한 것이라고 할 수 있을 것이다.

高麗 말기의 문장가 이담(李儋)은 「가장 비근한 일이면서 가장 중한 것은 음식과 말이다.」라고 하였다. 과연 음식과 말보다 인간에게 더 중요하고 더 조심해야 할 것은 없다. 사람의 건강뿐 아니라 생명 그것이 바로 음식에 직결되어 있는 것이니 조심해야 할 것은 말할 나위도 없다. 그러나 말이란 것은 음식에 못지않게 중요하다. 그 미치는 영향에서는 음식보다도 훨씬 중대하다. 음식은 한 사람의 건강이나 생명에 그 영향이 그치는 것이지만, 말은 다른 사람에게 온 나

라에, 천하에 또는 길이 후세에까지 영향하기 때문이다. 그러므로 이 말에 대하여는 孔子도 老子도 누구도 모두 한결같이 근신하고, 忠信하고, 진실하고, 과묵할 것을 가르치고 있다. 또 말의 잘못으로 인하여 초래될 수 있는 재난을 경계한 말로 東西古今을 통하여 너무나 많다. 그만큼 말은 중대하다.

이 음식과 말이 모두 두 턱 사이를 통과하는 것이므로 이러한 턱이야말로 선악의 관문이요, 길흉화복의 항구인 것이다. 턱을 잘 관리함으로써 기르는 일이 바르고 적절하기를 바란다. 그것이 곧 당신의 이「頤卦」를 진정한 행운의 것으로 하는 열쇠인 것이다. 행운과 열쇠는 오직 그것으로 어느 것은 열고, 어느 것은 닫을까를 선택하는 데 현명하기를 기다릴 뿐이다. 그것을 선택할 권리와 판단은 당신의 마음에 있을 뿐이다.

고괘(蠱卦) 53

산 풍 고(山風蠱)   ： ☶ 艮　○●●
손하간상(巽下艮上) ： ☴ 巽　○○●

大象

산 아래 바람이 불고 있는 것이 蠱卦의 卦象이다.

君子는 이 卦象을 보고 백성을 고난에서 구제하고 자신의 德性을 기른다.

卦辭

「蠱卦」의 上卦는 산을 의미하는 艮卦, 下卦는 바람을 의미하는 巽卦로 되어 있다. 이것은 山 아랫편에 바람이 별안간에 일어나 풀도 나무도 쓰러지게 되고 모래가 날고 티끌이 공기를 혼탁케 만들어서 상황이 매우 혼란하고 스산한 상태를 상징하는 것이다. 이것을 한 국가의 상황으로 생각한다면 나라의 정치가 바르게 정돈되지 못하고 나라 안이 혼란한 중에 천변지이(天變地異)와 비상사건(非常事件)이 겹쳐 일어나 평화를 잃고 국민이 그 생업에 안정할 수 없는 그러한 모습인 것이다.

이 卦는 강강(剛强)을 의미하는 陽卦가 위에 있고 유약(柔弱)을 의미하는 陰卦가 아래에 있기 때문에 「주역」의 논리로서는 上下가 서로 친근함이 없고 괴리하고 있는 현상인 것이다. 강한 것이 위에 있고 약한 것이 아래 있다는 것은 제각기 제 위치에만 얽매이고 남의 일은 상관없다는 마음인 것이다. 강한 자는 강한대로 제혼자 위에 있을 뿐 아랫사람을 생각하려 하지 않고, 약한 자는 약한 자대로 아래에 있을 뿐 윗사람을 도우려는 성의가 없다는 것을 표시하는 것이다. 그러므로 君主는 신하의 의견을 존중하는 겸손이 없고 신하는 君主를 보필할 성의가 없어서 上下의 마음이 멀어지기 때문에 중지(衆智)를 모은 현명한 정치를 할 수 없게 되고, 협력과 단결이 없기 때문에 국민의 마음을 한 곳으로 집결시킬 국시(國是)가 서지 못하게 된다. 그렇게 되면 국민의 마음은 산산조각으로 흩어지고, 나라의 정치는 혼란을 가져오게 된다. 나라 안이 혼란하여지면 그 틈을 타서 여러 가지 뜻밖의 사건들이 생기고, 이런 때일수록 천재지변이 일어나는 것이라고 「주역」은 생각하고 있다. 이것이 「蠱卦」의 卦象이다.

「蠱」는 일이라는 뜻이다. 일이라도 어려운 일, 혼란한 일, 별안간에 일어나는 일을 의미한다. 그러므로 나라로 치면 난세(亂世)를 의미하는 것이다. 蠱卦는 정녕코 난괘(難卦)임에 틀림이 없다. 혼란과 파탄을 상징하는 不吉한 卦이다. 그러나 「주역」은 사람을 절망시키지는 않는다. 그것이 「주역」의 대원칙이며 또 철학인 것이다. 세상의 모든 상태는 항상 변한다. 여기에 전화위복(轉禍爲福)의 계기가 있는 것이다. 궁극에 도달하면 새로운 것이 시작되는 것은 자연의 운행법칙인 것이라고 이 卦는 그 卦辭에서 설명하고 있다. 평화가 오래 계속되면 부패와 혼란이 오게 마련이요, 혼란이 오면 사람들은 이래서는 안되겠다고 반성하고 改革에 노력하게 된다. 그리하여 다시 평화한 세상이 오는 것이다. 蠱卦는 혼란(混亂)의 극도에 도달한 상태이므로 곧 새로운 것이 시작될 시기가 온 것이다. 「겨울이 오면 봄이 멀지 않은 것이다. 이 새로운 것이 시작될 시기를 위하여 반성과 결심과 용기와 노력으로 난국에 대처할 것을 卦는 계시(啓示)하고 있다. 그러한 改革의 일은 마치 도섭(徒涉)으로 큰 강물을 건너는 일과 같이 위험하고 힘들고 용기를 필요로 하는 것이다. 그러나 확고한 결심으로 그 큰일을 위하여 노력하면 위난을 극복하여 크게 형통할 것이라고 명언하고 있다.

「주역」이 인간에게 주는 유익한 점이 있다면 그것은 바로 이러한 역경에서 새로운 희망의 길을 가리켜 주는 변화의 법칙일 것이다. 만일 인간이 항상 행운하다면 「주역」은 우리에게 별로 효용 있는 것이 못될 것이다. 「주역」의 힘을 빌 것도 없이 우리는 그 행운을 향유(享有)하면 그만이기 때문이다. 그러나 절망에 직면하였을 때 그 절망을 뚫고 새로운 길을 개척하느냐, 그렇지 않으면 아주 절망하고 마느냐 하는 순간에 「주역」은 인간에게 용기를 주고 행운의 길을 啓示하고 반성과 노력을 명령한다. 모든 것은 변한다는 이 불멸(不滅)의 진리를 우리는 믿어야 한다. 인간에게는 不運이라는 것이 있기 때문에 「주역」은 필요한 것이며 점치는 것도 의미가 있는 것이다.

이 卦는 大河를 건너는 것 같은 어렵고 벅찬 개혁의 일을 시작하는 순서를 먼저 자신의 德을 닦으라고 가르치고 있다. 다시 말하면 먼저 자신의 자세부터 올바르게 바로 잡으라는 것이다. 자신의 마음의 준비와 자신의 몸가짐에 대한 신념 없이 어느 큰일에 손댈 수는 없는 것이다. 너무나 당연한 논리인 것이다. 그러한 반성과 신념이 서면 과감하게 적극적으로 난관에 부딪쳐 가라는 것이다. 부패가 크면 클수록, 모순과 혼란이 심각하면 심각할수록 그만큼 근본적이고 획기적인 개혁의 계기가 되는 것이다. 그만큼 새로운 것이 시작될 시간이 가까이 온 것이다. 蠱卦의 文字 풀이를 하면 그릇에 담긴 음식에 생기는 벌레의 뜻인데 위생적인 일반상식으로 본다면 반가운 것은 아니지만 무엇이 무서워서 장(醬)을 못 담글 수는 없는 것이다. 난관을 극복함으로 노력은 보람이 있고 노고가 크니만큼 성공은 더욱 빛이 나는 것이다.

모든 蠱卦를 얻은 이들은 백배의 용기를 가지고 새로운 것을 위하여 힘차게 출발하기를 빈다. 절망의 벽을 뚫고 새로운 희망의 가도(街道)를 달리느냐. 그렇지 않으면 영원히 절망에 지고 말 것이냐는 오직 그대 자신의 선택에 있을 뿐이다.

자신에 넘치는 그대의 정신력은 절망의 벽을 뚫을 충분한 힘이 있는 것이다. 「정신이 한 점에 집중되면 금석도 뚫을 수 있는 것이다.」(精神一到金石可透-정신일도금석가투)

몽괘(蒙卦) 54

산 수 몽(山水蒙)　　：☶ 艮　　　○ ● ●
감하간상(坎下艮上)：☵ 坎　　● ○ ●

大象

산 밑에 솟아나는 샘물, 이것이 蒙의 卦象이다.

君子는 이 卦象을 보고 바른 일을 과감하게 실천하면서 묵묵히 德을 기른다.

卦辭

「주역」의 논리는 상식 위에서 전개되는 것이다. 「蒙卦」는 山을 상징하는 艮卦가 위에 있고, 물을 의미하는 坎卦가 아래에 있는 형태로 되어 있다. 이것은 산 밑에 물이 있는 모습이다. 그리고 蒙은 어린이라는 뜻이다. 물의 어린이라면 샘물일 수 밖에 없다. 이런 논법에서 「蒙」은 山기슭에 솟아나고 있는 샘물을 상징하는 卦이다. 샘물은 아직 가냘프고 연약한 물의 어린이다. 지금 당장은 저 혼자서 웅덩이를 뛰어 넘어 활개 치며 달릴 만한 힘은 갖지 못하고 있다.

그러나 샘물에는 쉼이 없이 솟아나는 근원이 있다. 그러므로 무한한 발전의 가능성을 내포하고 있다. 장차는 둑을 끊고 나와 돌뿌리를 돌고 풀 사이를 헤치며 제 갈 길을 가고야 말 것이다. 실개천이 되고, 작은 내가 되고, 작은 내는 다시 江이 되어, 마침내는 바다에 도달할 것이다. 나무가 울창한 깊은 산중에서 맑은 샘물이 솟아 나와 조잘조잘 소리를 내며 산골짜기를 멀리 흘러가고 있는 모습을 상상해 보라. 우리는 거기에서 먼 장래를 생각하게 되며, 생명의 약동을 느끼게 되며, 희망과 환희를 가져오게도 된다.

　무한한 생명력과 장래성과 희망을 지니고 있는 것이 샘물이다. 샘물을 인간에 비하면 어린이다. 蒙卦는 샘물의 이치를 빌어 사람의 일을 설명하고 있는 것이다. 어린이는 아직 철이 들지 않고 분별의 능력이 없는 연약하고 몽매(蒙昧:(사리에)어둡고 (눈이)밝지않다)한 인간이다. 그러나 어린이는 성장하고 발전할 무한한 소지(素地)를 가지고 있다. 장차는 국가와 사회를 어른들에게서 이어 받을 것이며 또 이것을 요리할 것이다. 겨레의 번영과 나아가서는 세계의 평화도 인류의 행복도 장차는 어린이였던 그들의 손에 기대할 수 밖에 없는 것이다.

　그리스 로마신화를 보면 모든 영웅들이 다 그렇듯이 어릴 때부터 모진 고생을 하고 또 훌륭한 선생 밑에서 공부하지 않으면 안되었다. 펠리온 산의 현자(賢者)라고 불리는 半人半馬, 즉 허리아래는 말의 모습을 하고 허리 위로는 사람의 모습을 한 켄타우로스 케이론 선생에게 힘의 상징인 헤라클레스도, 의신 아스클레피오스도, 트로이 전쟁의 영웅 아킬레우스도, 황금모피를 손에 넣은 아이손도 모두

다 케이론의 제자로 활 쏘는 법, 악기다루는법, 말하는 법 등의 수많은 교육을 배우며 성인으로 성장하여 후에 산을 내려와 영웅이 되는 이야기를 볼 수 있다.

이렇듯이 어떻게 교육하고 성장시킬 것인가에 따라 어린이의 앞날은 양양하며 기대는 아주 큰 것이다. 소파 방정환 선생은 周易의 蒙卦를 가슴속 깊은 곳에 간직하였다. 그는 어린이에게 암울한 일제 시기를 벗어나 큰 나라로 발전할 수 있는 열쇠를 바로 어린이로 보았다. 大韓民國의 어린이의 헌장은 그 첫머리에 「어린이는 나라의 앞날을 이어 나갈 새 사람이므로 그들의 몸과 마음을 귀히 여겨 옳고 아름답고 씩씩하게 자라도록 힘써야 한다.」고 선언하고 있다. 소파 방정환 선생뿐만이 아니라 여러 선생들은 나라의 장래를 어린이 그들에게 걸고 있다.

그러나 어린이는 아직 분별의 능력이 없는 몽매(蒙昧)한 존재이기 때문에 이 蒙昧를 계발(啓發)하여 잘 지도해야 올바른 발전도 장래의 대성도 기대할 수 있다는 것이다. 「주역」은 여기에서 계몽(啓蒙) 즉 교육을 力說하고 있다. 진실로 이로정연(理路整然)한 논리이다. 칸트는 사람은 교육에 의해서만이 인간답게 된다고 하였다. 인간은 자연 상태 그대로 이미 인간다운 인간인 것은 아니다. 인간은 단지 발전할 수 있는 가능성을 지니고 있는 존재에 불과한 것이다. 난 그대로의 인간은 蒙昧한 것이다. 그대로 방임하면 그것은 동물 이상의 발전을 하지 못할 것이다. 방임 하였다가는 아주 구제할 수 없는 상태에 빠지게 될 것이라고 경고하고 있다.

「주역」은 여기에서 계몽은 어떻게 할 것인가에 대하여 교육의 방법론까지 제시하고 있다. 첫째, 교육은 피교육자의 자발적 의욕을 유도해야 한다. 지도자의 일방적인 강요가 있어서는 안된다는 것이다. 이것은 자발적 학습을 중시(重視)하는 오늘의 새로운 교육원리와 일치한다.「참된 학습의 효과는 자발적인 활동에 의해서만 볼 수 있다」고 최근의 교육심리학은 주장하고 있다. 이것을「자기 활동의 원리」라고도 한다. 오랜 세월을 두고 인간이 시도하여 온 모든 교육 방법의 총결론에서 얻어진 오늘의 새 교육원리가 적어도 삼천년 이전의 것으로 추측되는「주역」의 교육이론과 완전 일치한다는 것은 유쾌하기보다는 차라리 경이(驚異)를 금치 못할 일이라고 하겠다.

둘째는 배우는 자로 하여금 믿게 하라는 것이다. 배우는 자가 가르치는 자, 나아가서는 가르침 그것을 믿지 않고 의심하게 되면 이것은 벌써 교육의 모독인 것이다. 거기에서는 아무런 성과도 기대할 수 없는 것이다. 이것은 오늘도 진리임에 틀림이 없다.

셋째는 蒙昧한 자를 교육할 때는 형벌을 써야 한다고 주장하고 있다. 즉 규율을 엄격하게 하라고 주장하고 있다. 〈禮記〉라는 책에 선생이 엄격해야 가르침이 존중된다는 말이 있다. 가르침의 위신을 세우라는 뜻으로 해석된다. 오늘의 교육에 있어서도 진리의 一面을 지니고 있는 것이다. 오늘날의 교육에 있어서 선생의 권위와 가르침의 위신이 존중되지 않고, 서양 가르침의 방법을 외형만으로 흉내 내며 어설픈 自律과 權利를 운운하고 책임(責任)과 의무(義務)를 망각하는 오늘날에 교육에 아주 큰 교훈을 주는 周易의 가르침이라 하겠다.

마지막으로 蒙昧를 퇴치하는데는 蒙昧 그 자체를 원수로 치지 말고 외부로부터 침입할 惡을 방어하여 줌이 좋다 고 주장하고 있다. 無知 혹은 蒙昧 그 자체를 지나치게 꾸짖기보다도 그 無知, 蒙昧를

틈탄 惡의 침투를 막으라는 것이다. 그 환경을 좋게 하여 주자는 것
이다. 구태어「孟母三遷」의 옛일을 들출 것도 없이 교육환경의 중요
성은 오늘의 교육에서도 인정하고 있는 것이다.

　이런 것이 蒙卦가 보여주는 卦象이며 설명인 것이다. 이 卦는 어
린이를 주제로 하여 설명하고 있으나 어린이는 그 한 예에 불과한
것이다.「주역」의 모든 卦는 추리에 의하여 천지만물과 인간의 모든
일에 확대될 수 있는 것이다. 그러기에「蒙」은 어린이의 상징일 수
도 있고 사업일 수도 있고 어떤 경륜일 수도 있는 것이다. 다만 그
어떤 경우에라도 이 卦를 얻은 이는 여기에서 계시한 이치를 깨닫고
본받아야 할 것뿐이다. 이 啓示를 지키면 吉할 것이요, 지키지 않으
면 不吉할 것이다. 이 啓示는 자연과 인간의 벗어날 수 없는 당연한
귀결을 논리한 것이기 때문이다. 이것을 지키고 안 지키는 것은 오
로지 그 사람의 마음에 달려 있는 것이다. 여기에서도「주역」은 또
한 번 사람의 정신이 그의 운명을 吉한 것으로도, 凶한 것으로도 이
끌어 갈 수 있다는 것을 말하여 주고 있는 것이다.

제7부

55. 간괘(艮卦)

56. 박괘(剝卦)

57. 태괘(泰卦)

58. 림(임)괘(臨卦)

59. 명이괘(明夷卦)

60. 복괘(復卦)

61. 승괘(升卦)

62. 사괘(師卦)

63. 겸괘(謙卦)

55 간괘(艮卦)

<table>
<tr><td>간 위 산(艮爲山)</td><td>: ☶ 艮</td><td>○●●</td></tr>
<tr><td>간하간상(艮下艮上)</td><td>: ☶ 艮</td><td>○●●</td></tr>
</table>

大象

산이 겹친 것이 艮의 卦象이다. 산은 제 위치를 지켜 움직이지 않는다.

君子는 이 卦象을 보고 자신의 신분에 넘치는 일은 생각하지 않는다.

卦辭

「艮卦」는 艮卦가 겹쳐서 이루어졌다. 「艮」은 산을 의미하는 것이니 산과 산이 중첩해 있는 상태를 상징한다. 「艮」은 靜止한다는 뜻이다. 산은 무게 있게 멈춰 서서 움직이지 아니한다. 움직이지 않는데 산의 안정이 있고, 무게 있는 모습에 산의 위신이 있는 것이다. 정지하는 것이 산의 본연의 자세요, 순리인 것이다. 산은 움직일 수 없다. 산을 움직이려 하는 것은 도로(徒勞)이며 어리석음이다. 정지해야 할 때는 정지해야 한다. 산의 무게 있는 안정을 배워 고요히 멈춰 서라. 경거망동하면 산 또 산, 중첩한 위험과 난관이 앞을 막고 뒤를 눌러 나갈 수도 물러설 수도 없는 골짜기에 빠져 들어 갈 위험 신호가 보인다.

멈춰야 할 때 멈춘다는 것은 중단이나 실망을 의미하는 것은 아니다. 내일의 약진을 위하여 준비하는 것이다. 흐르는 물도 웅덩이를 만나면 전진을 정지한다. 물이 부풀어 올라 웅덩이를 메울 때까지 제자리에서 맴돌고 있는 것이다. 성장하는 수목도 겨울을 당하면 잎을 떨어뜨리고 가지를 움츠린다. 봄이 다시 올 때까지 내면의 충실을 준비한다. 그러나 그 물은 마침내는 둑을 뛰어 넘어 더욱 힘차게 전진을 계속할 것이요, 나무는 새로운 새싹을 내 밀어 더욱 싱싱한 모습으로 자라 오를 것이다. 지금 당신은 전진을 그쳐야 할 시기에 있다.

艮卦의 형태를 살펴보면 上卦와 下卦 사이에 단 한爻도 서로 음양 상응(陰陽相應)의 관계를 이룬 것이 없다. 또 上卦와 下卦 사이는 장벽으로 가로 막혀 있는 모습이요, 上卦는 下卦의 등을 바라보고 있는 모습이기도 하다. 이것은 서로가 호응하지 않고 모두가 대립이요, 서로가 배척하는 형상이다. 남과 나 사이에는 마음의 연결이 없고 세상과 나 사이에는 장벽이 있어서 서로의 대화가 막혀 있다. 이러한 상태에서는 동지를 얻을 길 없고 협력을 바랄 수 없다. 이 고립되고 폐색(閉塞)된 인간의 고도에서는 불러 보아도 대답할 자 없고 두드려 보아도 문은 열리지 않을 것이다. 굳이 자신의 뜻을 펴 보려고 전진의 강행을 시도한다면 그것은 겨울에 들에서 모란을 피워 보려는 어리석음과 같은 것이다. 지금은 움직일 때가 아니다. 태연하고 여유 있는 마음으로 고요히 자신의 위치를 지키며 때가 올 때까지 스스로의 힘을 길러야 한다.

지금 힘을 기르는 일은 지금 행동하는 일에 못지않게 중요한 것이다. 밤에 휴식과 수면을 취하는 일 없이 낮에 일할 수는 없다. 낮에 맑은 머리와 활기에 넘치는 체력으로 일할 수 있는 것은 휴식과 수면의 공적인 것이다. 한 발을 내 딛기 위하여서는 한 발은 정지시켜야 한다. 인간의 일에 대한 실패는 일 자체를 처리하는 활동의 빈곤에서보다도 차라리 그 활동을 뒷받침해 주는 실력의 부족에서 오는 경우가 더 많은지도 모른다. 지금 잠깐 활동을 정지하는 것을 안타깝게 생각지 말고, 다음의 활동기가 올 때까지 자신 만만하리만큼 힘을 기를 수 있는가를 걱정하는 것이 더 중요하다. 다음 기회는 지금 당신을 향하여 접근해 오고 있기 때문이다. 모든 현상은 부단히 바뀌고 변하는 것이 천지자연의 법칙이요, 악운은 항상 행운으로 교체되는 것이 「주역」의 이치인 것이다. 봄은 오기 마련이요, 얼음은 녹기 마련인 것이다. 감히 무엇이 계절의 변전을 거부할 것이며, 감히 누가 인간의 영고성쇠를 고정시킬 수 있단 말인가. 우리는 오직 묵묵히 이 법칙에 순종하면서 이 법칙에 맞추어 우리의 인생을 운영하는 것이 현명하게 사는 방법인 것이다.

중국 明末 환초도인(還初道人) 洪自誠의 語錄 〈採根譚-채근담〉에는 이런 글이 있다. (藏巧於拙 用晦而明 寓淸於濁 以屈爲伸 眞涉世之一壺 藏身之三窟也-장교어졸 용회이명 우청어탁 이굴위신 진섭세지일호 장신지삼굴야) 뛰어난 재주는 어리석음으로 감추고(Hide weakness in deftness), 지혜는 드러내지 않되 명철함을 잃지 않으며(Use both darkness and light), 청렴은 오히려 혼탁속에 깃들게 하고(Reveal clarity in obscurity), 굽힘으로써 몸을 펴는 것(In surrender become strong), 이것이야 말로 험난한 세상을 건너는 배이며 몸을 보호하는 안전한 곳이 된다. 대략 이런 뜻이다.

이 글귀 중에서 '굽힘으로써 몸을 펴는 것' 이란 以屈爲伸을 가슴속에 새겨두자. 멈출 때 멈추고 갈 때 갈 줄 아는 것, 그것이 바로 자연의 법칙에 合―하는 현명인 것이다. 그러기에 「주역」은 움직이고 정지하는 것이 그 시의(時宜)를 잃지 않으면 그 길에 광명이 있을 것이라고 가르치고 있는 것이다. 우리는 인내와 현명으로 이 卦가 다음의 더 큰 행운을 위하여 계기가 되도록 善用하자.

56 박괘(剝卦)

산 지 박(山地剝)	： ☶ 艮	○ ● ●
곤하간상(坤下艮上)	： ☷ 坤	● ● ●

大象

산이 땅에 붙어 있는 것이 剝의 卦象이다.

위에 있는 군주는 이 卦象을 보고 백성의 생활을 후복(厚福)하게
하여 각자의 위치에서 生業에 안정하게 한다.

卦辭

「剝卦」는 산을 상징하는 艮卦가 위에 있고 땅을 의미하는 坤卦가
아래에 있다. 산이 땅보다 위에 있는 것은 사리에 맞는 당연한 상태
라고 생각된다. 그러나 앞에서도 여러 곳에서 설명한 바와 같이 「주
역」에서는 이러한 一見 정당한 것 같은 이치를 반대로 설명하고 있
다. 「주역」에서는 모든 사물을 사람에 비유하여 그 정신의 움직임을
논리한다. 그러므로 높은 것이 위에 있고 낮은 것이 밑에 있는 것은
마치 윗사람의 마음이 아랫사람의 마음을 생각하지 아니하고, 아랫

사람이 윗사람을 돕지 않는 채, 윗사람은 윗사람대로 스스로 높아할 뿐이요, 아랫사람은 아랫사람대로 위에 관심이 없는 것과 같은 상태여서 서로의 마음은 호응하지 아니하고 그 지향하는 방향은 상반되어 서로 멀어져 가므로 친애와 협력이 없는 괴리(乖離)된 상태를 나타내는 것이라고 해석한다. 그러기에 땅이 위에 있고 하늘이 아래에 있는 형상인 태괘(泰卦)는 지극히 길한 卦이지만 반대로 하늘이 위에 있고 땅이 밑에 있는 형태인 비괘(否卦)는 아주 불길한 卦로 되어 있는 것이다. 같은 논리로 여기에 설명하는 剝卦는 불길한 卦인 것이다.

높은 위치에 있는 산은 겸허한 마음으로 밑에 있는 땅의 마음을 존중하려 하지 아니하고 저 혼자 높아만 하고 있으며, 밑에 있는 땅의 마음은 스스로 제 입장만 생각하고 위로 산의 일은 오불관언(吾不關焉) 이라는 태도로 있는 상태를 상징하는 것이다. 이것을 한 나라의 일에 옮겨 보면 君主와 신하와 백성의 마음이 서로 멀어져서 한곳에 집중하는 일이 없고, 서로 반목하고 대립하여 단결과 협력이 없는 혼란과 불안의 사회상황을 표현하는 것이 된다. 그러므로 그러한 국가 사회는 붕괴도상에 있음을 의미한다.

이러한 붕괴 상태가 바로 「剝」인 것이다. 「剝」은 벗겨지다, 깎여지다, 무너지다의 뜻이다. 剝卦는 그 卦의 형태에 있어서 이 붕괴상태를 보여주고 있다. 이 卦는 모든 爻가 陰爻로 되어 있고 다만 한 개만의 陽爻가 맨 위에 놓여 있다. 이것은 마치 어느 지면(地面)이 아랫부분은 전부 패이고 속이 무너져 공동(空洞)이 되어 있는 위에 다만 그 표면만이 얇게 걸쳐져 있는 위태롭기 짝이 없는 모습과 같다. 그야말로 붕괴 직전의 상태인 것이다.

이것을 陰陽의 논리로 보아도 陰과 陽이 균형을 잃었을 뿐 아니라, 음양상응(陰陽相應)의 관계가 존재하지 않는다. 陰陽의 相應관계가 없다는 것은 서로의 호응과 협력관계의 부존재를 말하는 것이다. 호응과 협력관계가 없으면 유리와 분해가 있을 뿐이다. 이런 의미로 剝卦는 붕괴상태를 의미한다.

또 「주역」의 법칙에서는 男女의 경우에는 男은 陽, 女는 陰이며, 善惡의 구분에 있어서도 陽은 善, 陰은 惡을 의미한다. 그러므로 陰은 小人을 상징하고 陽은 君子를 표현한다. 이 卦에 있어서 모든 陰爻속에 다만 한 개만의 陽爻가 있다는 것은 남녀관계에 비유하면 여자의 세력만이 너무 강성한 불균형의 不健全性을 보이는 것이요, 善惡의 상태로 본다면 惡의 도도한 세력이 善을 구축하고 있는 현상인 것이다. 그래서 이 卦의 卦辭는 柔(陰)가 剛(陽)을 금방 변질시키려 하고 있다고 설명하고, 이러한 惡이 득실거리는 국가 사회는 小人의 세력만이 잡초처럼 무성하는 세상이므로 바른 도리가 행하여질 수 없다는 것이다. 아주 절망 상태를 의미하는 凶한 卦이다.

그러나 절망은 없다. 「주역」의 이치에는 절망은 없는 것이다. 「사물이 궁하면 변하고 변하면 통한다.」는 것이 「주역」의 대원리인 것이다. 즉 무슨 일이 극도에 이르러 더 나갈 수 없게 되면 변화가 오고 변화가 오면 다시 나갈 길이 통하여진다는 것이다. 剝卦와 같은 상태에 있을 때는 무리한 투쟁을 전개하여 보아도 성과는 얻을 수 없는 것이다. 그러나 절망할 것은 없다. 이런 경우에는 고요히 행동을 정지하고 때가 오기를 기다릴 뿐이다. 때는 반드시 오는 것이다. 「겨울이 오면 봄도 멀지 않다.」는 것을 우리는 믿는다. 초목은 여름에 무성하고 가을에 조락한다. 태양의 熱은 正午에는 盛하고 저녁에는 쇠한다. 보름달은 기울어지고 초생달은 커 간다. 이러한 영허(盈虛) 성쇠(盛衰)의 이치는 천지자연의 법칙인 것이다. 현명한 사람은 이러한 현상을 존중할 줄 알고 본뜰 줄 안다.

　오직 우리가 명심해야 할 일은 그 기다린다는 것이 다만 막연하게 멍청하고 기다리기만 하는 것이 아니고 내일을 맞이하기 위한 마음의 준비와 노력이 있어야 한다는 것뿐이다. 무엇보다도 먼저 확립해야 할 마음의 자세는 악이 강세하다는 것을 구실 삼아 악에 동화하지 말아야 한다는 것이다. 나아가 항쟁하지는 못할망정 스스로 절조를 지켜야 한다는 것이다. 善이 惡에 동화하면 그것은 이미 惡이요, 善은 아닌 것이다. 이미 스스로 악이면서 다시 무슨 善의 내일을 기다릴 자격이 있단 말인가. 惡의 천하에서 의젓이 절조를 지켜야 비로소 君子의 풍모라고 할 수 있는 것이다. 「엄동설한이 되어야 소나무와 전나무의 잎이 늦게 떨어지는 것을 안다.」는 것이다. 제아무리 惡의 세력이 강성하고 악의 압력이 클지라도 사람의 꿋꿋한 良心만은 뺏을 수 없는 것이다. 그러므로 「三軍의 장수는 꺾을 수 있되 匹夫의 뜻은 빼앗을 수 없다」라는 것이다. 이러한 의연하고 꿋꿋한 뜻을 가지는 한편 내일을 축적하고 내일을 기르는 데 부단한 노력을 바쳐야 할 것이다. 겨울 동산의 나목(裸木)들은 눈 속에서 봄을 준비하고 있는 것이며, 봄 하늘의 우레는 겨울 동안 땅속에서 에너지를 축적하여 왔던 것이다. 이러한 마음의 준비와 노력만이 바로 이 剝卦의 악운에 대처하는 전화위복의 방법인 것이다. 그러기에 剝卦의 다음에는 봄이 돌아옴을 알리는 이 卦의 행운이 기다리고 있는 것이다.

57 태괘(泰卦)

지 천 태(地天泰)　　： ☷ 坤　　● ● ●
건하곤상(乾下坤上)： ☰ 乾　　○ ○ ○

大象

하늘과 땅이 화합하는 것이 泰의 卦象이다.

君子는 이 卦象을 보고 천지의 작용에 사람의 힘을 보태어 天地의 원만함을 도와 大成하게 하고 백성을 태평으로 인도한다.

卦辭

「泰卦」는 「주역」 64卦中 가장 이상적인 형태를 보이는 吉運의 卦라고 한다. 땅을 의미하는 坤卦가 위에 있고 하늘을 상징하는 乾卦가 아래에 있다. 하늘과 땅이 거꾸로 뒤집혀진 역현상, 끔찍이 不吉한 것으로 느껴진다. 그러나 「주역」은 그렇게 해석하고 있지 않다.

하늘이 아래로 내려오고 땅이 하늘 위로 올라가면 천지가 뒤집힌다는 생각은 하늘과 땅을 하나의 생명 없는 물질적인 존재로 보고, 우리의 육안(肉眼)에 보이는 형태의 구성에만 구애하고 있는 靜的인

天地觀에서 오는 것이다. 사실 우리의 눈에 보이는 형태의 천지가 거꾸로 매달리게 된다면 큰 이변이 아닐 수 없다. 천지는 파멸하고 말 것이다. 하지만 여기 「주역」이 설명하고 있는 「泰」의 논리는 그런 것은 아니다. 「주역」은 하늘과 땅을 한 생명 있는 精神力의 主體的 존재로 보고 있다. 정신력의 주체인 하늘과 땅이 천지의 창조와 生成化育이라는 커다란 사업을 성공적으로 수행하기를 원한다면 그들은 그들의 정신을 어떻게 구사할 것인가 하는 천지의 마음을 能動的인 그들의 정신세계에서 설명하고 있는 것이다. 과연 하늘과 땅이 정신을 주체할 수 있는 살아 있는 존재인가 아닌가는 우리가 단정할 자신은 없다. 그러나 적어도 그러한 가설(假說) 밑에서 「泰卦」의 논리는 전개되는 것이다. 사물의 현상을 물질적인 外觀에서 설명하려 하지 않고 정신적인 內面世界를 설정하여 논리하고 추리하는 것이 「주역」의 사고 방법이다. 「주역」의 「주역」다운 맛도 여기에 있는 것이다.

「泰卦」는 이렇게 생각하고 있다. 하늘은 하늘대로 높은 위치에서 스스로 높아 하기만 하고 땅은 땅대로 제자리만 지키고 있어서, 하늘은 하늘, 땅은 땅이다 하는 상태로만 있다면 天地는 삭막한 텅 빈 동굴적 존재에 불과할 것이다. 그러기에 하늘의 마음은 땅으로 내려와 땅을 생각하는 마음이 되고, 땅의 정성은 하늘로 올라 가 하늘을 돕는 정성이 되어서 서로 화합하기 때문에 그 협력으로 천지의 모든 경영이 원만하고 번영할 수 있다는 것이다. 이러한 상태를 「天地相交-천지상교」라고 설명하고 있다. 즉 하늘의 힘과 땅의 힘이 서로 교착(交錯)한다는 뜻이다. 하늘의 작용이 땅에 미치고 땅의 작용이 하늘에 도달하는 것을 말한다. 한 가지 예를 든다면 하늘은 비를 내리게 하여 땅으로 하여금 땅 위의 모든 생명을 낳을 수 있고 기를 수 있게 만들어 주며, 땅은 땅의 물을 다시 하늘로 올려 보내 증기가 되고 그름이 되어 하늘로 하여금 비를 빚게 해 주고 있다는 것이다. 이러한 상태가 바로 하늘과 땅 사이의 태적(泰的) 현상이라는 것이다.

천지자연에 대한 이러한 해석은 곧 인간의 일에 적용되는 것이다. 아니 인간의 일을 설명하기 위하여 자연의 법칙을 증언의 근거로 끌어 들인 논법이라고 보는 것이 더 타당한 생각일 것이다. 「天地相交」의 논리를 인간에게는 「上下相交」라는 말로 대치하고 있다. 즉 윗사람의 마음과 아랫사람의 마음이 서로 교착(交錯)한다는 뜻이다. 그것을 한 君主國家에서 예를 든다면 위에 있는 임금의 마음은 항상 신하와 백성에게 머물러 있어야 하고, 신하와 백성의 정성은 항상 임금을 위하여 바쳐져야 한다는 것이다. 임금의 마음은 아래 내려와 있고 신하의 정성은 위에 올라 가 있는 것이다. 땅이 위에 있고 하늘이 아래에 있는 卦象을 정신면에서는 본뜬 인간의 泰的 상태인 것이다.

泰는 크다 「泰平」하다의 뜻이다. 「주역」은 天地의 화합이 자연계의 모든 활동의 근원이듯이, 인간의 가장 위대하고 이상적인 성취는 泰平聖代를 이룩하는 것이라고 생각하였다. 泰平聖代라는 말은 나라에 아무 불안도 위험도 또는 불평도 없이 안정하고 평화하여, 백성이 마음 놓고 각자의 生業에 안도(安堵)하고 각자의 생활을 향락할 수 있는 행복된 세상을 가리키는 말이다.

「내 힘으로 밭 갈아 밥을 먹고 목마르면 샘 파서 마시는 것을, 무
슨 임금의 힘이 내게 있다 하는고」(耕田而食 鑿井而飲 帝力 何有於
我哉-경전이식 착정이음 제력 하유어아재). 이것은 옛날 중국 순(舜)
이라는 임금 시대에 나라가 하도 태평하여 백성들이 도리어 그것이
누구의 덕택인지도 모르고 저의 평화하고 행복한 생활이 행복한 것
인 줄도 모르고 제 생활을 노래 부르며 살았다는 옛이야기의 한 토
막이다. 유가(儒家)에서는 이러한 세상을 泰平聖代의 대표적인 것으
로 소중히 여기고 있거니와, 정녕코 거기에는 불안도 불평도 없는,
평화한 모습이 엿보인다. 이같이 불안도 불평도 없고 자기의 생업에
안정하여, 평화한 생활을 누릴 수 있는 세상이라면 그것은 어찌 옛
사람들의 동경에만 그칠 것인가. 현대인에게도 꿈의 대상이 아닐 수
없다.

인간은 오랜 역사를 통하여 이러한 泰平聖代의 꿈을 포기한 적은
없다. 세상이 어지럽고 생활이 고되면 그럴수록 그 꿈은 더욱 절실
하였을 것이다. 「주역」이 春秋戰國時代라는 전란의 시대로부터 은
(殷)나라의 태군(泰君) 주왕(紂王)의 治下인 주문왕시대(周文王時
代) 사이에 이루어진 것으로 추측되는 것이니, 泰平聖代를 상징하는
泰를 상징한 「주역」의 말을 우리는 이해할 수 있다.

이렇게도 소중한 인간의 최고의 이상이요, 최대의 경영인 泰平聖
代를 성취하는 길이, 上下의 마음이 서로 사귀어지는 데 있다고 「주
역」은 가르치고 있다. 마음이 엇바뀐다는 말은 서로의 위치를 바꿔
서 남의 마음을 이해하라는 뜻이다. 옛말에 「易地而思之-역지이사지」
라는 말이 있다. 즉 남의 처지에 서서 생각하므로 하여 그 남의 심
정도 이해할 수 있고 노고(勞苦)도 짐작 할 수 있는 것이다. 그렇게

되면 두 사람의 마음과 마음은 서로 맞닿을 수 있고 두 사람의 마음의 지향하는 곳이 하나인 것을 서로 알게 되면 그들의 마음은 하나로 뭉칠 수 있고, 그들의 노력은 하나의 목적을 향해 집결될 수 있는 것이다. 이러한 상태가 임금과 신하와 백성 사이로 확대 전파되어 가면 한 나라의 마음은 하나로 화합되어 대성(大成)할 수 있다는 것을 이 卦는 卦辭와 爻辭를 통하여 거듭 강조하고 있다.

「남의 처지에서 생각하는 마음」이 서로의 마음을 하나로 「화합」시켜 한 나라와 백성을 이상의 세계로 인도할 수도 있다는 것이라면 이 마음의 「화합」을 가지고 성취할 수 없는 인간의 일은 없을 것이다. 인간의 마음이 하나로 집결한다는 것은 정녕코 위대한 힘을 지니는 것이다. 우리는 위대한 힘을 가진 「화합된 마음」의 교훈을 「泰卦」에서 배워, 가정에서, 단체에서, 국가에서 인간의 모든 집단생활에 선용할 줄 아는 현명을 가지자.

이 모처럼 얻은 「泰卦」는 「주역」 64卦中에서도 가장 이상적인 大吉運을 계시하는 卦이다. 진정 이것이 당신의 실생활에 大吉이 되어 구현되기를 바란다. 그것은 오직 당신의 정신력이 스스로 선택하기에 달린 것이다.

지 택 림(地澤臨) : ☷ 坤 ● ● ●
태하곤상(兌下坤上) : ☱ 兌 ● ○ ○

大象

못 위에 땅이 있는 것이 臨卦의 卦象이다. 못이 땅 속에 있음은 못의 깊음을 의미한다.

君子는 이 卦象을 보고 거침없이 언제까지나 人心을 教化하고 한정없이 어디까지나 백성을 포용할 것을 생각한다.

卦辭

「臨卦」는 땅을 의미하는 坤卦가 위에 있고 못을 의미하는 兌卦가 아래에 있다. 땅 밑에 못이 있는 형태를 보이고 있다. 못이 땅 밑에 있다는 말은 땅 깊숙이 자리 잡고 있는 못이라는 뜻이 된다. 근원(根源)이 깊고, 풍부한 수량을 가진 큰 못을 상징한다. 땅은 크고 두텁다. 그 크고 중후(重厚)한 大地에 깊숙이 자리 잡고 넓고 큰 위치에 파란 맑은 물을 가득히 담고 있는 못을 생각하라. 그러한 못을 언덕 위에 서서 내려다보고 있는 상태가 「臨卦」의 卦象인 것이다.

이러한 크고 넓고 깊은 못은 인간에게 여러 가지 영감(靈感)과 교훈 같은 것을 준다. 무엇보다도 그 깊이 있는 푸름과 맑음이 좋다. 인간은 이러한 푸름과 맑음 앞에 서면 언제나 싱싱하고 청순한 느낌으로 가슴은 파랗게 물이 드는 것 같고 호흡은 시리도록 시원하여진다. 청춘이 즐겁고 인생이 희망에 부푼다. 푸름과 맑음은 인간의 가슴을 영원히 젊고 희망에 차게 만들어 준다. 또 못 물은 인간에게 고요함이 무엇인가를 가르쳐 준다. 이른 아침 엷은 안개가 언저리를 서리고 있을 때, 긴 여름날의 미풍도 움직이지 않는 대낮, 석양이 잔잔히 비껴드는 가을의 오후, 그런 시간에 못 가에 서 보라. 고요함의 경건한 모습을 볼 수 있으리라. 무엇인가 인간 이상의 힘을 지닌 영원하고 존엄한 것이 인간의 머리를 숙이게 만들 것이다. 또 크고 깊은 못이면 반드시 그 바닥에 生命처럼 부단히 솟아나는 원천(源泉)이 있기 마련인 것이다. 그러므로 항상 고요히 정지하고 있지만 그 물은 항상 새롭다. 그래서 부패하지 않는다. 끊임없는 신진대사가 영위되고 있다. 그러나 소란하지 않고 격돌하지 않고 순조롭고 자연스럽게 묵은 것과 새 것은 자연스럽게 교체하면서 영원히 그 젊음과 맑음을 계속하여 가고 있다. 그 가슴에 生命의 活力을 가졌기 때문이다. 항상 새로운 생명이 샘솟고 있는 것은 부패하지 않는다. 그리고 그 거울처럼 맑고 티 없는 가슴에는 모든 것을 포용하여 준다. 하늘을 가는 흰 구름도, 지나가는 산채의 그림자도, 둑 위에서 풀 뜯는 송아지의 모습도, 모든 것을 받아 안아 준다.

이러한 못을 바라보며 사람들은 淸新하고 고요하고 평화롭고 모든 것을 포용하는 못의 정경을 영탄하고 있다. 그 속에는 철학이 있고 교훈이 있고 감홍이 담겨 있다. 「언덕 위에 서서 고요히 못물을 보다.」이 한마디로 우리는 그 사람의 인격과 교양과 인간성과 포부를 짐작할 수 있을 것 같다. 그러기에 이는 「大象」에서 君子는 이 卦象을 보고 그침 없이 언제까지나 백성을 교화하고 한정 없이 어디까지나 백성을 포용할 것을 생각한다고 설명하고 있다.

「臨卦」의 상태는 안정되고 평화롭고 조화가 이루어진 이른바 태평성대를 상징하고 있다. 이러한 평화한 나라가 이루어지기까지는 강성한 기풍이 차츰 성장하여 감에 따라 上下가 서로 친화한 마음으로 즐겨 순응하기 때문이라고 설명하고 있다. 그것은 이 卦의 형태가 위의 모든 爻는 陰爻인데 아래의 두 爻가 거듭 陽爻여서 剛強한 陽의 기운이 차차 위로 발전하는 상태이며, 또 一爻는 四爻와, 二爻는 五爻와 각각 서로 음양상응(陰陽相應)의 관계에 있어서 王者(五爻)와 重臣(四爻)이 아래로부터 점차 발전하는 강성한 기풍을 즐겨 받아들이는 형상이라고 풀이한 것이다. 결론은 겸손하고 관대한 君主를 중심으로 하여 상하가 진심으로 즐기며 서로 친애하고 순응하기 때문에 크게 형통하고 발전한다는 것이다. 이미 앞의 여러 卦에서도 누누이 언급(言及)하였거니와 지도자가 아랫사람의 의견을 존중할 줄 알고 아랫사람은 진심으로 윗사람을 돕게 되어 上下의 마음이 즐겁게 한 곳에 합치하게 되면 그 국가, 그 사회, 그 단체, 그 회사는 발전할 가능성이 있다는 것은 현대에 있어서도 부정할 수 없는 논리라고 믿어진다.

또 이러한 친화협조의 상태도 한때에 그치고 만다면 의미가 없는 것이다. 한결같고 변함이 없어야 할 것은 말할 나위도 없는 것이다.

「주역」은 이 점에 대한 경고도 잊지 않고 있다. 이러한 상식 이전의 논리는 누구나 알고 있다. 그러나 실천은 매우 어려운 것이다. 인간의 모든 일은 항상 만들기보다는 계속하는 일이 더 어려우며, 처음은 있으나 종말이 있기는 어려운 것이다. 그러므로 君子는 못물의 源泉이 쉼이 없이 샘솟고 있음을 보고 언제까지나 그침 없이 백성을 교화한다고 가르치고 있기도 하다. 또 일관(一貫)한 「주역」의 교훈은 찬(盈) 것을 역설하고 있다. 이 卦에서도 「臨」은 지극히 왕성하고 번영한 상태이므로 凶運으로 역전할 것을 일러주고 있다. 이것은 「주역」의 이치에서 「臨」의 성운은 卦의 하부에 있는 두 陽爻의 陽의 기운의 발전에서부터 점진적으로 이루어진 것이므로 음력 八月의 陽氣가 쇠퇴하는 시절이 되면 凶運으로 변한다고 생각한 것이다. 구태여 이러한 어려운 설명을 기다릴 것 없이 가득 차면 넘치고 절정에 오르면 내려 올 수밖에 없듯이, 평화가 오래 계속되면 반드시 나태와 부패와 혼란이 오기 쉬운 것이다. 우리의 마음은 언제나 겸손하고 항상 자신의 부족함을 느낄 줄 알아야 반성이 있고 노력이 있고 자제가 있을 수 있을 것이다. 그러므로 이 卦는 爻辭를 통하여 경고와 암시를 잊지 않고 있다. 이것은 단순한 설교는 아니다. 「주역」의 이치를 풀이한 것이다. 모든 「주역」을 점치는 이는 이 점에 착각이 없어야 한다. 우리가 만일 「주역」 占卦에 이미 무엇인가 계시를 받기를 바라고 있다면 「주역」의 교훈에 우리는 배우는 바 있어야 할 것이다. 그것은 이 卦를 완전한 호운의 卦로 선용할 수 있는 방법론이기 때문이다.

명이괘(明夷卦) 59

지화명이(地火明夷) : ☷ 坤　　● ● ●
이하곤상(離下坤上) : ☲ 離　　○ ● ○

大象

태양이 땅속에 빠져 들어 간 것이 明夷의 卦象이다.

君子는 이 卦象을 보고 세상에 대하여 자신의 재지(才智)와 力量을 싸서 숨기고, 스스로 자신의 마음만을 밝게 가진다.

卦辞

「明夷卦」는 불을 의미하는 離卦를 下卦로 하고 땅을 의미하는 坤卦를 上卦로 하여 구성된 卦다. 태양이 땅 밑으로 빠져 들어 간 상태를 상징한다. 凶運을 보이는 卦다. 불이 땅 위에 있는 현상은 태양이 하늘로 오르는 행운이요, 불이 땅 밑에 있는 형상은 태양이 땅속으로 침몰하는 凶運이라는 논리인 것이다. 이렇게 「주역」의 논리가 너무나 상식적이고 소박하고 평민적인 것임에 일종의 실망 같은 것을 느끼게 한다. 허전하다. 우리는 은연중 「주역」에서 무엇인가 심오하고 신비스러운 법칙의 발견이나, 어딘가 난해하고 깊은 사색으로 끌고 가는 철학적인 논리가 전개되기를 기대하는 심정이기 때문일 것이다. 그러나 소박하고 상식적인 데가 큰길처럼 무난하고 찬물 맛처럼 담담해서 도리어 호감이 간다고 생각하여 두기로 하자. 그리고 明夷卦 같은 凶運에 직면하였을 때 사람은 어떻게 그 운명을 운영할 것인가. 그 마음의 준비는, 몸의 자세는 어떻게 무장을 할 것인가. 「주역」이 계시하고 있는 견해를 살펴보기로 하자.

「明夷」는 밝은 것이 패멸한다는 뜻이다. 태양이 지평선 너머로 완전히 넘어가 버린 뒤의 암야, 앞뒤가 캄캄하고 아득하고 반딧불 하나 보이지 않는, 숨막히는 암흑의 심연 속에 내던져졌을 경우에, 인간은 어떻게 해야 한다는 것일까. 빛이 없는 세계에서는 아름답고 고운 얼굴도, 바르고 의젓한 체격도, 화사한 비단 옷도 그것을 남에게 보일 수는 없다. 세상 사람들의 눈은 이미 모두 암흑으로 가리어져 있는 것이다. 이런 경우에 나를 보라, 나는 아름답다, 내 자세는 바르다, 나의 옷은 비단이다 고 외치는 자 있다면 그는 바보인 것이다. 남의 비웃음을 살 뿐이다. 다시 빛이 보일 때까지 잠자코 있는 것이 현명한 태도이다.

암흑이 짙어지면 산도, 들도 식별할 수는 없다. 더구나 오솔길과 큰길을 가려 낼 재간은 없다. 암흑은 사람에게 방향 감각마저 상실하게 하는 것이다. 이런 경우에 자신은 바른길을 안다고 장담하며 전진을 감행하거나, 남에게 따라 오기를 호소한다면 그것은 자신을 위험에 몰로 가는 무모함이요, 그를 따라올 사람은 없을 것이다. 모처럼의 신념도 고독할 뿐, 비난의 대상이 되고 말 것이다. 고요히 자기 집에서 멈춰 앉아 밤이 새기를 기다리는 것이 안전할 것이다. 밤은 아무리 길어도 새기 마련인 것이다.

세상이 악으로 가득 차 있으면 선은 구축되는 것이요, 小人이 기를 펴는 나라에선 선량한 지도자는 고립되고 박해를 받기 마련인 것이다. 아직 이러한 악의 세계를 뒤엎을 만한 힘이 조성되지 않은 환경에서는 君子는 자신의 현명을 숨기고 바보처럼, 그리고 반항 없는 유순한 태도로 살아가라고 이 卦의 卦辭는 가르치고 있다. 은(殷)나라의 포악한 君主 주(紂)의 박해 밑에서 文王이 그렇게 하였고, 기자(箕子)가 그렇게 하였다고 설명하고 있다. 朝鮮王朝의 말기, 왕실의 외척들이 나라의 모든 권력을 한손에 쥐고 안하무인으로 횡포하던 때, 뒷날의 高宗의 섭정(攝政)이된 흥선대원군(興宣大院君)인 이하응(李昰應)은 한낱 비굴하고 타락한 방탕아로 가장하여 철두철미 자신을 위장하고 살았던 이야기는 너무나 유명하다.

초한지에 나오는 유방의 대장군 한신이 젊은 시절 시정 무뢰배의 바짓가랑이 사이를 태연히 지나며, 속으로 이를 악물고 참고 이겨낸 세월이후 한나라의 대장군이 되는 한신의 마음이 그러했고, 중국 明末 환초도인(還初道人) 홍자성(洪自誠)의 어록(語錄) 〈採根譚-채근담〉의 (藏巧於拙 用晦而明 寓淸於濁 以屈爲伸-장교어졸 용회이명 우청어탁 이굴위신) 이란 글귀가 그러하다.

현실이 아무리 어려워도 자신의 현명을 숨기고 위장하여 바보처럼 사는 것도, 비굴하리만큼 유순한 것도 모두 내일의 대성을 위해서이다. 패배나 행복을 의미하는 것이어서는 안된다. 밤을 고요히 쉬는 것은 나태나 안이를 즐기기 위한 것은 아니다. 내일의 활약을 위한 준비인 것이다. 남에 보이지 않는 자신의 마음만은 바르게, 그리고 꿋꿋하게 가지면서 밝은 새 아침을 기다리라고 「주역」은 게시한다.

60 복괘(復卦)

<table>
<tr><td>지 뢰 복(地雷復)　　：</td><td>☷ 坤</td><td>● ● ●</td></tr>
<tr><td>진하곤상(震下坤上)：</td><td>☳ 震</td><td>● ● ○</td></tr>
</table>

大象

우레의 에너지가 땅 속에 살아 있는 것이 復의 卦象이다.

옛날 착한 제왕은 이 卦象을 보고 陽의 한줄기 기운이 돌아오는 동짓날을 기하여 관소(関所)의 문을 닫아 商人과 여객(旅客)의 통행을 금하고, 자신의 순시(巡視)도 중지하고 陽의 기운이 성하여 지는 때를 기다렸다.

卦辞

「復卦」는 그 형태를 보면 겹쳐 쌓인 여러 陰爻 밑에 다만 한 개의 陽爻가 있다. 가득히 중첩된 陰의 기운 속에 새로운 한줄기 陽의 기운이 다시 살아나고 있는 상태를 보이고 있다. 「復卦」의 모습은 박괘(剝卦)와는 정반대의 모습이다. 剝卦는 모든 陰爻가 겹쳐 쌓인 맨 위에 다만 한 개의 陽爻가 놓여 있었다. 그것은 천지에 가득 찬 음의 기운이 겨우 잔명(殘命)을 유지하고 있는 한 조각의 陽의 기운마저 침식하려는 암흑 직전의 상태를 보이는 것이었다. 그것은 일몰(日沒) 직전의 잔광(殘光)이며, 엄동의 마루턱에 임박한 가냘픈 따사로움에 불과한 것이다. 지금 막 밤이 덮쳐 오는 순간이며, 겨울이 시작되는 찰나인 것이었다. 그것은 절망의 상태였다. 그러나 復卦는 이러한 절망상태를 넘어서 극한의 벽을 뚫고 빛이 보이는 희망의 가도로 내닫는 새로운 출발을 상징하는 卦다. 지금은 아직 한줄기의 어린 광선이기는 하지만 그것은 장차 천지를 지배하는 陰氣와 암흑을 한걸음 한걸음 정복하면서 퍼져 가는 광명이며 발전하는 생명인 것이다. 이제 긴 겨울은 가고 봄이 돌아 온 것이다. 그것은 새 아침이 동트는 여명이며 새 에너지를 방사(放射)하는 열(熱)의 원천인 것이다.

이러한 현상을 이 卦는 地雷로 포현하고 있다. 「復卦」는 땅을 의미하는 坤卦가 위에 있고 우레를 의미하는 震卦가 아래에 있어서 땅속에 우레가 生成하고 있는 상태를 보이고 있다. 재미있는 표현이다. 우리가 땅속에서 형성되고 있는 것은 지금 곧 하늘로 치솟아 오르며 크게 소리칠 순간의 상황인 것이다. 우레가 소리친다는 것은 겨울을 폭파하는 봄 에너지의 폭발이며, 참았던 답답한 호흡을 발산하는 생명의 포효(咆哮)인 것이다. 우레가 소리치면 비가 온다. 비가 오면 얼어붙었던 大地가 풀리고, 눈과 어름이 녹아내린다. 버들은 새싹을 눈트고 들은 긴 동면(冬眠)에서 눈을 뜨게 된다. 그리하여 천지에 봄은 생동하는 것이다. 그러므로 땅속에서 꿈틀거리고 있는 우레는 이미 봄의 첨병(尖兵)인 것이다. 희망과 발전과 번영을 약속하는 吉運의 출발을 신호하는 卦다.

復은 돌아오다, 회복하다의 뜻이다. 천지자연의 운행법칙은 빙빙 돌고 있는 것이어서 가고 안돌아 오는 것은 없다는 것이다. 「주역」의 모든 이치는 바로 이러한 「간 것은 돌아온다.」는데 근거를 두고 있는 것이다. 그러므로 「주역」은 「窮則變 變則通-궁즉변 변즉통」이라는 즉 사물이 극한에 도달하면 변하고 변하면 다시 통한다는 것을 항상 전제하고 있는 철학인 것이다. 그런 의미에서 본다면 이 復卦는 바로 「주역」의 원리를 단적으로 표현한 卦라고 할 수 있는 것이다. 「주역」은 인간의 모든 길(吉), 흉(凶), 화(禍), 복(福) 과 영(榮), 고(枯), 성(盛), 쇠(衰)의 현상을 천지자연의 법칙으로 설명하고 있다. 인간은 인간 그 자체 속에 천지자연의 이치를 지니고 있다고 보기 때문이다. 즉 인간은 천지자연을 축소한 존재라고 생각하고 있는 것이다.

천지자연의 운행이 한 바퀴 순환하는 기간을 일곱으로 표시하고 있다. 이 괘는 「復」의 상태를 천지자연의 법칙이 한바퀴 돌아 와서 이제 다시 새 출발을 하는 상태라고 생각하고 있다. 그 卦辭에서 「가던 길을 돌아오는데 七日만에 往復하다. 이것이 天道의 순환법이다.」라고 설명하고 있다. 어째서 일곱으로 계산하느냐 하면 한 卦는 六爻 즉 爻가 여섯 개로 되어 있는 바 「復卦」는 이 여섯 개의 효를 다 돌아서 이제 다시 맨 아래에 있는 첫째 爻로써 一陽來復을 표시하는 천지 운행의 새 출발을 의미한다고 생각하기 때문에 그것은 第七日이 된다는 것이다.

「주역」이 천지자연의 운행법칙을 七로써 설명하는 것은 서양의 일주칠요(一週七曜)의 사상과 일치하는 것이며 〈舊約聖書-구약성서〉에서 보는 하느님의 천지 창조의 과정과 완전히 같은 것이다. 진실로 재미있는 일이 아닐 수 없다. 그러나 그것이 어째서 그렇다는 원리의 해명이나 자료의 제시를 감행한 이는 아직 없다. 이「復卦」와 같은 변하고 돌아오고 하는 이치가「주역」이 설명하듯이 인간의 모든 일에도 적용되는 진리라고 믿기 때문에 인간은 절망하지 아니하고, 참고 기다리게 되며, 노력하게 되며, 투쟁하게 되는 것이 아닐까. 모든 것은 변한다, 지나간 것은 반드시 돌아온다는 생각 때문에, 또 그러한 흥망   성쇠와 부귀빈천이 발전하는 역사적 경험을 알기 때문에 인간은 살맛이 나고 인생은 다채롭고 흥미 있는 것이 아닐까. 이러한 변전하고 돌고 도는 고맙고도 흥미 있는 이치를 우리는 감사하거니와 특히 이「復卦」와 같은 돌아오고 회복하는 경우처럼 통쾌하고 희망에 부풀고 인생살이가 신나는 일은 없다.

「復卦」는 한 나라의 일에서 본다면 남의 식민지의 치욕과 압박에서 벗어나 獨立을 되찾는 빛나는 光復의 상징일 수도 있으며, 어떤 독재와 학정에서 민주정치와 복지사회를 쟁취한 민주질서(民主秩序)를 의미할 수도 있는 것이다. 부패와 부정과 모든 사회악을 일소하고 청신하고 올바르고 선의로 충만한 이 사회를 이룩하는 그러한 사회기풍의 진작을 표현할 수도 있고, 파괴와 전쟁과 기아의 고통에서 벗어나 건설과 평화와 번영을 지향하는 새 경륜을 상징할 수도 있는 것이다. 또 개인이나 단체에 있어서는 모든 고난과 불운이 끝나고 새로운 희망과 행운이 시작되는 것을 상징하는 卦인 것이다.

모든 復卦를 점쳐 얻은 이와 또 이 復卦의 상태에 있는 이들은 양양한 앞길에 태양이 쏟아지는 밝고 쾌적한 곧고 넓은 큰 도로(道路)

를 마음껏 전진하기를 바란다. 그러나 우리가 여기에서 한 가지 명심해야할 일이 있다. 봄은 하루아침에 무르익는 것은 아니다. 봄이 시작되는 날 아침에 한꺼번에 꽃이 만발하고 잎이 우거지지 않는다. 시간과 순서를 따라 점진적으로 봄은 무르익는 것이다. 봄이 시작되는 아침에 성급하게 꽃이 피고 잎이 퍼졌다간 아직도 쌀쌀한 춘한(春寒)에 해를 입지 않을 수 없을 것이다.

復卦는 이제 막 봄의 한 가닥이 돌아 왔을 뿐이다. 아직은 힘이 미약하다. 다만 앞으로의 무한한 발전과 희망의 광장으로 향하는 충분한 가능성을 내포하고 있는 卦일 뿐이다. 시간과 순서를 존중할 줄 아는 현명을 지니면서 적극적으로 그러나 점진적으로 전진하여야 할 것이다.

승괘(升卦) 61

지 풍 승(地風升)　：　☷ 坤　　●●●
손하곤상(巽下坤上)　：　☴ 巽　　○○●

大象

땅속에서 나무가 나는 것이 升卦의 卦象이다.

君子는 이 卦象을 보고 스스로 德을 길러서 德의 성장에 따라 작은 것을 쌓아서 점차로 高大한 경지에 이른다.

卦辭

「升卦」는 땅을 의미하는 坤卦를 上卦로, 바람을 의미하는 巽卦를 下卦로 하여 구성되어 있다. 巽卦는 나무를 상징하기도 한다. 그리고 「升」은 승(昇)과 같은 것이니 오른다는 뜻이다. 그래서 升卦는 땅속에서 나무의 새싹이 돋아 나와 무럭무럭 자라 오르고 있는 상태를 상징한다.

긴 겨울 동안 땅속에서 묵묵히 봄을 임신한 채 힘을 길러 오던 나무의 씨앗이 이제 계절의 따뜻한 품안에서 새로운 한 개의 생명체로 부화되어 희망의 세계, 무한대의 공간으로 고개 들고 나온 것이다. 이 어린 새싹에게는 모든 것이 신기하고 고맙고, 가슴 부풀어 오르는 희망으로 가득 차 있는 세계가 아닐 수 없다. 하늘은 높다. 그리고 넓다. 얼마든지, 정말 얼마든지 마음껏 자랄 수 있다. 소신껏 발돋움을 하고 기지개를 켜고 허리를 펴고 팔을 뻗고 몸뚱이를 굴려도 막힐 데가 없고 걸릴 것이 없다. 짙푸른 하늘빛은 언제나 소년 나무의 가슴에 싱싱한 꿈과 멀기는 하나 언젠가는 이를 수 있을 것이라고 생각되는 아득한 동경을 안겨 주곤 한다. 이 꿈이, 이 동경이 어린 나무에게 강렬한 생명에의 정열을 가지게 하고, 그칠 줄 모르는 성장에의 의욕을 샘솟게 하는지도 모른다. 꿈이 있기 때문에, 동경이 있기 때문에 젊음은 성장하는 것이요, 청춘은 기쁜 것이다.

이 어린 새싹을 격려해 주고 사랑으로 감싸 주는 것은 하늘만은 아니다. 太陽은 그에게 열을 주고 빛을 주어, 그 마음 포근하게 해 주고 그 몸을 아름답게 해 준다. 이 세상에 한아름 태양을 받아 안고, 반짝이는 나무의 새싹처럼 생명이 약동하고, 싱싱하고 눈부시게 아름다움을 느낄 수 있게 하는 것이 또 어디에 있단 말인가. 바람은 그를 춤추게 하고 비는 이따금씩 그의 몸을 씻어 주고 그의 마른 목을 축여 준다.

어린 나무의 가슴에는 하늘이, 태양이, 바람이, 그리고 비가 감사해서 견딜 수가 없다. 그러나 나무의 가슴은 무엇보다도 가장 큰 감사의 마음으로 가득 차게 만드는 것은 땅이다. 땅은 두텁다. 나무는 자기를 낳아 주고 길러 주고 있는 땅의 어머니가 대견스럽고 자랑스럽다. 한없이 든든하고 믿음직하다. 얼마든지 뿌리를 내릴 수 있고, 얼마든지 영양을 섭취할 수 있고, 얼마든지 수분을 마실 수 있는 땅이 있기 때문에 나무는 아무런 주저도 염려도 없이 하늘을 지향하고 자랄 수 있는 것이다. 나무는 땅이 감사하다. 감사하고 감사해서 가슴이 터질 것 같고 눈물이 쏟아질 것만 같다. 감사할 줄 아는 마음, 이 마음을 새싹은 지니고 있는 것이다.

이렇게 감사로 가득 찬 마음을 지녔기 때문에 그 잎은 구겨지는 일이 없고 그 빛은 흐려지는 일이 없다. 언제 보아도 희망에 부풀고 언제 보아도 젊음이 약동하고 있는가 보다. 「주역」은 이러한 성장과 감사의 상태를 설명하여 「무인의 경지를 가듯 아무런 방해도 의심도 없이 소신껏 자란다.」고 표현하고 또 「정성된 마음으로 기뻐함이 있어서 조상의 영에게 감사의 제사를 올린다.」고도 말하고 있다.
무엇이 이 어린 새싹으로 하여금 이러한 행복된 상황 속에 있게 하였을까. 그러나 그것은 단순한 우연은 아닌 것이다. 새싹은 때를 알고 있다. 때를 기다릴 줄 알고, 때를 따라 생활할 줄 안다. 때를 아는 마음은 순종할 줄 아는 마음이다. 천지자연의 법칙에 순응할 줄 아는 마음이다. 이것은 제자신의 힘을 헤아릴 줄 아는 겸손한 마음이기도 하다. 새싹은 환경을 알고 자신을 아는 현명을 지녔으며 제 자신을 환경에 조화시킬 줄 아는 지혜를 가지고 있는 것이다. 그리고 새싹은 자신을 성장시킬 만한 충분한 실력을 지니고 있다. 무한한 에너지를 간직하고 있다. 그의 크나큰 생명력의 원천은 하늘과 땅과 태양과 비와 그러한 무진장하고 무한대한 것에 연결되어 있다. 그러기에 그에게는 신념이 있고 의욕이 있고 원대한 이상이 있는 것이다.
그러나 새싹은 자신의 현명에도, 자신의 실력에도, 교만하지 않는다. 날뛰는 일이 없고 무작정 돌진하는 일이 없다. 비약을 바라거나 급속한 상승을 시도하지 않는다. 차근차근하게 견실하고 고요한 보조로, 그러나 잠시도 쉼이 없는 부단한 노력으로 성장을 정진시키고 있다. 그러기에 누구도 나무의 성하는 순간을 눈으로 볼 수는 없다. 하지만 나무는 하루하루 자라나고 있는 것이다. 한걸음 한걸음 조심하여 걷는 걸음이 느리기는 하지만 확실하다는 것을 그는 알고 있다. 그 한걸음 한걸음이 쌓이고 또 쌓이면 멀고 큰 것이 된다. 그러기에 나무의 성장은 좌절되는 일이 없고 정체하는 일이 없다. 도대체 어린 새싹의 마음은 서둘러야 할 이유를 발견하지 못한다. 새싹은 천지가 무한대하고 세월이 영겁으로 연속되는 것을 알고 있다. 새싹은 지금 그 무한대한 공간과 무궁한 세월을 향하여 성장의 첫걸음을 내딛는 것이다. 그 영겁의 세월과 더불어 성장해 갈 자신인 것이다. 무엇이 급하고 무엇이 바빠서 급진을 탐내고 비약을 모험할 것인가. 쉬지 않는 부단한 성장은 멀지 않아 줄기가 오르고 가지가 뻗고 꽃이 피고 열매가 여는 날이 올 것을 확신한다. 언젠가는 열 아름 스무 아름으로 밑동이 불어나고 줄기와 가지가 하늘을 자르고 무성한 잎이 해를 가리는 천 년 교목(喬木)으로 자랄 것이다. 그렇게 되면 사람들은 모여 와서 그늘을 즐기며 피로를 풀고 담소를 나눌 것이다. 새들은 모여 들어 보금자리를 만들고 새끼를 기르고 날개를 쉬곤 할 것이다. 그러한 원대한 장래를 발돋움하며, 지금 새싹은 미소하고 있는 것이다.

이것이 升卦를 상징하는 새싹의 모습인 것이다. 升卦는 단연 행운의 卦다. 그 행운을 새싹은 향유하고 있다. 새싹의 행운은 우리들에

게 우리들 자신의 행운을 실증으로 보여주고 있다. 그와 함께 행운
을 생활하는 마음의 자세를 보여주고 있는 것이다. 우리들은 모두가
새싹일 수 있는 것이다.

62 사괘(師卦)

지 수 사(地水師)　　　：　☷　坤　　●●●
감하곤상(坎下坤上)　：　☵　坎　　●○●

大象

大地가 풍부하게 물을 저축하며 있다. 이것이 師의 卦象이다.
君子는 이 卦象을 보고 大地와 같이 백성을 포용하고 養育한다.

卦辭

땅속에 핀 작은 물은 서로 모이고 합치고 불어나서 마침내는 샘이
되어 땅 위로 솟아오른다. 하천이 되고 호수가 된다. 크나큰 힘이
된다. 이것이 「師」의 상징이다. 땅을 의미하는 坤卦가 위에 있고,
물을 표시하는 坎卦가 아래 있는 것이 師卦의 형태이다. 작은 물방
울들이 모여서 큰물이 되는 것은, 한 사람 한 사람이 모이고 합쳐서
多數의 집단을 형성하는 거와 같다. 그래서 자연계의 땅속의 물은
인간에 있어서 師와 같다는 것이다. 師는 多數 또는 집단이란 뜻이
다. 「師」는 다수 집단이란 뜻에서 군대를 상징하게 되고 다시 전쟁

을 의미하게 된다. 師卦는 전쟁을 설명한 卦이다. 물론 전쟁이란 대표적인 事象을 설명하여 모든 이와 유사(類似)한 인간 만사의 사리를 추리하게 하는 것이다. 이를테면 그것은 어느 사업의 경영일 수도 있고, 시험의 경쟁일 수도 있고, 때로는 연애의 과정일 수도 있는 것이다. 견해에 따라서는 인생의 모든 일이 일종의 전쟁 아닌 것이 없다고 말할 수 있기 때문이다. 이러한 의미에서 모든, 師卦를 점쳐 얻은 일을 위하여 여기에서 「주역」이 말하고 있는 전쟁의 철학을 살펴보기로 한다.

전쟁을 승리할 수 있는 가장 기본적인 요건은 그것이 正義를 위한 전쟁이라야 한다는 것이다. 뚜렷한 대의명분이 서야 한다는 것이다. 正義와 不義가 맞서 싸울 때 사람의 마음은 正義를 편에 가담한다. 사람은 날 때부터 良心이란 것을 타고난다. 이것이 이른바 性善說이란 것이다. 그러기에 사람들은 언제나 자기가 바른 사람의 편이기를 원한다. 사람은 그 누구도 나는 不義이기를 바란다고 말하지는 않는다. 이따금 인간은 욕망의 노예가 되어 不義의 편에 서는 경우가 있다. 그러나 그들도 언제나 자기가 正義라고 주장한다. 不義를 正義로 가장하여 사람들의 마음을 속여 보려는 수단인 것이다. 진실로 어느 편이 正義라는 것이 뚜렷하기만 하면 천하의 인심은 그의 편으로 기울어진다. 천하의 인심이 자기의 편으로 기울어지면 전쟁은 승리를 거둘 수 있다는 것이다. 만일 그것이 正義의 싸움이라는 것을 백성이 이해하게만 되면, 비록 한때 천하를 전쟁의 고통 속으로 몰아넣더라도 백성들은 이에 순종하고 심복한다는 것이다. 그러기에 맹자(孟子)는 이렇게 말하였다. 「君子는 좀처럼 전쟁을 하지 않는다. 그러나 전쟁을 하게만 되면 반드시 승리한다.」

(君子不有戰 戰必勝矣-군자불유전 전필승의) 이 말은 군자는 正義 아니면 싸우지 않는 것이며, 正義를 위하여 부득이 싸움하게 되면 正義는 반드시 이긴다는 논리인 것이다.

正義는 不義에 이긴다는 것을 우리는 믿는다. 그것이 원이며 진리 임을 우리는 믿는다. 원칙에는 예외가 없는 것은 아니다. 인류가 가 진 수많은 전쟁의 역사는 반드시 正義가 승리한 기록만은 아니다. 허다한 예외가 있는 것을 우리는 알고 있다. 그러나 그 不義한 전범 (戰犯)들은 그때마다 그 不義가 正義임을 표방하여 왔던 것이다. 하 지만 不義의 전쟁이 승리를 거둔 것은 역시 일시적인 현상인 것이 다. 언젠가는 바른길로 돌아오는 많은 선례(先例)를 우리는 또한 보 아 오고 있다. 「불가능이란 말은 프랑스의 사전 속에 있을 수 없다.」 고 외치던 영웅 나폴레옹(Bonaparte Napoleon)은 유럽을 한입에 삼 킬 듯 정복하였건마는 마침내는 워털루의 싸움을 마지막으로 고도 (孤島) 센트헬레나의 죄수가 되고 말았던 것이다. 그는 침약전쟁을 벌였기 때문이었다.

진시황(秦始皇)은 六國을 통일하고 만리장성을 쌓아 그의 약육강 식의 승리가 자손만대에 미치기를 믿었건만, 그 不義의 승리는 二世 만에 멸망하고 말았다. 정의는 반드시 이긴다. 비록 한때의 예외가 있더라도 언젠가는 반드시 이기고야 만다. 우리는 이것이 원칙이며 진리인 것을 또 한 번 강조한다. 이 원칙, 이 진리는 전쟁에만 국한 한 것은 아니다. 인류 사회의 온갖 경쟁에 있어서 그러하다. 부정한 것이 최후의 승리를 가져올 수는 없다. 운동경기에 있어서 그러하 고, 시험경쟁에 있어서 그러하고, 출세의 경쟁에 있어서 그러하고,

사업의 경쟁에 있어서 그러하다. 바른 것이 승리하는 요건이 라고 가르친 師卦의 교훈은 현대인에게도 생생한 진리가 아닐 수 없다.

　다음은 훌륭한 지휘자가 있어야 한다고 지적하고 있다. 훌륭한 지휘자가 있어야만 그를 중심으로 하여 일치단결할 수가 있고 일치단결해야만 전 역량을 발휘할 수 있는 것이다. 어떻게 하면 다수의 장병이 그의 통솔에 일치협력하게 할 수 있느냐 하는 것은 現代人에게도 한 커다란 관리자의 과제가 될 수 있을 것이다. 무엇보다도 지휘자의 인격이 첫째 조건이 될 것은 틀림이 없다.
　孔子는 「윗사람의 몸가짐이 바르면 명령하지 아니하여도 행하고, 그 몸가짐이 부정하면 비록 호령하여도 따르지 않는다.」(其身正 不令而行 其身不正 雖令不從-기신정 불령이행 기신부정 수령부종) 〈論語〉라고 하였다. 필승의 신념이 있고, 正義를 위해서는 언제든지 한 몸을 바칠 각오가 있고, 국민을 사랑하고, 부하를 아끼고 어려운 일에 솔선수범할 수 있고, 공정하고, 정당하고, 의젓하고, 용기가 있고 그러한 인격자라면 모든 장병들은 그의 통솔 아래 죽기를 즐겨할 것이다. 죽음을 겁내지 않는 군대보다 더 강한 군대는 없을 것이다.

　다음은 충분한 역량이 있어야 할 것이다. 군대의 통솔자로서, 전쟁의 지휘자로서 지혜와, 식견과, 전략과, 판단의 현명과, 실천의 과단, 이러한 요건이 겸비된 탁월한 장수라면 그야말로 유명한 兵書 〈孫子〉에 「승리하는 군대는 이긴 뒤에 싸운다.」(勝兵 先勝而後 求戰-승병 선승이후 구전)라고 한 손무(孫武)의 말과 같이 싸움하기 전에 이미 승리는 얻어 놓은 거나 다름없는 것이다. 그러기에 孫武도

전쟁의 가장 기본적인 다섯 가지 일을 골라 낸 가운데 장수를 그중의 한 가지로 들고 있는 것이다.

이렇듯이 지휘자의 지휘력은 그대로 집단의 운명을 결정짓는 것이다. 임진왜란 때 조국과 겨레를 위기일발에서 구출한, 천추에 빛나는 해전의 대승첩은 위대한 이순신장군(李舜臣將軍)이 있었기 때문이요, 고대희랍(古代希臘)이 조수처럼 침략해 오는 페르시아 제국의 함대를 사라미스만(灣)에서 격퇴한 것은 테미스토클레스(Themistokles)의 지략과 용기에 힘입었던 것이다. 히틀러(Hitler Adolf)의 무차별 폭격으로 잿더미가 된 시가에서 쫓겨나 지하도의 동굴 속에서 폐허가 된 런던 시민의 마음을 지켜 준 것은 처칠경의 英國의 승리를 확신한다고 외치던 불굴의 의지력이었다.

학교에는 인격 높은 교장이 있어야 하고, 회사에는 역량이 있는 사장이 있어야 하고 연주(演奏)에는 우수한 지휘자가 있어야 한다. 집단과 지도자의 관계를 중시한 「주역」의 교훈에 다시 한 번 고개가 숙여진다.

다음은 군대의 통솔에는 기율(紀律)을 엄격하게 하라고 강조하고 있다. 집단생활에 있어서 가장 중요한 것은 질서의 확립이다. 질서의 확립은 기율(紀律)에서 온다. 紀律이야 말로 군대의 생명인 것이다. 그러기에 「軍令如山-군령여산」이라고 한다. 軍令은 태산같이 무게가 있고 움직이지 말아야 한다는 말이다. 군대에 紀律이 해이하면 그것은 오합지중이요, 명령계통이 설 수 없다. 그러한 군대가 전쟁을 수행할 수는 없다. 그러기에 「주역」은 紀律은 처음부터 세우라고 가르치고 있다. 해이한 버릇이 생기기 전에 전통을 세우라는 것이다. 또 만일 전쟁에 승리한 뒤, 전승 기분에 취하여 紀律을 해이케 하면 그 결과는 비록 한때 승리 하였더라도 반드시 패할 것이라고 경고하고 있다. 모두가 사리에 맞는 적절한 교훈이라고 생각된다.

우리는 이상에서 「주역」이 일러 주는 전쟁의 승리 방법을 음미하였다. 전쟁에서 승리하는 길은 이상의 것만으로 만족할 수는 없다. 첫째 우수한 무기가 있어야 하고, 또 풍부한 보급과 경제의 뒷받침이 필요하다. 그러나 이것으로 「주역」을 낮게 평가할 수는 없다. 「주역」은 오직 정신적인 면만을 설명하고 있기 때문이다. 무기도, 보급도 모두 다 먼저 정신적인 요건이 확립된 뒤의 문제인 것이다. 정신은 근본이요, 물질은 그것에 부수된 것이기 때문이다. 아무리 위력 있는 무기가 있더라도 무기를 움직여 전쟁을 수행하는 것은 사람의 정신인 것이다. 그러기에 「주역」에서는 그 근본인 정신적인 면만을 설명한 데 불과한 것이요, 무기와 보급을 무시한 것은 아닌 것이다. 전쟁뿐 아니라 인간의 모든 일에 있어서 그 근본이 되는 것은 정신력이 아닐까. 모든 師卦를 얻은 이는 이 「주역」의 가르치는 마음가짐을 배워 가진다면 이 卦는 吉運을 가져오리라.

63 겸괘(謙卦)

지 산 겸(地山謙)　　 : ≡≡ 坤　　●●●

간하곤상(艮下坤上) : ≡≡ 艮　　○●●

大象

높은 산이 낮은 땅 아래에 있다. 이것이 謙의 卦象이다.

君子는 이 卦象을 보고 많은 것을 덜어서 적은것에 보탬으로써 사물의 균형(均衡)을 살피고 시책(施策)을 공평하게 한다.

卦辞

「謙」은 겸손하면 발전한다는 이치를 설명하는 卦다. 이 卦의 형상은 땅을 의미하는 坤卦가 위에 있고 산을 의미하는 艮卦가 아래에 있다. 山의 높음을 가지고도 낮은 땅의 그 아래에 있음은 산의 마음이 겸손하기 때문이다. 泰卦의 경우에서 언급(言及)한 바와 같이 「주역」은 천지자연의 현상을 물질적인 외관에서 靜的으로 관찰하지 아니하고 그것에 人格을 부여하여 그 정신적인 내면의 세계를 動的으로 해석한다. 그러므로 「謙」은 겸손을 상징하는 卦라는 것이다.

겸손은 남을 높이고 자신을 낮추는 마음이 행동에 나타나는 상태인 것이다. 남을 높이는 마음이기에 남의 인격을 존중하고 남의 의사를 경청하여 존경하는 태도를 잃지 않는다. 그러므로 남에게서 미움을 살 리 없고 적을 만들 리 없다. 나아가서 남에게서 호감을 얻고 존경을 받고 중지(衆智)를 모은 협조를 기대할 수 있게 된다. 또 자신을 낮추는 마음이기에 항상 스스로 부족하다고 생각한다. 그러므로 자신의 修養과 향상을 위하여 노력하게 된다. 밖으로 남에게 협조를 얻고, 안으로 자신의 향상을 위해 노력하면 발전은 반드시 기약할 수 있을 것이다. 이러한 논리에서 생각할 때 겸손하면 발전한다는 이 卦의 卦辭는 긍정하지 않을 수 없다.

인간에 있어서 겸손의 중요성을 예찬한 것은 「주역」만은 아니다. 유교는 一貫한 思想으로 어진 이를 존경하고 선비에게 몸을 낮추어야 한다는 이른바 「尊賢下士-존현하사」의 도리를 王者 또는 지도자의 첫째 요건(要件)으로 강조하고 있다. 이러한 思想은 東洋人의 思考와 생활에 뿌리 깊이 자리 잡고 있었으며 무수한 역사상의 미담으로 나타나고 있는 것이다.

남을 높이고 자신을 낮추는 겸손은 항상 커다란 성과를 거두면서 무수한 실증(實證)을 역사에 기록하고 있는 것이다. 겸손의 미덕성과 그 공덕을 부인할 수 있는 반증은 아직 발견되지 않는다. 겸손은 교만하지 않는 마음이다. 교만은 스스로 가득 찼다고 뽐내는 마음이요, 정상에서 내려다보는 높아 하는 마음이요, 자기가 제일 우월하다고 생각하는, 남을 업신여기는 마음인 것이다. 가득 찬 곳에는 더 담을 수 없으며, 절정에서는 더 오를 곳이 없는 것이다. 남을 업신여긴다는 것은 자신을 과대평가하는 망상이요, 남의 가치를 쳐다보지 않으려고 굳이 눈을 감는 맹목적인 허세인 것이다. 그것은 자신을 모르고 남을 알지 못하는 마음인 것이다. 孫子는 그 병법에서 군대가 교만하면 패한다고 하였다. 또 자기를 알고 적을 알면 백 번 싸우면 백 번 이긴다고도 하였다. 교만한 마음으로 자신도 모르고 남도 모르게 되면 백 번 싸우면 백 번 지고 만다는 말이 된다. 「인생은 전쟁이다.」라는 말에 一理가 있다면 교만은 인간으로 하여금 모든 인생 전쟁에서 패배를 자초하게 만드는 악마인 것이다.

옛날 은(殷)나라의 폭군(暴君) 주왕(紂王)은 어진 신하의 말을 듣기 싫어하였다. 자신의 포악무도한 횡포와 그칠 줄 모르는 방탕에 대하여 충간(忠諫)하는 신하의 바른 말이 질색이었다. 어진 이를 높일 줄 모르고 선비를 학대하는 교만한 君主의 전형적 존재였다. 그의 주변에는 기자(箕子)니 북간(北干)이니 하는 賢臣이 있었다. 王의 사나운 꼴을 보고 箕子는 미쳐 버리고, 北干은 죽음을 각오하고 간언(諫言)하였다. 귀찮게 생각한 紂王은 「내 들으니 聖人의 심장에는 일곱 개의 구멍이 있다니 정말인가. 내 그것을 보리라」하고 北干을 죽여 그 가슴을 갈라놓았던 것이다. 그는 마침내 주(周)나라 武王에게 토벌되어 몸이 죽고 나라가 망하였던 것이다.

우리나라에도 선비를 미워하고 바른 말을 싫어하다가 쫓겨난 교만한 君王이 있었다. 朝鮮王朝 제10대 임금 연산군(燕山君)이 바로 그 사람이다. 燕山君은 너무나 지나친 포학과 방탕한 행동을 견제하려고 번번이 들고 일어나는 사간원(司諫院)의 司官들과 성균관의 유생들이 눈의 가시였다. 그는 드디어 司諫院을 관제에서 삭제하여 폐쇄하고 성균관을 폐지하여 기생 양성소로 만들었던 것이다. 그는 그러한, 자기가 저지른 죄과에 대하여 응보를 받았던 것이다. 착한 사람에게 겸손할 줄 모르는 者, 임금이면 무슨 짓이라도 할 수 있다고 생각한 교만이 그로 하여금 왕위에서 쫓겨나게 하였던 것이다.

그러기에 孔子는 「부자가 되어서 교만 없기가 가난하여서 원망 없기보다도 어렵다」라고 경고하였고 〈성경〉은 교만하지 말라고 가르치고 있다. 이와 같은 교만의 해독과 겸손의 공덕은 개인이나 단체에서도 예외일 수는 없다. 교만한 사람에게 진보와 성장이 있을 수 없고 스스로 힘이 부족하다고 반성하고 있는 단체는 더욱 연구하고 노력할 것이니 성과가 나타날 것도 또한 당연한 논리인 것이다. 그러므로 겸손하면 높은 지위에 있는 이는 빛이 나고 낮은 지위에 있는 이도 남이 업신여기지 못한다고 이卦의 卦辭는 가르치고 있다. 보름달은 기울어 가고 초승달은 커 가는 것은 하늘의 이치요, 높은 곳의 흙이 깎이어 내려, 낮은 곳에 퇴적되는 것은 땅의 이치이듯이, 가득 차 있는 교만한 자의 행운은 겸허하고 부족한 자에게로 옮겨지는 것은 인간의 성쇠와 소장(消長)의 법칙인 것이다. 이것은 바로 달이 만월을 정상으로 영허를 반복하고 물이 평면을 유지 하려고 낮은 데로 흐르는 이치와 같이 인간에 있어서의 행복과 번영을 균형 있게 하고 조화 있게 하기 위하여 옮겨 가는 자연의 行路인 것이다. 그러므로 이 卦는 大象에서 「君子는 이 卦象을 보고 많은 것을 덜어서 적은 것에 보태어 사물의 균형을 살피고 시책을 공평하게 한다.」고 하였다. 교만하고 가득찬 자의 것이 겸손한 자에게로 가는 것이며 또 가게 해야 한다는 것이다. 우리는 이 卦의 교훈에서 깊이 생각하는 바 있어야 할 것이다.

　끝으로 한 마디 덧붙이고 싶은 것이 있다. 그것은 인간에게 물론 현대인에게도 대견한 겸손이건만, 그 겸손이 정도를 넘으면 「過恭-과공」이 되는 것이다. 「過恭非禮-과공비례」라는 것이다. 지나친 겸손, 그것은 벌써 겸손이 아니다. 그것은 아첨이 아니면 비굴인 것이다. 우리는 아첨을 미워하고 비굴을 경멸한다. 모든 겸괘(謙卦)를 점쳐 얻는 이는 아첨이나 비굴에 떨어지지 않는 겸손의 덕을 지켜 이 卦를 완벽히 행운의 卦로 유도하기를 빈다.

제8부

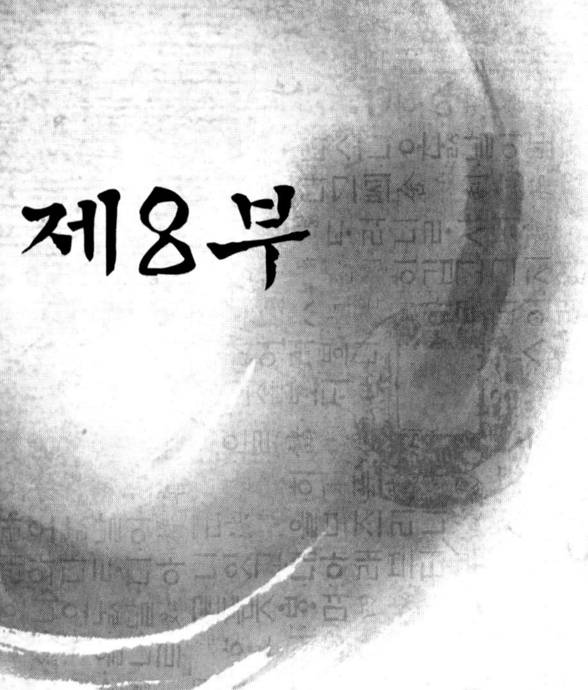

64. 곤괘(坤卦)

64 곤괘(坤卦)

곤 위 지(坤爲地)　　 : ☷ 坤　　 ● ● ●

곤하곤상(坤下坤上) : ☷ 坤　　 ● ● ●

大象

大地의 생성력, 이것이 坤이다.

君子는 이 卦象을 보고 스스로 그 德을 후(厚)하게 하여 萬民을 포용한다.

卦辭

「坤卦」는 乾卦와 더불어 「주역」 64卦中 가장 근원이 되는 卦다. 그것은 「乾」이 하늘을 상징하듯이 「坤」은 대지의 상징이기 때문이다. 「주역」의 모든 이치는 陰陽에서 나오고 모든 陰陽의 구분은 하늘과 땅에서부터 시작된다. 하늘은 陽의 原質이요, 땅은 陰의 本體인 것이다. 땅은 수동적이다. 땅은 하늘의 에너지를 받아야만 비로소 땅이 맡은 바 임무를 작용할 수 있는 것이다. 하늘에서 비를 내리고 熱을 보내고 빛을 비춰 줌으로 하여 땅은 인간을 비롯하여 온갖 동물과 식물을 낳고 기를 수 있으며 바다와 江와 산과 들을 아름답게 형성할 수 있는 것이다. 하늘이 없으면 땅은 오늘처럼 아름다운 형태를 이루지 못하였을 것이며 온갖 생명이 존재하지 못할 것이다. 또 땅은 정적(靜的)이며 유순(柔順)하다. 땅은 항상 묵묵히 하늘에 순종하며 있다. 땅은 하늘에 반항하지도 대립하지도 않는다. 땅이 하늘과 맞서거나 땅이 스스로 하늘의 위에 서려는 생각은 없다. 항상 하늘의 뜻을 받아 협력하며 조용히 제 할 일을 하고 있을 뿐이다. 그러나 이것은 하늘과 땅이 각각 맡은 임무가 다르며, 있는 위치가 다르며 본질이 다르기 때문이요, 결코 그 가치에 있어서 우열(優劣)이 있는 것은 아니다. 하늘의 에너지도 땅이 있으므로 생명을 창조할 수 있는 것이다. 땅이 있으므로 사람이 있고 동물이 있고 풀과 나무가 있고 꽃이 피고 열매가 열고 아름다운 강산이 있고 살찐 들과 풍요한 오곡백과가 있는 것이다. 땅의 효용이 어찌 하늘의 그것에 뒤떨어진다고 말할 수 있겠는가.

땅이 하늘의 아래에 있어서 묵묵히 유순하게 순응하며 협력하여 만물을 생성 화육하여 가는데 또한 땅으로서의 보람이 있고 행복이 있는 것이다. 땅 위에 꽃이 피고 새가 노래하며 바다에 고기가 헤엄치고 꽃 노루가 샘물을 마시는 것을 볼 때 땅은 회심의 미소를 지으며 흐뭇한 행복감에 잠길 것이다. 인류의 문화가 찬란하여 가고 인류의 번영이 융성하여 가는 것을 볼 때 땅은 가슴 설레는 보람을 느낄 것이다.

이 이치는 그대로 사람에게도 진리일 것이다. 모든 坤卦에 해당하는 사람들은 모름지기 大地를 배워야 한다. 坤卦는 사람에 있어서는 남의 아내이며 남의 부하이며 또 모든 남을 도화 협력하고 있는 이들을 상징(象徵)하는 卦인 것이다. 아내는 남편을 도와 가정의 행복을 꾸며 가는데 보람과 기쁨이 있는 것이며, 부하는 상사를 도와 묵묵히 일해 가는 데 발전의 여지(餘地)가 있는 것이다. 가정에 있어서 아내의 힘이 얼마나 위대하며 나라에 있어서 보필자(輔弼者)의 힘이 얼마나 큰 것인가를 우리는 알고 있다. 「집안이 가난할 때는 어진 아내를 생각하게 되고, 나라가 어지러우면 착한 정승을 생각한다.」고 옛 사람은 말하고 있다.

아내는 남편을 도우는 위치에 있긴 하지만 남편의 할 일과 아내가 해야 할 일이 서로 다른 것뿐이요, 거기에는 우열을 따질 수는 없다. 아니 차라리 인류의 행복을 위하여 아내의 힘이, 어머니의 힘이 더욱 소중한 것이나 아닐까! 부하는 상사를 도우는 자이지만 부하의 협력과 노력 없이 무엇을 이룰 수 있단 말인가. 인간의 모든 사람을 성취하는 가장 큰 힘은 차라리 묵묵히 그늘에서 일하는 사람들의 손에서 이루어지는 것을 나는 확신한다.

결론으로 이 卦를 얻은 이는 표면에 나서서 자신의 명성을 높이고 자신의 공적을 과시(誇示)하려는 생각을 가지지 말고, 남을 도와 그늘에서 묵묵히 일하면서 항상 부드럽고 순한 마음으로 협력하여 가면 그 노력에 대하여 정당한 평가를 받게 되며 신임을 얻어 장차 大吉할 것이다. 그 반대로 아내가 남편과 맞서고 부하가 상사를 앞질러 가려고 하면 불행을 자초하는 결과가 된다는 것이다. 스스로 하는 길이라는 것을 계시하고 있다.